세일즈맨의 탄생

세일즈맨의
탄생

월터 A. 프리드만 지음
조혜진 옮김

BIRTH OF A SALESMAN

도판 저작권

· Harvard Business School — 134p
· Smithsonian Institution — 138p
· Wisconsin Historical Society — 160p
· THe New York Public Library — 171, 232, 285, 304, 305p
· The Charles Babbage Institute University of Minnesota — 176, 177p
· General Motors Corporation — 310p

그밖의 Image 저작권은 Harvard University Press에서 소장하고 있음.

"오늘을 팔고, 내일을 팔고
나 자신을 판다"

차 례

CONTENTS

제1차 세계 세일즈맨십 대회

1916년 7월 10일, 제1차 세계 세일즈맨십 대회가 미국 디트로이트의 아카디아 오디토리움에서 열렸다. 이 대회에 참석하기 위해 미 전역에서 3천명 이상의 세일즈맨과 관리자, 경영자들이 모여들었다. 의장이자 기조 연설자인 우드로 윌슨 Woodrow Wilson은 세일즈맨인 청중들에게 "비즈니스의 새로운 지평선을 바라보시오!"라며 연설을 시작했다.

"상품이 미국의 밝은 미래와 번영을 상징할 것으로 믿는다면 상품을 더 많이 판촉하기 위해 전 세계를 여행하라!"고 목청을 높였다. 나아가 "사소한 일에 집착하지 말고, 전 세계를 향하여 여러분의 생각과 상상의 날개를 펼치십시오! 그리고 여러분은 미국인이라는 사실을 잊지 말아야 합니다. 자유와 정의, 인본주의에 기반을 둔 신념을 세계 곳곳에 전파한다는 생각을 밀고 나가십시오. 전 세계를 더욱 편리하고 행복하게 만들어줄 상품들을 파십시오!"

원래 이 행사는 〈세일즈맨십〉지의 편집자였던 배럿D.M. Barrett이 구상한 것이었다. 한해 전인 1915년 9월 배럿은 '디트로이트 세일즈 클럽'이라는 조직을 만들었으며 이 조직은 '세일즈맨십의 개선을 통한 비즈니스의 개선'이라는 슬로건 하에 운영되고 있었다. 그와 동시에 전국적인 규모로 조직을 확대하기 위해 포드 자동차 영업이사인 노발 호킨스와 에퀴터블 생명보험사의 최대 영업소 소장인 에드워드 우즈의 지원을 이끌어냈다. 제1차 세일즈맨십 대회의 헌장은 '세일즈맨의 위상을 한 단계 끌어올려 세일즈맨의 품위를 높이고 서적, 강의, 교육, 출판 등을 통해 세일즈 철학에 기여하자'고 다짐했다.

이 세일즈맨십 대회에는 미국에서 가장 유명한 기업가들도 참석했다. 헨리 포드는 의장 연설이 있던 날 아침에 윌슨과 만났다. 이 대회에 참가한 많은 기업가들은 세일즈맨에 의존하여 사업을 전개하고 있었다. 버로우즈 계산기, 내셔널 금전등록기를 비롯한 사무기기 생산업체의 최고경영자들도 청중으로 참석했다. 팩커드사, 캐딜락사와 같은 자동차 생산업체, 보험 및 부동산회사의 대표들도 참석했다. 1주일 동안 계속된 이 행사에서는 다양한 강연이 열렸는데 일상적인 관리 업무에서부터 훌륭한 세일즈맨의 자질과 같은 폭넓은 주제들이 다뤄졌고 전문 세일즈 능력에 관한 시연이 있었다. 부동산 업자인 에드거 로버츠는 완고한 구매자를 무대 위에서 설득하여 디트로이트

지역의 부동산을 15분 이내에 4,925달러에 팔아치우는 기염을 토했다. 참석자들은 저녁에 지역 교회에서 윤리와 세일즈맨십에 관한 설교를 듣고 보트 경주를 관람했으며 스튜드베이커 밴드의 멋진 음악을 감상하기도 했다.

연설자로는 나중에 셰브롤레이사의 사장이 된 데이튼 공업연구소의 리처드 그랜드라든가, 버로우즈 계산기의 프랭크 도지와 같은 세일즈 관리자들도 포함되어 있었다. 그리고 포스털 생명보험사의 윌리엄 말론, 페이지 디트로이트 자동차의 해리 쥬잇, 팩커드의 앨번 맥컬리와 같은 기업체의 경영자들도 연설을 했다.

학자, 컨설턴트, 심리학자, 광고회사 임원들도 이 무대를 공유했는데 오하이오 주 클리블랜드에 있는 녹스 세일즈맨 학교의 학장인 제임스 사무엘 녹스는 현대적 세일즈 기법을 교육하는 방법에 관하여 연설을 했다. 〈과학적 판매술〉의 저자인 찰스 윌슨 호잇Charles Wilson Hoyt은 더욱 효율적으로 판매할 수 있는 방법에 관해 설명했다. 또 카네기 공과대학의 월터 딜 스캇과 월터 밴 다이크 빙햄은 스태틀러 호텔에서 25명의 젊은 세일즈맨들을 대상으로 '심리 민감도 테스트'를 실시하여 어떤 부류의 사람이 가장 성공할 수 있는지를 예측했다.

한편 이 대회에 참석한 어떤 전문가들은 자질이 의심스러운 발언을 하기도 했다. 골상학자인 그랜트 네이블로Grant Nablo는 청중인 관리자들에게, 인력을 선발할 때는 이마가 높게 튀어나

온 사람을 고르고 뒤통수가 납작한 지원자는 피하라고 말했다. 그런 사람들은 '일을 재빠르게 처리하지만 마무리가 안 좋다'는 것이다. 네이블로는 어색한 분위기가 감도는 순간 '주변을 둘러보면 그렇게 생긴 두상을 가진 사람을 볼 수 있을 것'이라고 주장했다.

미국이 진보하던 시대에 열린 많은 공공행사들처럼 '제1차 세계 세일즈맨십 대회' 역시 과거의 찬양과 동시에 과거와 거리를 두려는 노력도 있었다. 대부분의 연설자들(사업가, 학자, 정치가들)은 지금부터는 체계적인 원리에 따라 판매가 이루어질 것이라는 새로운 세일즈맨십 시대의 도래를 열정적으로 주장했다.

다른 사람의 등을 두들기거나 술고래 마냥 술을 마셔대던 떠돌이 외판원 시절은 이제 끝났다고 연설자들은 선언했다. 현대의 세일즈맨은 흔해빠진 농담처럼 묘사되는 시골 처녀의 뒤꽁무니나 따라다니는 사람들이 아니라는 것이다. 어떤 경영자의 주장처럼 이제 "그들은 성실하고 인격적이고 고정적인 직업을 가진 사람들이며 훌륭한 신랑감들이다!" 세일즈맨은 자신을 고용해 주는 '본가'에 충성을 할 것이며, 경영자와 좋은 관계를 맺을 것이며, 새로운 시대의 사회에 기여할 수 있는 역할도 주어질 것이다. 내셔널 금전등록기의 대표의 말처럼 이제 세일즈맨은 "고집을 극복하고 편견을 무너뜨림으로써 어두운 곳에 이성의 빛을 비춰줄 것이다."

> **세일즈맨은 고집**을 극복하고 편견을 무너뜨림으로써 어두운 곳에 이성의 빛을 비춰주는 사람이다.
> – 존 패터슨

세일즈맨십 대회는 20세기 전반에 세일즈와 그 가능성에 매료되었던 사람들, 즉 영업사원들과 정치인, 과학자, 개혁자, 관리자, 기업가, 연구가, 이론가 그리고 동기부여자들을 하나로 묶어주었다. 결과적으로 이들은 현대의 세일즈맨십에 경제적, 문화적 측면에서 창조적이고 파괴적인 시대가 도래했음을 알렸다.

판매의 과학

　　현대 세일즈 관리의 발전은 미국에서 이루어진 독특한 이야기다. 미국의 자본주의가 세일즈맨십을 표준화하려는 열정적인 노력을 기울인 덕분에 다른 나라들과는 비교가 되지 않을 정도로 발전했기 때문이다. 물론 모든 유럽 국가들에도 소매 네트워크는 존재했고, 그 중의 일부는 수백 년 동안 계승되었다. 그러나 그 어떤 나라도 미국 수준만큼 조직화된 영업 인력을 창출해 내지는 못했다.

　　미국에서 세일즈맨십이 출현한 가장 큰 이유는 안정된 통화와 법률에 기반한 통치, 사유재산의 보호, 신용에 기반을 둔 경제 구조 덕분이었다. 이 모든 것은 미국 경제 시스템을 지탱하는 중요한 기둥이다. 게다가 미국의 기업 규모는 다른 어떤 나라들의 기업 규모보다도 크다. 20세기 초 막대한 양의 사업용 기계, 사무기기, 자동차를 생산했던 대규모 제조회사들은 수백 명 심지어는 수천 명 단위로 세일즈맨을 고용했다. 이들의 적극적인 판매 수완 덕분에 탄력을 받은 상품들은 일찍이 시장에 널리 보급되었고 미국 경제 발전에 크게 기여했다.

조직화된 판매는 문화적인 이유 때문에 미국에서 더욱 번창한 측면도 있다. 영국처럼 교회나 세습 귀족제와 같은 제도가 존재하지 않았던 미국에서는 처음부터 민주적인 선거가 치러졌고, 세일즈맨십은 정치, 종교 집단에 있어서 추종자들을 확보하기 위한 경쟁의 방법이 되었다. 더욱이 유럽 국가들보다 계급의 경계가 거의 없었기 때문에 19세기 말부터 두각을 나타낸 판매 기술은 개인의 성공을 보장하는 지름길이 되었다. 또 20세기 초에 미국인들은 판매 기술과 관련된 서적들을 열독했다. 그 결과 예수 그리스도를 성공적인 영업 및 광고의 경영자로 묘사한 브루스 바튼Bruce Barton의 〈아무도 모르는 그 사람 The Man Nobody Knows〉(1925)이라는 책이 베스트셀러에 오르기도 했다.

현대적 세일즈맨십의 탄생은 19세기에서 20세기로, 세기가 바뀌던 시기의 수십 년 사이에 일어난 현상이다. 현대적 세일즈 기법을 개발한 세일즈의 선구자인 기업가들은 대량 생산이라는 새로운 과학에 부합되는 경영기법을 만들어 냈다. 이 대량 생산의 등장으로 세일즈맨십은 심리학자를 비롯한 경제학자, 관료 그리고 정치인들의 관심사가 되었다. 현대적 세일즈의 선구자들이 품었던 야망처럼 미국은 세일즈의 영토로 이루어지게 된 것이다. 국민들은 제철소 직원이나 은행원, 주부로 분류되기보다는 모두가 '잠재 고객'이 되었다. 그리고 전 세계의 모든 나라는 동맹이나 적이 아닌 무역의 '기회'가 되었다.

비즈니스맨인 시얼즈는 1904년 〈시스템System〉 지에 기고한 글을 통해 지난 수년 동안 세일즈 부문에서 자신이 지켜본 변화를 요약했다. 이 글에 의하면 예전의 세일즈맨들은 자신이 판매원이자 사장으로서 물건을 팔기 위해 돌아다녔다. 그러나 지금은 세일즈맨들이 가야할 길은 사전에 계획되고, 상품을 팔기 위해 출발하기 앞서 이미 고객에 대한 평가를 마치며, 전표나 보고서에 남겨진 흔적에서 세일즈맨의 일거수 일투족을 엿볼 수 있게 되었다. 대기업의 세일즈 관리자들은 세일즈맨에게 특정 구역을 배정하고, 각자가 달성해야 할 월간 또는 주간 판매량을 할당한다. 또 그들은 세일즈맨십이 예측 가능하며, 새로운 인력을 교육할 수 있도록 확립했다. 심지어 관리자들은 고객과 대화를 나눌 때 어떻게 서 있어야 하며, 거래에 서명을 할 때 펜을 어떻게 건네야 하는지 등 지극히 사소한 것들도 교육을 했다.

관리자들은 새로운 용어를 차용하여 세일즈맨의 이미지도 정의하려 했다. '세일즈맨'과 '세일즈맨십'이라는 용어는 세기가 바뀌면서 유행하기 시작했는데, 이는 세일즈 직종은 남성이 압도적으로 많은 직업이라는 것을 의미했다. 19세기 말에 여성들이 서적 외판원을 하던 전통이 적게나마 남아 있었지만 20세기 초가 되면서 대부분의 대기업들은 남성의 고용을 선호했다.

관리자들은 영업 인력들이 전문적이고 깔끔하고 책임감이 있는 남자다운 모습으로 비쳐지기를 원했던 것이다.

세일즈의 혁명은 회사 차원을 넘어서는 중대한 결과를 가져왔다. 세일즈 관리의 체계적인 방법이 발전함에 따라 세일즈 관리자들을 지원해 주는 다수의 상품과 서비스가 등장하게 된 것이다. 여기에는 무역 저널과 대중 잡지도 포함되었다.

시카고의 다트넬 코퍼레이션은 판매와 관련하여 실제 경험에 바탕을 둔 데이터를 수집하여 세일즈 관리자들을 위한 많은 보고서를 내놓았다. 이 보고서들은 '259개 분야의 서로 다른 업계의 현대적인 세일즈 방법과 경향'에서부터 '세일즈 조직의 충성도를 확립하기 위한 계획', '세일즈맨의 아내와 가족들의 협력을 얻어내는 방법'에 이르기까지 다양한 주제를 다루었다.

세일즈 관리 방법의 탄생은 마케팅이나 소비자 행동, 산업 심리학과 같은 학문 영역에서도 새로운 지평을 열어주었다. 세기가 바뀌고 경영대학원에서 세일즈 관리를 전공하던 교수들과 경제학자들은 공급 방법과 비용을 분석했다. 하버드 대학의 비즈니스 연구소에서는 1913년, 신발 판매에 초점을 맞춘 최초의 소책자를 발간했다.

한편 심리학자들은 세일즈맨이 고객의 마음 속에서 수요를 창출해 낼 수 있는 방법을 알아내려고 연구했다. 스노우A. J. Snow는 〈개인적 판매에서의 심리학Psychology in Personal Selling〉

무역 저널과 대중 잡지 | 〈세일즈맨십Salesmanship〉(1903), 〈세일즈맨Salesmen〉(1909), 〈세일즈맨십: 세일즈의 성공 비결Salesman-ship: Devoted to Success in Selling〉(1915), 〈세일즈 관리Sales Ma-nagement〉(1918), 〈세일즈맨의 기회Sales-man's Opportunity〉(1923).

(1926)이라는 저서를 통해, 고객이 구매를 결정할 때 뇌 안의 신경세포에서 발생하는 생리학적 변화를 연구했다. 그는 소비자의 욕구가 본능적인 것인가 아니면 습관과 제안을 통해서 일어나는가에 관하여 연구를 했다. 현재는 카네기 멜론 대학이 된 카네기 공대는 1916년에 세일즈맨십 연구소를 설립하여 세일즈맨을 대상으로 한 심리 테스트 방법을 고안했다.

대기업들도 세일즈 관리 시스템을 적극적으로 수용함으로써 세일즈맨십의 역할을 이해하려는 새로운 시도를 모색했다. 현대적 세일즈 기법을 촉진시킨 사람들은 경제란 수요에 순응하는 것으로 열정(세일즈맨들이 판매하는 상품으로 대변되는)이 강력한 힘이 된다고 주장했다. 미주리 대학 시절의 박사 논문을 개량하여 〈과학적 세일즈맨십Scientific Salesmanship〉(1933)을 쓴 찰스 베넷Charles Bennett은 세일즈맨십을 '의미의 확장'으로 묘사했다. 베넷은 세일즈맨십이란 특정 회사가 더 큰 경제적 파이를 얻는 것에 그치지 않고 파이의 크기를 더 키우는 역할을 한다고 주장했다.

세일즈맨십이란
특정 회사가 더 큰 경제적 파이를 얻는 것에 그치지 않고 파이의 크기를 더 키우는 역할을 한다.
– 찰스 베넷

모든 판매 방법(조직적, 전략적, 사상적)의 변천은 19세기 말과 20세기 초 미국 경제 성장의 중심이 되었다. 세일즈와 마케팅은 산업화의 도래에 따른 뒤떨어진 생각이 아니라 동일한 현상의 일부였다. 대기업들은 상품을 대량으로 생산하는 능력만 갖춘 것이 아니라 설득하고 압력을 가하기도 하면서 복음과도 같은 풍요로움을 길러 낼 수 있었다. 역사가 챈들러 2세Alfred D. Chandler Jr.의 표현처럼, 세일즈 관리에 있어서 '보이는 손'은 현장에서 활약하는 세일즈맨의 '마주잡은 악수'가 없었더라면 거의 모든 산업에서 성공할 수 없었을 것이다.

이 책은 세일즈에 유달리 매료되어 혁신적이고 효과적인 세일즈 전략을 고안해낸 기업가와 관리자들의 업적을 조명하기 위해 쓰여졌다. 남북전쟁 이후부터 대공황이 끝나는 시점까지의 개략적인 연대를 따라 세일즈의 귀재들과 현대적 세일즈 관리의 출현에 관해 설명하면서 세일즈 세계에서 있었던 특정한 유형의 사례들을 제시했다. 예를 들어 서적 외판원들이 판매했던 〈그랜트 회고록〉이라든가, 출장 잡화 판매원들, 재봉틀, 하인즈Heinz와 같은 대량생산 업체에 의한 세일즈 관리의 시작, 내셔널 금전등록기의 종합관리 시스템의 구축, 카네기 공대의 판매 분석법 개발, 포드, 제너럴 모터스, 풀러 브러시의 소비자 마케팅 전략 구축 등이다. 여기에 제시된 모든 사례들에서 세일즈 조직의 규모가 점점 커지고 세일즈의 전략도 점점 더 복잡해지면서 완성되었다는 사실을 알게 될 것이다.

이 책에서는 풀러 브러시의 세일즈 관리자이며 긍정적인 사고의 대표적인 옹호자인 세련되고 멋진 앨버트 티츨Albert Teetsel, 미국 최대 목재회사에서 오랫동안 출장 세일즈맨으로 일했고 〈김렛Gimlet〉 통신의 편집자였던 손더스 노벨Saunders Norvell이 등장한다. 또한 산업심리학자로서 세일즈맨십 연구소의 소장이 된 월터 딜 스캇Walter Dill Scott, 세일즈 관련 서적의 저술가이자 포드의 세일즈 책임자를 역임했던 노발 호킨스 Norval Hawkins, 하버드 경영대학원에서 마케팅을 강의하고 〈시스템〉지를 발행했고, 후버 학장 당시에 유통 방법에 관한 전국 규모의 조사를 실시했을 때 자문역을 맡았던 아치 쇼Arch Shaw도 등장한다.

거대 제조기업에서 기업가와 관리자들의 행위는 사람들에게 많은 주목을 받게 마련이다. 버로우즈, 코카콜라, 제너럴모터스와 같은 대기업들은 독자적으로 활동하는 행상이나 소규모의 외판원들이 할 수 있는 것과는 완전히 다른 차원으로 운영되었다. 그들은 현장에 있는 세일즈맨들과의 커뮤니케이션을 촉진하기 위해 또는 미래의 수요를 예측하는 데 도움이 될 시장 정보를 수집하기 위해 일련의 새로운 기술들을 활용했다. 또한 이들은 새로운 광고의 출구(신문, 잡지, 1920년 이후에는 라디오)를 활용하여 자사 영업 인력의 업무를 지원해 주었다. 이런 자원들 덕분에 해당 기업들은 전략적으로 세일즈를 전개할 수 있었고 예전에 찾아볼 수 없었던 대규모의 수요를 창출해 냈다.

그들은 판매 방법과 세일즈 관리 기술을 표준화하는 것에 최대한 집중했기 때문에 초점은 대량 생산자에게 맞추어져 있었다. 현대적 세일즈맨십을 창조한 기업들로는 사무기계 제조업체, 자동차 제조회사, 비누, 통조림, 페인트 광택도료 제조업자들을 들 수 있다. 이런 종류의 제품을 제조하는 기업들은 시장을 점령하고 경쟁사의 비즈니스 기회를 박탈하기 위해 수많은 영업사원들을 고용했다. 브랜드 제품을 대량으로 판매하거나 도매상들이 다루기 어려운 복잡한 기계 또는 썩기 쉬운 상품을 만드는 제조업체들도 나름대로 영업망을 구축했다. 그리하여 상품을 대량으로 생산하여 매우 넓은 지역에서 판매했다.

이들 기업의 세일즈맨들은 고객을 찾아가 문을 두드리고 사무실 밖에서 기다리다가 샘플을 보여주거나 고객의 구미를 당기는 이야기를 했다. 특별 할인가에 상품을 제공하고 그래도 안 되면 다른 방법을 써서 잠재 고객에게 정보를 제공하고 설득하고 부추겨서 끊임없이 상품을 팔았다. 세일즈맨들은 상품에 대한 특정한 질문에 대답할 수 있도록 교육을 받았으며, 때로는 신용(외상)으로 물건을 구입할 수 있도록 허용해 주었다. 특히 세일즈맨들은 신상품의 판촉에 능숙하여 금전등록기나 계산기 판매에 결정적인 역할을 했다. 잘 관리되고 양성된 세일즈맨들은 상품에 대한 철저한 시연, 집요한 설득, 신용으로 거래하는 능력들을 보여주었다. 이런 식으로 세일즈맨들은 소비자들이 가전제품, 자동차 그리고 값비싼 상품을 구매하도록 설득하여 소비자들의 구매 품목 자체의 변화를 촉진하였다.

모든 상품의 제조업자들도 알고 있듯이 반드시 저렴한 가격이 수요를 창출하는 것은 아니다. 사람들은 다양한 이유에서 상품을 구매한다. 합리적인 의사 결정이나 기호 및 선호도는 그런 이유들 속에 포함된다. 사람들은 자신이 '팔렸기 때문에'

상품을 구매하기도 한다. 세일즈맨들의 역할은 정보를 제공함과 동시에 설득해야 하며 구매자들의 관성이나 머뭇거리는 행동들을 극복해야 한다. 그 결과 세일즈 관리자와 세일즈맨들은 세일즈 설득전을 고안하고 연습하는 과정에서 다음과 같은 설득의 메커니즘에 통달하게 되었다. 어떤 유형의 논법이 고객에게 가장 잘 먹히는가? 어떤 감정이 구매 충동에 불을 당기는가? 논리적인 호소는 언제가 가장 효과적인가?

이렇게 제조기업들이 판매 방법을 표준화하기 위해 막대한 비용을 투자했던 이유는, 세일즈맨들을 동원하지 않았더라면 소비자들이 상품을 구매하지 않았을 것이고, 경쟁사 쪽으로 가버렸을지도 모를 '잠재 고객'이 구매를 하도록 확실한 역할을 한다고 믿었기 때문이다. 20세기 중반에 〈포춘〉지가 주장했던 것처럼 만약 고객이 마음을 정할 때까지 하염없이 기다렸다면 대량 생산이라는 체제는 오늘날 생산 시스템의 어두운 측면으로 전락해 버렸을지도 모른다. 세일즈맨은 고객에게 구매를 결정하도록 설득한다. 그리고 정보를 수집하거나 신용보고서를 작성하며 때로는 상품을 판매한 뒤에도 계속 서비스를 해준다.

세일즈맨십의 효과를 누구보다도 열렬하게 믿었던 대량 생산 기업들은 19세기에서 20세기로 넘어갈 때 세일즈를 '과학'으로 승화시켰다. 무역이 시작된 초기 이래로 세일즈는 일종의 '기술'로 여겨져 왔다. 그것은 원

> 만약 고객이 마음을 정할 때까지 하염없이 기다렸다면 대량 생산이라는 체제는 오늘날 생산 시스템의 어두운 측면으로 전락해 버렸을지도 모른다.
>
> ─ 〈포춘〉

래 길바닥 위의 고달픈 삶을 이겨내면서 온갖 재치와 기술을 동원하여 물건을 팔았던 행상들의 영역이었다. 그러나 남북전쟁 이후, 출판사들이 외판원 팀을 조직하여 인기 있는 서적들을 팔고, 마셜 필드Marshall Field와 같은 대형 도매상들이 전국으로 출장 세일즈맨들을 파견하여 상점에 물품을 들여놓으면서부터 판매는 점점 조직화되어 갔다.

대량 생산의 시대가 오고 하인즈나 내셔널 금전등록기, 버로우즈 계산기, 포드, 제너럴 모터스 등의 기업들이 잘 훈련되고 관리된 영업 인력들을 편성하면서 기업가와 비즈니스맨들은 '판매의 과학'에 대하여 말하기 시작했다. 대량 생산 체제를 갖춘 기업의 경영자들은 세일즈 부서를 만들고 상품의 판촉과 유통을 체계화시켰다. 비누나 조미료처럼 비교적 싼 물건을 제조하는 기업에서는 브랜드의 명성이 높은 상품을 선전하기 위해 세일즈맨들을 활용했다. 타자기나 계산기와 같은 사무기기와 재봉틀 제조기업들은 세일즈맨을 고용하여 고객들이 물건을 구매할 수 있도록 제품에 대해 설명하고 신용 대부를 받을 수 있도록 해 주었다. 개인 고객을 상대로 하는 기업은 기업을 상대로 하는 기업보다 훨씬 더 큰 규모의 영업 인력을 보유했다. 1923년 당시, 풀러 브러시는 3,400명의 방문 판매 세일즈맨을 고용하고 있었으며 같은 해 포드 자동차는 9,451명의 네트워크를 통하여 자동차를 판매했다.

현대적 세일즈맨십의 개척자들은 업계의 다른 생산자들과

마찬가지로 프레데릭 테일러Frederick W. Taylor의 방법론은 아니 더라도 윤리를 따랐다. 테일러는 업무를 효율적으로 분할하고 작업의 속도를 관리자의 감독 하에 두려고 했다. 찰스 윌슨 호이트Charles Wilson Hoyt는 〈과학적 세일즈 관리: 판매를 과학적으로 관리하는 원리의 실제적 적용Scientific Sales Management: A Practical Application of the Principles of Scientific Management to Selling〉에서 이렇게 주장했다.

> "과학적 세일즈 관리법은 세일즈맨에 대한 적절한 교육을 강조한다. 이러한 교육은 세일즈맨 개인의 동작이나 작업에 관여한다. 심지어는 세일즈맨 개인에게 산만해진 집중력을 대신하여 정확하게 작업하도록 요구한다. 이것은 사업 계획이나 세일즈맨의 대화, 세일즈맨의 예의에 관한 접근 방식의 표준화까지 다루어졌다. 세일즈맨이 행상에서 제조회사가 관리하는 종업원으로 전환된 것은 '대량의 나'라는 세일즈맨에서 '소량의 나'라는 세일즈맨으로 전환된 것과 같다."

이는 호이트가 '과학'이라는 단어를 사용함으로써, 판매 방법을 체계화하고 표준화해야 한다는 주장이 설득력을 얻었다는 것을 의미한다. 과학이라는 단어의 사용은 미래의 방향을 제시한 것이다. 즉 소비자 행동에 관한 더 많은 이해와 세일즈의 손익에 관한 더욱 현실적인 정보의 수집이 필요했던 것이다. 실제로 NCR(내셔널 금전등록기), 하인즈, 코카콜라, 버로우즈 등 대량 생산 체제를 갖춘 기업들은 종합적이고 체계적인 세일즈 관리 방법을 개발했다. 이들 기업은 세일즈맨을 고용하고 훈련하는 일련의 방법을 고안해 냈는데, 방대한 분량의 세일즈 지침서와 하인즈의 〈피클즈〉 같은 뉴스 레터를 발행하여 세일즈맨들이 언제나 정보에 빠르게 접근할 수 있고 자극을 받을 수 있도록 했다. 기업들은 특정 고객에 대한 정보를 세일즈맨을 통해 수집할 수 있는 체계도 확립하여 공적인 정보와 사적인 정보의 양방향에서 도움을 얻어 개인의 신용 등급이나 전반적인 경제 상황에 대한 통계 수치를 얻었다.

그러나 모든 제조회사들이 이렇게 영업 인력을 철저하게 관리하면서 발전한 것은 아니다. 20세기 초에는 아직도 많은 세일즈맨들이 관리 감독을 거의 받지 않거나 독자적인 행상으로 활동하고 있었다. 그들은 아틀랜타의 바닷가 산책로에서 물건을 팔았고, 말 장수들은 여전히 미시시피에서 거래를 했다. 또 중소 규모의 많은 제조업체들도 강력한 영업 인력을 보유했지만 대량 생산 업체들처럼 표준화하지는 못했다. '1회성의 일괄적'인 방법으로 운영해 온 기업들은 생산과 유통 스케줄을 일괄적으로 맞춰야 할 절박한 필요성을 느끼지 못한 것이다. 이들은 설득을 바탕으로 한 대규모의 영업을 전개하기보다는 개별적인 고객에게 초점을 맞춰 접근하는 쪽을 더 선호했다.

그러나 대기업의 경영자 그리고 관리자, 컨설턴트들이 '판매의 과학'을 만들어내기 위한 노력의 역사는, 예전의 경제 관습들이 어떻게 수정되고 어떻게 새로운 형태의 자본주의로 탈바꿈했는지에 관한 모델이 된다. 우리는 이를 통해서 판매와 설득, 예측과 동기 부여라는 오랜 전통이 어떻게 관리 자본주의라는 합리적인 세계 속으로 들어왔는지를 알 수 있다.

　현대적 세일즈맨십의 도래, 그것은 주문을 탐색한다는 이야기이다. 이 시기의 미국은 역사가 로버트 위베Robert Wiebe가 표현한 것처럼 '1870년대의 고립된 시골 마을이 줄줄이 이어진' 시대를 벗어나 세기가 바뀐 후 현대적, 도회적, 관료적 사회로 이동하여 미국 진보시대의 확대된 역사의 일부가 되었다. 물론 조직을 구축하고 공식의 밑그림을 그리고, 세일즈 팀을 교육하는 역동적인 움직임에는 거침이 없었지만 결과가 언제나 성공적이고 예측 가능한 것은 아니었다. 오래된 판매 방식과 새로운 판매 방식 사이의 구분은 때때로 명확하지도 않았고, 철저하게 관리된 세일즈맨십이라는 것도 주창자들이 목청을 높이는 것처럼 항상 과학적이지도 못했기 때문이다. 20세기의 세일즈 관리는 설득과 동기 부여와 같은 극적인 내용들을 강조했지만 여전히 행상인, 약장수, 떠돌이 외판원들의 오래된 방법에 의존했다. 관리자들이 영업 인력의 하루 하루의 동향을 조정하려고 노력했음에도 불구하고, 1:1로 얼굴을 맞대고 이루어지는 자연스럽고 즉흥적인 경제 활동은 여전히 지속된 것이다.

　19세기 말과 20세기 초에 걸쳐 나타난 여러 가지 개혁 충동과는 달리, 판매를 체계화하려는 노력은 도시계획이나 현대 건축 그리고 사회보장과 같은 제도에 영향을 미친 유럽식의 지적인 움직임과는 달랐다. 그것은 상업적·개인적 성공을 위한 미국식 전략이었다. 기업가와 관리자들은 미국 문화의 유행과 사고에 의존했고, 세일즈맨들은 당시의 다이어트와 운동 열풍에서 자신들의 능력을 구체화했다. 그러면서 미국의 유력 정치인이나 지식인들의 생각을 자신들의 세일즈에 활용했다. 이를테면 벤자민 프랭클린과 루즈벨트 대통령의 자조 정신에 관한 이야기는 세일즈 매뉴얼이나 회사 사보에 곧잘 장식되었다.

심지어는 심리학자이자 철학자인 윌리엄 제임스의 글이 세일즈 서적에 등장했다. 즉 경제서를 쓰는 저자들은 지식인을 위한 형이상학적인 모임을 만들려는 이유가 아닌 '동기 부여 클럽'을 만들기 위해 윌리엄 제임스를 대중 앞에 내놓고 그의 사상을 완화시켜 영감을 주는 슬로건과 연설로 요약했다. 마침내 기업가와 관리자들은 변화되는 젠더(사회적 성)의 관념에 관해서도 화두를 던졌다. 판매란 여성성을 지닌 유혹의 기술이라기보다 격무와 결단력에 바탕을 둔 남성적인 일로 재정의한 것이다.

이 책은 기업가, 관리자, 세일즈맨에 초점을 맞추었다. 그러나 동시에 그들과 평행선의 양단에 위치한 사람들인 상점 주인과 도매업자 그리고 고객에 대해서도 많은 이야기를 할 것이다. 세일즈맨십과 소비는 동전의 양면과 같다. 기업가나 세일즈맨, 세일즈 전문가들은 잠재 고객들의 성향과 취향을 관찰하면서 신중하게 연구한다. 판매 각본도 고객은 세일즈맨과 대화를 나눌 때 예측 가능한 방향으로 행동한다는 전제에 기반하고 있다. 세일즈맨들은 잠재 고객이 위험 부담을 극도로 싫어하며 상황을 잘 인식하여 속지 않으려 하면서도 쉽게 집중력이 흐트러진다는 사실을 알고 있다.

그리고 고객들은 소비자 보호단체나 상품의 성분 구성표, 여타 다른 소식통을 통해 상품에 관한 정보를 수집하며, 거래 교섭에서 더 유리한 위치에 서려고 아주 열심이다. 관리자와 세일즈맨들은 브랜드 제품, 간편한 신용 판매, 온갖 보장을 고객에게 제공하고, 세일즈를 위한 대화와 판촉 전략을 끊임없이 조정하면서 빠르게 변화하는 고객의 욕구와 취향에 부응하려고 한다. 결국 현대 세일즈맨십의 역사가 말해 주듯 소비에 기반을 둔 20세기 초의 경제는 이전 시대에 활동했던 행상과 서적 외판원들의 세일즈맨십에서 비롯되었다고 할 수 있다.

1장

자영 행상인이 전국을 순회하다

행상인과 보따리상

    1818년 제임스 길드James Guild는 21세의 나이에 고향 버몬트를 떠나 행상을 하기로 결심했다. 그는 70달러 짜리 은행 수표로 짐 보따리 하나와 몇 가지 물건을 샀다. 19세기 말, 많은 사람들이 공장 노동을 피하려고 출장 세일즈맨이 된 것처럼 그 역시 버몬트 농장의 고된 농사일에서 달아나고 싶었다.

    길드는 일기에서 "나는 기질적으로 농장에서 일을 할 수 없었다."고 털어놓았다. 세일즈맨이 된 그는 거래할 물건과 물건을 살 고객이 있는 곳이라면 어디든지 달려갔고, 수년 동안 뉴잉글랜드와 뉴욕의 북부 지방 시골까지 물건을 팔러 다녔다. 또한 사우스 캐롤라이나 주에서도 아주 먼 남쪽인 찰스턴까지 물건을 팔러 다녔다. 그는 세일즈맨으로 활동하는 동안 수많은 종류의 물건을 팔았고 다양한 쇼를 선보였다. 이를테면 도요새에게 탬버린을 연주하게 하거나, 그림자 인형 쇼, 초상화를 그려주기도 했다.

길드의 일기를 보면 초창기 미국 행상들의 독자적인 면모가 잘 드러난다. 이들은 혼자 다니면서 농가에 접근할 때마다 자신을 맞이하는 의심과 적대감을 이겨내기 위한 세일즈 전략을 세웠다. 여기서 알 수 있듯이 당시의 장사란 즐거운 일은 아니었다. 어떤 농부는 "지금 당장 내 집에서 나가지 않으면 두들겨 패 주겠어. 이 망할 놈의 사기꾼 장사치! 넌 만나는 사람 모두에게 흠씬 두들겨 맞아봐야 돼!"라고 협박했다.

길드는 미국 독립혁명이 끝나고 수십 년 동안 전국을 돌아다니면서 장사에 열중하고, 경쟁을 통해서 스스로를 연마한 수많은 미국인 중의 한 사람이었다. 당시 행상은 젊은 미혼 남성들 사이에서는 상당히 인기있는 직업이었다. 왜냐하면 초기에 투자해야 할 비용이 거의 필요하지 않았기 때문이다. 브론슨 앨코트와 또 다른 미국인들도 거래의 법칙을 배우고 미국 전역을 탐험하기 위해 거리로 나섰다. 행상인들은 물건으로 가득 찬 트렁크를 들고 다녔고, 일부는 마차를 끌거나 말을 탔다. 재주가 있는 사람들은 악기를 연주하거나 이야기를 들려주었다.

길드는 행상으로 일하면서 자주 회의를 느꼈다. 돌아다니며 장사를 하려면 오랫동안 먼지가 자욱한 길을 고되게 걸어야 했고 맑은 날이든 궂은 날이든 들과 강을 건너야 했다. 게다가 행상이란 당시로서는 인정을 받는 직업이 아니었다. 길드는 "나는 내 친구들의 곁을 떠나야 하는 달갑지 않은 감정을 느낄 뿐 아니라 내가 왜 이런 미천한 일을 하기 위해 이렇게나 저자세로 수그려야 하는지 알 수 없다."고 일기에 썼다. 이렇게 외롭고 고단한 시절도 있었지만 길드는 이겨냈다. "태어나서 줄곧 괭이와 도끼만 알고 살아 왔던 농장의 소년이 갑자기 행상인의 얼굴을 한다는 것은 어색하기 그지없는 일이었다. 그러나 나는 다른 사람들과 마찬가지로 이 일을 해낼 수 있다고 믿었다. 나에게는 팔 물건이 있었고 어떤 집이든 들어가서 '머리빗이나 바늘, 단추, 헝겊 씌운 단추, 바느질 실, 유리구슬 좀 사시겠어요?'라고 말을 했다!"

행상인들은 농부를 비롯한 구매자들의 신뢰부터 얻는 게 첫째였다. 이것은 쉽지 않은 일이었다. 왜냐하면 기본적으로 행상인들은 마을에 와서 차례차례 장사를 하고 난 다음 떠나버리는 이방인이었기 때문이다. 이들은 20세기의 방문 세일즈맨들과는 달리, 유명 회사를 대표하거나 브랜드 상품을 파는 사람들이 아니었다. 그리고 행상인들은 잠재 고객을 자주 만나는 편도 아니었기 때문에 처음 대면하는 그 자리에서 열심히 장사를 할 뿐, 구매자가 물건에 만족하지 못할 경우에 일어날 미래의 어떤 일에 대해서도 신경을 쓰지 않았다. '파는 것만을 염두에 두고' 거래를 했던 이런 행상인들의 목표는 이후 19세기 말, 때로는 같은 고객을 수년 동안 몇 번이고 방문하면서 판매를 하던 세일즈맨들과는 달랐다.

길드는 고객들도 흥정을 통해 가능한 한 제일 싼 가격에 물건을 산다는 사실을 알게 되었다. 교환과 흥정은 남북전쟁 전 뉴잉글랜드 지방의 상거래 문화에서는 진귀한 일이 아니었다. 미국 노동력의 4분의 3이 농업에 종사하던 1800년대에는 물물 교환이 생존의 방식이기도 했다. 당시 일부 남부 지방에는 담배 농장도 있었지만 대부분의 미국인들은 자신들이 소비하기 위해 농작물을 경작했다. 많은 사람들이 스스로 비누, 양초, 가죽, 밀랍, 가구 등을 만들었고 쓰고 남은 것은 지역 상인들이 내놓은 다른 물건이나 서비스와 교환했다.

길드는 "이들(고객)은 무언가 사고 싶으면 그 물건을 공짜로 얻을 때까지 농담을 걸거나 말장난을 칠 것이다."라고 말했다. 일부 행상인들은 이런 식으로 끊임없이 이어지는 흥정과 설득에 지쳐 일을 그만 두었다. 남북전쟁 직전에 행상을 하던 사람들이 많아졌고 경쟁도 더욱 치열해졌는데 미국 인구 조사국에 따르면 1850년에 10,669명, 1860년에는 16,594명의 행상인들이 등재되었다. 이들 대부분은 뉴욕, 펜실베이니아, 매사추세츠, 오하이오 주 출신들이었다.

길드는 자신만의 방식을 고안해서 자신을 대하는 적대감을 이겨냈고 그 과정에서 보람을 느꼈다. 농장을 방문할 때 그의 재치와 유머는 든든한 아군이 되었다. 그는 자신의 간곡한 요청이 받아들여질 수 있도록 수많은 방법들을 고안했다. 그리고 사람들의 높아가는 사회적 기대치와 장식품을 갖고 싶어하는 사람들의 욕구에 맞추려고 연기를 하기도 했다. 그는 만나는 사람들의 유형에 따라 접근 방식을 바꿔나갔다. 한 번은 길드가 뉴욕 주의 트로이에서 이곳의 부자들이 모이는 저녁 식사 파티에 참석한 적이 있었다. 처음에는 자신이 좋지 않은 의미에서 눈에 띄는 것으로 생각했지만 나중에는 그 자리에 있는 다른 부유층 인사처럼 행세할 수 있다는 사실을 깨달았다.

"나는 허세를 부리면서 사람들에게 달라붙어서 속삭일 수 있었다."고 썼다. "사람들이 금새 호들갑을 떨더니 나를 받들어 모셨다." 그는 여기서 하나의 철학을 터득한다. "이제 나는 사람의 본성에 대해 한 가지를 배웠다. 사람은 언제나 자신의 겉모습과 딱 맞아떨어지는 것은 아니라는 사실이다. 자기 자신을 내세우고 누군가가 자신을 특별한 사람이라고 생각해 준다면, 정말로 특별한 사람이 된다는 것을 경험을 통해 알게 되었다."

이렇게 대담하게 스스로를 내세워야 한다는 길드의 감각적인 깨달음은 19세기 말과 20세기 초의 많은 세일즈 입문서에서 공통적으로 지적하는 조언이 되었다.

길드가 깨달은 방법들은 길드 자신의 관찰과 실험 그리고 현장에서 만난 다른 행상인들이 그에게 알려준 힌트에 기반을 두었다. 그는 사람들을 즐겁게 하는 것과 흥미를 유발하는 방법은 많이 쓰지 않는 편이 좋다는 사실도 깨달았다. 그는 어떤 때는 들소와 함께 다니면서 사람들의 이목을 끌기도 했다.

길드는 판매를 일종의 유혹 기술로 보았다. 행상인들은 최소한 19세기 중반 즈음에 서적을 판매하는 여자 외판원이 출현

할 때까지는 거의 대부분이 남자였다. 그러나 역사가들은 세일즈가 전통적으로 여성스러운 것으로 간주될 수 있다고 주장하는데, 판매는 오랫동안 여성성과 관련이 있는 기술로 여겨졌기 때문이다. 이를테면 여성의 예의나 공손함, 사물에 관한 장식적이고 양식적인 면에서의 정통함, 부드러운 말솜씨 등의 자질은 세일즈에서 아주 필요했기 때문이다. 길드는 여성 고객들과 시시덕거리며 농담을 주고받았는데 그런 와중에 기회를 보아 양철 제품이나 다른 물건들을 천이나 음식 또는 화폐로 교환했다. 어떤 여인에게는 초상화를 팔아 넘기기도 했다.

어느 해 겨울, 길드는 뉴잉글랜드 지방에서 한 벌에 12센트라는 싼 가격에 가위를 팔려고 돌아다녔다. 그러나 사람들은 당황스러울 정도로 가위를 사려고 하지 않았다. 사람들은 그가 매긴 가격을 보고 가위가 좋은 물건일 리 없다고 생각했던 것이다. 길드는 실험을 감행했다. 그는 가위들을(모두 똑같은 품질의) 두 무더기로 나눠 한 쪽은 12센트, 다른 한쪽은 25센트로 가격을 올렸다. 이렇게 하자 장사가 아주 잘 되었다. 이는 더 비싼 가위를 고른 어느 모녀의 경험을 통해 깨달은 바가 있었기 때문이다. 일기에는 다음과 같이 기록되어 있다.

내가 어느 집에 들어갔을 때의 일이다.

"주석 잔이나 프라이팬, 접시 같은 거 아무 거나 구경 좀 하시겠습니까? 아니면 가위 좀 사실래요?"

"예. 뭐, 좋은 물건이 있으면 그렇게 하죠."

"자, 사모님! 여기 괜찮은 물건도 있고 그거보다 좀 떨어지는 것도 있어요. 제일 좋은 물건은 25센트구요. 다른 것은 12센트입니다."

이런 식으로 나는 물건을 보여주고 모녀는 물건을 살폈다.

"엄마! 이번 기회에 가위 하나 사 주세요."

"애야, 그러자. 이 참에 사두는 게 좋겠구나."

그러자 딸은 어머니에게 물었다.

"어머니. 12센트 짜리 하고 25센트 짜리 중에서 어느 쪽으로 할까요?"

"그야 물론 질 좋은 물건을 사는 게 낫지."

그래서 두 모녀는 종이를 잘라보며 가위를 시험했는데 젖은 종이를 자를 수 있으면 좋은 물건이었다. 이런 식으로 나는 이 일을 내가 생각했던 것보다 훨씬 더 끝내주는 천직이라 여기며 물건을 팔러 다녔다. 하지만 이때만큼 내가 하는 행동이 더할 나위 없이 비열하게 느껴진 적이 없었다.

이는 모녀지간의 속성을 꿰뚫어보는 실드의 날카로운 통찰력과 사람들의 심리를 이용하여 물건의 가격을 결정할 수 있다는 사실을 잘 보여주는 사례이다. 가격 결정에 있어서 가장 중요한 것은 물건이 얼마나 가치가 있느냐에 대한 객관적 인식보다는 가위를 손님 앞에 내놓고 세일즈를 하는 방식 그 자체임을 깨달은 것이다. 즉, 훌륭한 세일즈 전략이 논리를 이길 수 있는 것이다. 사물의 가치는 어떻게 팔리느냐에 달려 있다. 이 것이 바로 길드가 자신의 표현처럼 비열하다고 느낀 부분이다. 무엇이 상품의 실제 가치를 구성하는가 하는 문제는 판매의 역 사를 통해서도 잘 드러난다.

세일즈의 문을 연 초기의 행상인들

길드가 수집한 정보(가위, 책, 양철 식기나 다른 물건을 고 객에게 설명하는 법, 물건을 팔 때 자기 자신을 화려하게 포장 하여 보여주는 법 등)는 19세기 미국 문화와 경제에 있어 점점 더 폭넓은 지지를 받게 된다. 길드와 같은 행상인들은 교육을 받은 적이 없지만 돌아다니면서 장사를 하는 동안에 어떻게 물 건을 팔 것인가를 나름대로 깨달았다. 또 자신보다 경험이 많 은 선배 유랑 행상인들에게서 노하우를 얻었다.

장사를 위한 여정은 위험하고 힘들었으며 통일된 화폐가 없 는 상태에서 물물교환을 한다는 것은 어렵기 그지없는 일이었 다. 이런 모든 난관을 극복해야 하는 행상이란 결코 쉽지 않은 일이었다. 또 이들은 가게를 열고 장사하는 사람들의 적개심에 직면하기도 했다.

상점 주인들은 행상인들이 마을에 들어오는 것을 반대하며 맹렬히 화를 냈고, 타 지역 출신 행상들이니 세금을 내라고 압 박했다. 행상인들은 민담의 형태로 전해지는 문화적인 반감에 직면하기도 했다. 이런 이야기들 속에 나타나는 행상인은 한결같이 남을 등쳐먹는 사기꾼으로 묘사되었다. 어떻게 이런 의구심들을 극복해야 하는가, 각각 다른 유형의 고객들을 어떤 식으로 상대해야 하는가, 행상인이라는 직업 자체를 어떻게 이해시켜야 하는가와 같이 길드가 직면했던 문제들은 다른 행상인들에게도 어려운 문제였다.

그러나 이런 문제들에도 불구하고 행상인들과 행상 네트워크는 미국에서 점차 번성하기 시작했다. 식민지 시대의 행상인들은 도시 상인들과 기술을 가진 장인들 또는 해안가에서 밀수를 하던 선원들에게서 직접 제품을 받았다. 또 다른 행상인들은 수입업자나 제조업자들로부터 물품을 구입하던 시골의 상점 주인에게서 물건을 받았다.

독립혁명 후 몇 년 동안, 미국인들은 점점 더 새로운 비즈니스 분야를 개척하기 시작했고 해외무역의 범위도 확대되면서 멀리로는 중국까지 진출하기에 이르렀다. 기업가들은 땅을 사고 돈을 빌리며 물물교환을 했고 제품을 생산하는 위험도 부담했다. 여기에 출판업자들도 지식 혁명과 독서 열풍에 박차를 가했다. 게다가 점차 운송과 통신수단도 발전해 나갔다. 운하는 1820~1930년대에 화물을 운반하는 주요 통로가 되었다. 미국에서 가장 넓은 내륙의 수로인 에리 운하 덕분에 1825년경에는 에리 호에서 뉴욕까지 운송로가 뚫렸다. 또한 작은 수로들이 얽히고 설킨 대규모 운하 시스템은 오하이오 주의 애크론, 매사추세츠 주의 로웰, 시카고 등의 대도시와도 연결되었다.

철도의 거리도 늘어나 1840년경 미국의 철로는 2,800마일(약 4,480km)로 확장되었다.

제조품, 수입품, 서적을 파는 행상인들은 초창기 미국의 시장 혁명에 필수 불가결한 요소였다. 이들은 농촌 지역, 연안지방의 산골 오지, 도시를 한데 묶는 네트워크 역할을 했다. 행상인과 직공 출신의 기업가들은 시골의 생활을 변화시키는 데 있어 파트너와 같았다. 이들은 농부와 도시 사람들에게 제조품을 가져다 주기만 한 것이 아니라 시장 문화라는 것까지 소개했다. 이들이 가져온 단추나 옷감, 빗자루, 의자, 시계, 책, 그림, 각종 장식품 등 모든 제품들은 풍요로움의 상징으로 기능했던 것이다.

행상인에는 세 가지의 유형이 있는데, 첫 번째는 길드처럼 독자적으로 돌아다니며 은행수표로 물건을 사거나 물물교환으로 상품을 판매하는 사람들이다. 두 번째는 직공 출신의 기업가나 상점을 소유하고 있는 사람들에게서 약간의 봉급과 성과급을 받으며 일한 행상인들이다. 세 번째 유형은 제조업자나 상인들의 제품을 유통시키는 행상인 조직에 고용되어 일한 사람들이다. 이런 조직들은 작게는 두 명, 크게는 십여 명이 넘는 사람들로 구성되었고 우두머리 행상의 지시 하에 움직였다. 버몬트 주 출신의 모릴로 노이스는 20명의 행상인들을 부렸으며 때로는 50명까지 고용했다. 당시의 행상 네트워크는 직공, 은행, 선적 및 운송회사, 창고업체를 하나로 통합하여 효과적인 유통 체계를 구축했다는 점에서 중요하다.

　매우 다양한 물건을 갖고 다니며 팔았던 행상인들이 있는가
하면 양철 식기, 시계, 책과 같은 단일 품목을 전문으로 팔던
행상들도 있었다. 양철 주물은 미국 독립전쟁 전 코네티컷 주
가 기원이 되었고, 그 후 수십 년 동안 이 지역에서 집중적으로
생산되었다. 행상인들은 농부들에게 팬을 비롯한 주방용품과
새로운 도구들을 소개함으로써 농부들에게 시간을 절약하고
더욱 쉽게 일을 할 수 있게 해 주었다. 남북전쟁 이전의 오랜
세월 동안 양철 제품을 생산하는 유일한 동력 수단은 사람과
가축의 힘이나 수력 발전이었다. 이로 인해 생산 규모는 제한
적이었지만 작은 공장들이 하나씩 설립되면서 생산 증가율은
지역 수요를 추월했고 직공과 제조업자들은 상품을 다른 곳으
로 유통시킬 방법을 찾기 시작했다.

　양철 제품을 파는 행상인은 항아리, 팬, 상자, 원통, 주방 기
구를 갖고 다니는 '양키'의 전형을 보여주었다. 모릴로 노이스
는 제조업자이자 총판 도매상이었다. 양철 그릇과 다른 물건들
을 팔던 노이스 밑의 행상인들은 농부들과 공장을 연결해 주는
중가 도매상이었는데 이들은 생산된 물건을 사람들에게 가져
다 줌과 동시에 재활용할 수 있는 제품을 공장으로 되가져왔
다. 19세기 초에 성공을 거둔 양철 제품 행상인의 보수는 매달
약 25달러에서 50달러(현재의 360달러에서 730달러) 사이였고
이들의 연간 고용 기간은 6개월에서 9개월 정도였다. 이 급료

는 농업 종사자들이 받았던 것보다 훨씬 많은 액수였는데 당시 농사꾼들은(농번기인) 여름 수개월 동안 8달러에서 15달러(현재의 120달러에서 220달러)를 벌었다.

전문 행상인들은 시계, 19세기 중반 이후에는 재봉틀과 같이 설명이나 판촉이 필요한 상품, 비교적 최근에 나온 신제품을 팔았다. 시계 제조업자들은 행상인들의 힘을 빌어 상품을 유통시켰는데 이는 특히 19세기 초 엘리 테리Eli Terry가 시계 장치를 공장에서 생산해 내기 시작한 뒤부터 두드러지게 나타난 현상이다.

1802년 초 테리는 수력 발전을 이용하여 나무시계를 생산했고, 그 후 매년 수백 개를 만들 수 있었다. 그는 행상인들을 이용하여 뉴잉글랜드 지방 전역으로 자신이 만든 시계를 내보냈고, 이윽고 1806년 즈음에는 매년 4천 개 정도로 시계의 생산량을 늘릴 수 있었다. 1816년에는 선반시계를 개발해 냈는데 이 시계는 60cm가 채 되지 않아 운송이 쉬울 뿐 아니라 겉 케이스와 전면에 온갖 장식을 그려 넣어 외관도 매력적이었다. 이 시계는 당시의 시계치고는 그렇게 비싸지 않으며 약 10달러(요즘 돈으로 약 125달러)에 팔렸다. 양철 그릇과 같은 저가 품목을 취급하던 행상인들은 물물교환을 더 선호한 반면 시계 행상인들은 은행수표나 동전을 받기를 원했다.

테리와 다른 지역 기업가들은 디자인과 생산 공정의 개선에 힘입어 1820년경에는 매년 총 15,000개의 시계를 생산했다. 그리하여 코네티컷을 미국 내 시계 생산의 중심지로 우뚝 세웠다. 많은 양의 물건을 만들게 된 제조업자들은 행상인에게 의존하여 미 전역으로 시계를 유통시켰다. 일부는 다른 주(州)의 상점 주인이나 우두머리 행상에게 보냈으며 이들은 또 외판원들을 내보내 지역 농사꾼들과 도시 사람들에게 시계를 팔았다. 어떤 행상인들은 이른 가을에 코네티컷을 떠나 장사를 하다가 봄이 되어 돌아올때 지난번에 받지 못했던 돈을 회수해 왔다.

피뢰침 장수도 남북전쟁 이전부터 나타나기 시작한 익숙한 인물이다. 벤자민 프랭클린이 발명한 이 도구는 특히 미국 중서부 지방과 뇌우가 잦은 지역에서 19세기 중반까지 지붕 꼭대기 위에 흔하게 보이는 물건이었다. 피뢰침은 놋쇠나 철로 만들어 화려한 유리구슬로 장식되었다.

당시 피뢰침 제조업자들 중에서 최대 규모를 자랑하던 곳은 아이오와 주의 마운트 플레전트에 있는 코울 브러더스Cole Brothers였다. 이 회사는 1849년에 4형제가 설립한 회사로, 원래는 프랭클린 피뢰침 회사Franklin Lightning Rod Works로도 유명하다. 코울 브러더스는 세일즈맨 팀을 여럿 고용하여 시골을 샅샅이 돌아다니며 피뢰침을 팔았고 마침내 아이오와, 미주리, 인디애나 그리고 네브라스카, 캔자스, 켄터키, 텍사스 수의 일부 지역까지 대표적인 피뢰침 제조회사로 알려지게 되었다.

세일즈맨들은 가축과 곡물이 가득 찬 헛간이 폭풍우의 위협으로 위태로울 수 있는 봄과 여름에 일을 했다. 〈초원의 농부

〈피뢰침 장수의 판매수완〉 1879년 발간.

위의 그림은 피뢰침을 설치하면 깜짝 놀랄만한 효과를 볼 것처럼 술술 이야기를 풀어가는 외판원의 모습이다. 아래 그림은 쓸데없이 많은 피뢰침을 온 동네 건물에 설치한 뒤 어마어마한 금액의 돈을 징수하러 온 '해결사'를 묘사하고 있다. 강아지 집 위에도 피뢰침이 설치되어 있는 것에 주목하시라.

Prairie Farmer〉신문은 피뢰침 세일즈맨이라는 직종이 계절에 좌우되는 속성이 있다며 당시 피뢰침 장수들은 이익에만 급급한 사람들이라는 이미지가 항간에 널리 퍼져있다고 언급했다.

복음주의 정신으로 무장한 서적 외판원들

미국 역사의 초기에는 다양한 행상인과 보따리상들이 있었고 이들의 업적은 현대 세일즈맨의 정신을 형성하는 바탕이 되었다. 옛부터 굳건히 뿌리를 내린 종교가 없고 정당간의 경쟁이 치열한 나라에서 판매와 선전, 아이디어의 설파는 특히 중요한 위치를 차지했다. 순회 전도사들은 자기 변혁이라는 주제로 설교하며 사람들을 고무했는데, 이는 특허약품 외판원이나 자기 계발서를 파는 외판원들이 택할 법한 주제였다.

소책자와 서적, 특히 성경은 행상인과 전도사 둘 모두에게 갖고 다니기에 좋은 품목이었다. 이들 복음 전도사들은 나중에 세일즈맨들이 활용할 수 있는 많은 방법들을 개척했다. 18세기의 유명한 전도사인 조지 와잇필드George Whitefield는 당시 어떤 사람이 자신에게 붙여준 호칭처럼, 그야말로 '신성한 행상인'이었다. 그는 전국을 돌아다니면서 열정적으로 설교하고 뉴스, 소책자, 저널 등의 형태로 자신의 메시지를 전파했다. 와잇필드는 인쇄술과 운송 수단의 발달 덕분에 가능했던 상업 혁명을 활용하여 자신의 복음 전파라는 목적을 달성해 나간 것이다.

18세기 말과 19세기 초, 대중의 편에 선 전도사들은 형식에 얽매인 교회의 위계 질서와 점잖은 스타일의 설교에 반발했다. 종교 지도자들은 선전과 광고 기법을 이용하여 사람들에게 호소했다. 특히 개척시대의 감리교 순회 목사들은 출장 세일즈 기법과 유사한 형식을 창안해 냈고, 이는 즉각적인 상업적 잠재력을 발휘하게 되었다. 1800년경 감리교회는 자신들의 메시지를 전파하기 위해 이미 뛰어난 네트워크를 구축해 놓고 있었다. 이들의 전략은 급료를 받는 3백 명 이상의 순회 전도사 집단을 통하여 실행되었고 이들은 자신에게 할당된 순회 구역에서만 일을 했다.

제임스 어윈James Erwin의 회고록을 보면 감리교 순회 목사와 행상인들 사이의 유사점에 대해 잘 알 수 있는데, 이는 어윈 역시 순회 도중에 설교도 하면서 책을 팔았기 때문이다. 그는 1830년대 초에 순회 전도사로서 첫발을 내딛었다. 어윈은 회고록에서 "교회 임원이 내게 임무를 주었는데, 이 임무란 여타의 잡무와 장례식을 제외하고서도 4주 동안 최소 36회를 설교하라는 요구였다."고 썼다. 어윈은 식비와 교통비를 제공받았고 일정한 급료로 100달러를 받았다. 기혼자였다면 그는 이 금액의 두 배를 받았을 것이다. 그는 당시 순회 전도사들이 종종 그랬던 것처럼 여행 도중에 책을 팔아 부수입도 챙겼다.

순회 목사들은 어떻게 하면 사람들의 영혼에 닿아 변화를 일으킬 수 있을지를 골똘히 모색했다. 이런 모습은 세일즈맨들이 고객을 설득하기 위해 어떤 식으로 이야기를 풀어나가야 하는가에 대한 좋은 모델이 되었다. 어윈은 젊은 선교사들을 지도하려고 집필한 회고록에서 자신만의 방법을 설명했다.

일례로, 어윈의 동료 전도사들이 적대감을 가진 한 농부와 마주쳤다. 전도사들은 그야말로 결사항전 할 각오로 농부에 맞서 그가 회개하고 기도하도록 노력했으나 결국은 설득에 실패했다. 어윈은 친절함으로 이 남자를 무릎 꿇게 하겠다는 방법을 택했다.

어윈은 "나는 어느 날 아침 그를 만나러 갔고, 풀밭에서 혼자 일하고 있는 그를 발견했다."고 썼다. "그는 다소 거칠게 나를 맞았지만 나는 그 사람의 으름장에는 전혀 개의치 않고 농장은 어떤지, 풀은 얼마나 많이 베었는지, 농장은 얼마나 넓은지에 대해서 물었다. 그리고는 운동 좀 해야겠으니, 내게 갈퀴를 주면 여기 있는 동안에 도와주겠다고 말했다." 어윈은 저녁까지 열심히 일을 했다. 그러자 농부는 저녁식사를 하고 가라며 붙잡았다. 저녁식사 후 어윈은 농부와 그 아내에게 함께 기도하자고 말했고 이들은 그에 응했으며 어윈은 그렇게 신도를 확보했다.

어윈은 자신의 책을 통해 설득 내지는 마음을 열게 하는 좀 더 일반적인 법칙을 가르치려는 시도도 했다. 어느 날, 한 동료 목회자가 그에게 사람들의 영혼을 달래기 위해서는 설교를 세심하게 다듬고, 열띤 웅변이나 수사는 쓰지 않는 게 좋다고 경험이 풍부한 낚시꾼은 고기를 잡을 때 물고기의 종류에 따라 서로 다른 낚시줄을 사용한다.

말했다. 즉 고기를 잡을 때에는 벌레 미끼를 달아두는 커다란 낚싯바늘보다는 명주실처럼 가느다란 낚싯줄에 작은 바늘을 쓰는 편이 좋다는 것이었다.

그러나 어원은 경험이 풍부한 낚시꾼이어서 물고기도 종류에 따라 서로 다른 접근 방법이 필요하다는 사실을 알고 있었다. 만약 내가 송어를 원한다면 소리를 내지 않고 조용히 움직이겠지만, 황어를 원한다면 물속에 들어가 첨벙첨벙 물을 튀길 것이다. 왜냐하면 시끄러운 소리가 물고기를 유인할 것이고 그 물고기는 큰 미끼를 좋아하기 때문이다. 이런 상식적인 교훈은 후대에 출판된 세속적인 인기 세일즈 서적을 통해서 얻을 수 있는 교훈들과 유사했다.

조직적으로 장사를 가장 잘한 몇몇 서적 판매상들은 성경연구회에서 일한 사람들이었다. 성경연구회와 소책자 연구모임은 둘 다 대규모의 영업 인력을 보유하고 있으면서 출판물을 팔거나 무상으로 나눠주었다. 순회 전도사인 러셀 쿡Russell Salmon Cook(1811~1864)은 수년 동안 소책자 연구모임의 활동을 이끌었다. 쿡은 1841년에 설립된 이 모임에 가입한 뒤 세일즈맨을 꼼꼼하게 교육시킨 다음 종교 관련 출판물들을 판매했다. 그리하여 1856년 당시 소책자 연구모임에는 풀타임으로 일하는 종교서적 전문 행상인이 무려 547명이나 되었다.

1816년에 뉴욕에서 설립된 성경연구회는 1820년부터 대규모의 외판원 인력을 고용했다. 또 성경연구회는 19세기를 거치면서 판매원에 대한 관리 감독을 지속적으로 강화해 나갔다. 1853년에는 24쪽 짜리 교육용 지침서를 만들었다. 이 지침서에는 판매원들에게 모든 거래를 일지 형식으로 기록하라는 조언이 담겨 있었으며, 매달 보고서를 작성해서 본사로 보내라는 요구도 들어 있었다.

그런데 이 보고서에 포함되어야 할 내용으로는 '흥미로운 사건들', '성경과 성경연구회에 득이 될 일들', '당신이 직면한 성경의 대의에 반하는 견해들과 각종 대립 세력들에 대한 각자의 견해'가 들어 있어야 하며, 이런 내용으로 된 보고서의 일부를 출판할 수 있을 정도가 되어야 했다. 또 '흥미로운 사건들에 대한 이야기는 잘 모아두었다가 우리에게 보내 성스러운 기록으로 남겨라' 등이 포함되어 있었다.

세속의 행상인도 거룩한 전도사들과 마찬가지로 성경과 종교 소책자를 갖고 다니면서 팔았다. 종교서는 남북전쟁 이전의 서적 시장을 완전히 장악하고 있었다. 하지만 행상인들은 뉴잉글랜드 주지사 웹스터의 〈미국어 철자책American Spelling Book〉, 〈농부를 위한 연감Farmer's Almanac〉도 보유하고 있었고, 18세기 소설 〈패니 힐, 또는 쾌락을 좇은 한 여인의 회고록Fanny Hill; or, Memoirs of a Woman of Pleasure〉과 같은 음란 소설도 일부 취급했다. 이들은 상점보다도 더 다양한 책들을 마차 가득 싣고 다니다가 좌판을 벌여놓고 팔았다.

1805년에 책 판매를 위해 행상인들을 고용했던 필라델피아의 출판업자 매튜 캐리는, 자신의 작은 상점에서 소규모의 소매업만을 해서는 이 업계에 오래 버틸 수 없다는 사실을 깨달았다. 그래서 그는 출장 판매원들을 통하여 책 주문을 받아오는 억지 거래를 시작했다. 캐리는 그 일환으로 초창기 미국에서 가장 유명한 행상인이었고 다채로운 물건을 팔았던 목사 메이슨 로크 윔즈Mason Locke Weems를 고용했다.

어원과 마찬가지로 윔즈는 순회 전도사와 서적 외판원간의 관련성을 구체화한 사람이다. 메릴랜드 주에서 태어난 윔즈는 영국에서 목사 안수를 받고 1790년대 들어 순회 전도사와 서적 외판원을 시작했다. 그는 이 시기의 상당 기간을 캐리 밑에서 일했는데 단순히 서적 판매만을 한 것이 아니었다. 출판업자들에게 자기계발서나 다양한 문학서적을 출판하도록 권유했고 수요에 관한 귀중한 정보를 제공해 주었다. 또 윔즈는 자신이 판매한 책들 중에서 많은 책을 직접 쓰기도 했다. 그 중에는 워싱턴과 체리 나무의 일화를 널리 퍼뜨린 〈워싱턴의 일생Life of Washington〉(1800)과 같은 애국적인 이야기도 있었는데 그 이야기는 허구였다. 또 〈주정뱅이의 거울The Drunkard's Looking Glass〉처럼 교화적인 내용을 담은 소책자도 있었다. 그러나 그의 으뜸가는 장사 품목은 역시 성경이었다.

그는 1800년에 캐리에게 이런 편지를 보냈다.

"하나님, 감사합니다. 성경은 여전히 잘 나가고 있습니다. 아마도 내 워싱턴 책보다 더 잘 팔리는 것 같군요. 무수히 많은 사람들 중에서 성경을 경배하는 이렇게나 많은 영혼들을 발견하게 되어 저는 기분 좋게 놀랐습니다. 참으로 훌륭한 책이지요! 나는 우리가 이 세상에서 또는 다가올 내세에서도 당신으로 인해 살아갈 수 있기를 바랍니다."

윔즈는 캐리를 비롯한 다른 많은 출판업자들에게 편지를 보내 성과급을 올려주고 돈을 좀더 빨리 지불해 달라고 졸랐다.

종교와 관련된 물품을 팔러 다닌 사람들 이외에 또 다른 행상인과 이동 세일즈맨들은 자신들의 직업을 복음주의적 관점에서 바라보았다. 판매와 복음주의간의 관련성은 생명보험 세일즈를 할 때 특히 더 명확하게 나타났다. 코네티컷 공동상회의 한 판매원도 자신의 업무를 그런 관점에서 보았다. "포틀랜드와 콜체스터에 잠시 들렀다가 어제 아침에 돌아왔는데, 나는 그 짧은 기간동안 사람들에게 생명보험에 관하여 열심히 설명했다."고 이 판매원은 기록을 남겼다. "나는 콜체스터의 수많은 중생(선교사의 용어로)들이 생명보험이라는 화두에 관해서는 완전히 이교도적인 암흑 속에서 살아가고 있으며, 우리의 믿음에 기반한 설교가 몹시도 필요한 상대에서 살고 있나는 사실을 깨달았다."

복음주의적 판매 모델(판매가 일종의 개종과도 같은)은 세일즈맨들이 필연적으로 직면하는 (고객의) 빈번한 거절에 대해 강철과도 같은 자세를 유지할 수 있도록 해 주었다. 목표를 향해 부단하게 전진하는 (종교와도 같은) 열의를 불어넣어 준 것이다. 판매를 일종의 종교적 또는 영혼의 귀의로 생각하는 아이디어는 오히려 판매를 더욱 세속적으로 접근하도록 했다. 1923년 소어스타인 베블렌은 상업적 세일즈맨십의 뿌리가 복음주의적 역사에서 비롯되었다며 다음과 같이 주장했다.

"믿음에 대한 선동적인 선전은 모든 기독교계의 홍보 중에서 가장 규모가 크고 역사가 오래되었으며, 장엄하고 대담하면서도, 가장 수지가 맞는 사업이다."

장사에 걸림돌이 되는 여러 가지 요소들

양철 식기, 시계, 책, 피뢰침, 여타 물건들을 갖고 다니며 판매하는 행상인들에게는 경제적, 문화적으로 많은 어려움이 따른다. 초창기 미국은 운하와 철도에서 비약적인 발전을 이룩했지만 교통 및 통신수단은 여전히 제한적이었다. 선적된 물건들이 제때에 도착하지 않았고 운송 도중에 손상을 입었다. 예를 들어 모든 부분이 나무로 된 시계를 수로를 통해 실어 보내면 나무의 일부가 튀어나오거나 뒤틀어지는 일이 종종 발생했다. 1830년대에 한 행상인은 자신을 고용한 사람에게 이런 편지를 보냈다.

"지난 가을에 발송한 시계 30개에 대한 이야기입니다만, 올 봄에 오하이오에 도착했습니다. 철선 부분은 이미 녹이 많이 슬었고 물건 대부분이 부풀어오르는 등 망가졌습니다. 제가 직접 톱니를 깎고 다듬기 전에는 제대로 돌아갈 것 같지가 않군요."

물건을 발송하고 수령하는 어려움도 한몫 했지만 연방 통화가 넉넉하지 못하여 장사가 제한을 받았다. 그러나 이런 상황은 1863년과 1864년 사이에 미 은행법이 제정되고 정부가 지폐를 찍어내 주(州) 은행과 개인 은행들이 각자 수표를 발행하면서부터 호전되었다. 그러나 당시에는 어떤 지역에서 발행된 은행수표가 다른 지역에서도 사용할 수 있는지 도무지 알 수 없었다. 어떤 경우든, 수표를 발행한 은행의 본거지가 아닌 다른 주에서 사용할 때에는 수표 액면가의 일정 비율만큼 할인되기 일쑤였다. 또 수표는 여러 은행에서 다양한 형태로 찍어냈기 때문에 위조 문제도 심각했다.

이로 인해 판매자든 구매자든, 장사에 관여하는 당사자들 사이에서는 물물교환이나 신용(외상)으로 거래를 하는 경우가 더 많았다. 빡빡하고 까다롭게 구는 상점 직원과 흥정을 해서 버터나 계란 등의 물건을 현찰이 아닌 다른 상품으로 바꾸었던 것이다. 구매하는 쪽이 위험을 부담하는 것은 이 시대의 법칙이었다.

행상인들의 또 다른 문제는 주 정부와 군 단위의 행정 조직에서 장사에 부과하는 세금이었다. 이동 장사꾼들이 갑작스럽게 마을에 나타나는 것을 달가워하지 않던 지역 상점주들이 주의회를 상대로 로비를 한 것이다. 타지역 출신의 세일즈맨들은 상거래 허가를 받기 위해 특별한 조건을 충족시켜야만 했다. 이런 규제들은 전국의 시장을 마비시키는 위력을 발휘했다.

일찍이 1806년에 버지니아 주의 상인들은 타지역 출신 행상인들이 연방의 돈을 싹쓸이한다며 불평을 터뜨렸다. 펜실베이니아 주에서는 외국(다른 지역)에서 만든 물건을 파는 모든 행상인들은 반드시 허가증을 지참해야 한다는 법안을 통과시켰다. 매사추세츠 주에서도 1846년에 행상인 인가법이 발효되었다. 대부분의 경우 행상인들은 허가증이 있으면 동일한 주 내에서는 자유롭게 장사를 할 수 있지만 허가를 받기 위해서는 군청에 요금을 지불해야 했다. 예를 들어 1825년에 앨라배마 주 매디슨 카운티에서 허가를 받기 위해서는 39달러를 지불했다. 이런 요금들 때문에 행상인들은 돈 내는 것을 기피하려고 은밀히 돌아다니게 되었다.

또 행상인들은 문화적 비판에 직면하기도 했다. 이들은 시장경제의 성장을 상징하는 존재였기 때문에 행상인들을 겨냥한 비난은 이들이 활동했던 시대의 문화적 맥락을 잘 보여준다. 당시 입으로 전해지는 이야기들 속에는 양키 행상인들이 사기를 치거나 뉴잉글랜드 지방의 공장에서 폐기된 나무로 만든 가짜 육두구와 햄, 기타 다른 속임수 물건들을 파는 데에 매우 능숙한 것으로 묘사되었다. 실제로도 '양키'라는 표현은 미국 남부에서는 '속이다'라는 뜻을 가진 동사로 사용되었다.

1840년대에 독일계 유대인 행상인들이 급속도로 늘어나자 반유대주의자들은 유대인들을 노골적으로 비난하기 시작했다. 유대인들이 마을에 나타나는 것에 분개한 상점 주인들과 상인들이 허가법을 강화해야 한다고 들고 일어선 것이다.

행상인들의 생활이 불안정하고 끊임없이 흥정해야 하는 것은 사람들이 이 직업을 깎아 내리는 원인이 되기도 했다. 예일대 학장이었던 티모시 드와이트는 1823년에 쓴 글에서, 행상을 하는 인생이 초래하는 결과는 전반적으로 해롭다고 말했다.

그는 자신의 고향인 코네티컷 주에 물건을 가득 실은 마차를 타고 길을 가로막는 젊은이들이 너무 많다고 불평했다. 그는 또 "작은 물건을 갖고 흥정하는 일로 인생을 시작하는 사람은 거의 틀림없이 사기꾼이 될 것이다."라고 비난했다. "흥정을 잘하는 것은 그들 최대의 목표가 될 것인데 이익이 많이 남는 장사가 좋은 것이라고 생각하기 때문이다. 떳떳하게 장사하는 방법을 고수하는 상인들의 마음속에도 결국 행상인들의 사기술이 들어앉을 것이다."

헨리 데이비드 소로Henry David Thoreau는 물건을 판다는 것이 부자연스럽고 소모적인 일이라고 생각했다. 1854년에 발간한 〈월든Walden〉에서 소로는 콩코드 지방의 바구니를 파는 한 인디언에 관한 이야기를 한다. 인디언은 이 지역의 유명한 변호사의 집에 찾아갔지만 문전박대를 당한다. 변호사가 아무 것도 필요 없다며 거절한 것이다.

인디언은 이 사태를 이해할 수 없었다. 인디언은 현관문을 나서면서 "우리를 굶겨 죽일 작정입니까?"라고 외쳤다. 그는 바구니를 만드는 것으로 자신의 역할을 다했고, 바구니를 사는 것은 변호사의 의무라고 생각한 것이다. 즉 이 인디언은 세일즈 정신에 대한 이해가 부족했던 것이다.

소로는 "사람들이 돈을 주고 살만큼 바구니를 값어치 있게 만들거나, 아니면 최소한 그렇다고 믿게 만들거나 그것도 아니면 가치가 있는 다른 물건을 만들어야 함을 이 인디언은 깨닫지 못했다."고 지적했다.

소로는 이런 대화를 주고받아야 할 필요성이 있는지에 대한 회의심과 사태를 이 지경으로 몰고 간 인디언의 태도에 불쾌감을 표시했다.

"사람들이 돈을 들여 바구니를 사는 것이 값어치가 있는 일이 되도록 하기보다, 나는 차라리 그렇게 바구니를 팔아야만 하는 불가피한 상황 자체를 피할 방법을 찾겠다."

그에게 있어서 판매기술이란 기만과 사기, 갈등을 일으키는 쓸모 없는 일로 밖에 생각되지 않았던 것이다. 그리고 세일즈맨이 조장하는 과소비가 사람들을 타락하게 만든다고 생각했다. 즉, 사람들이 과소비 때문에 산책이나 독서, 대화와 같은 삶의 주된 기쁨들에서 멀어져간다고 생각했던 것이다.

어떤 사람들은 특정한 유형의 행상인들을 비난했다. 토머스 핼리버튼Thomas Haliburton과 허먼 멜빌Herman Melbille 은 선반시계 같은 신제품이나 신기술을 농촌사회로 도입하거나 피뢰침, 보험, 특허약품처럼 효능을 입증하기 어려운 물건을 파는 행상들을 표적으로 삼았다.

허구의 인물인 샘 슬릭Sam Slick을 만든 핼리버튼은 시계 장수들의 판매기술을 집중적으로 풍자했다. 핼리버튼은 1835년에 〈시계 제작자; 슬릭빌의 샘 슬릭의 언행Clockmaker; or, The Sayings and Doings of Sam Slick, of Slickville〉이라는 작품을 통해 샘 슬릭이라는 인물을 등장시켰다. 이 작품의 뒤를 이은 또 다른 모험 이야기인 〈수행원; 영국에 간 샘 슬릭The Attache; or, Sam Slick in England〉(1843), 〈샘 슬릭의 지혜보기와 최근의 사례Sam Slick's Wise Saws and Modern Instances〉(1853)도 간행되었다. 샘 슬릭의 이야기는 양키 행상인들이 너무 똑똑한 장사꾼이라는 이미지를 널리 퍼뜨렸다.

이야기 속의 샘 슬릭 자신도 인정하듯이, 가장 중요한 것은 굉장한 물건을 갖고 있는 게 아니라 물건을 파는 방법을 터득하는 것이었다. "장사를 하려면 넉살과 같은 사람이 본성에 대해 알아야 한다." 슬릭은 '넉살' 내지는 감언이설과 다른 모든 수단을 동원해서 물건을 팔았다. 어떤 이야기에서는 시계 장수가 교회의 집사 집을 방문한 대목이 나온다. 시계 장수는 대뜸 집이 넓고 잘 꾸며졌다고 간교를 부린다. 또 건강하고 정력적

> **세일즈맨에게 중요한 것은 굉장한 물건을 가지고 있다는 게 아니라, 그 물건을 어떻게 팔아야 하는지 그 방법을 터득하는 것이다.**

사람은 한 번도 가져본 적이 없는 사치품은 없어도 살아갈 수 있지만 일단 한번 손에 넣고나면 스스로 그 물건을 포기하려 하지 않는다.

으로 보인다는 등 입에 침이 마르게 칭찬을 하면서 이렇게 덧붙인다. "요즘 젊은이들로 치면 대여섯 명 값은 하시죠? 그렇죠!"

다른 시계 장수는 농사꾼 부부에게 이런 간교를 쓴다. 다른 마을을 한 바퀴 둘러보며 장사를 하고 다시 돌아올 때까지 시계 하나를 보관해 달라고 부탁한다. 그러면서 이 장사꾼은 시계를 부부의 집 벽에 걸어둔다. 수개월이 지나 장사꾼이 돌아와 물건을 회수할 때쯤이면 부부는 이 시계에 완전히 익숙해져 사지 않을 수 없게 된다. "사람은 한 번도 가져본 적이 없는 사치품 따위는 없어도 살아갈 수 있지만, 일단 한 번 손에 넣고 나면 자발적으로 그 물건을 남에게 넘겨주는 것은 있을 수 없는 일이다."라고 슬릭은 말한다.

허먼 멜빌은 양키 행상인들을 가장 신랄하게 비난한 사람들 중의 한 명이다. 멜빌은 1853년에 〈푸트남 Putnam's〉 지에 실린 단편소설을 통해 피뢰침 장수의 기술에 대해 이야기를 했는데, 아마도 자신이 실제로 겪은 일인 듯하다. 엄청난 벼락이 오락가락 쳐대던 어느 날 밤, 어느 피뢰침 장수가 벼락을 피해 한 농부의 집 문을 두드렸다. 그는 반짝거리는 120cm 길이의 구리 지팡이를 손에 쥔 야위고 음침해 보이는 인물이었다. 일단 안으로 들어온 이 음침한 행상인은 아무런 거리낌없이, 고객이 될 상대에게 걱정거리를 안겨주는 행동을 시작했다. "이런 맙소사!" 행상인은 놀랍다는 듯 위협적인 묘한 목소리로 소리를 질렀다. "이런 일이 있을 수 있나! 저 벽난로를 당장 치워버려요. 저 엄청나게 큰 철제 장작 받침대는 말할 것도 없고, 불에서 나오는 그을음과 따뜻한 공기, 둘 다 전기가 통한다는 사실을 모른단 말입니까? 거기서 멀리 떨어지세요! 제발 부탁, 아니, 명령이오!" 결국 농부는 더 이상 참을 수가 없어서 행상인을 폭풍우 속으로 내쫓아버렸다.

멜빌은 1857년에 발표한 소설 〈사기꾼Confidence Man〉에서 한층 더 음침한 느낌을 주는 유랑 세일즈맨을 만들어냈다. 멜빌은 미시시피 강을 오가는 배를 탄 한 흉악무도한 나그네를 약초 세일즈맨, 석탄회사의 판매원, 인디언 자선 사업을 위한 모금원으로 설정하여 등장시켰다. 나그네는 그런 모습들로 위장한 다음, 이 약을 먹으면 병이 낫는다, 석탄회사의 주식 시세가 오른다, 세미놀 부족의 과부와 고아들이 기아에서 해방되었다는 등의 거짓 약속을 하며 사람들에게서 돈을 받아냈다.

여기서 멜빌은 판매에 관한 것 이상의 이야기를 쓰려고 했다. 그는 외판원의 사악한 면을 비웃고 그들의 기만 행위를 거짓 약속과 동등한 것으로 취급한 것이다. 멜빌의 관점에서 행상인들에게 희생된 사람들이 품었을 믿음과 신뢰는 궁극석으로 거짓 약속과 허황된 약속으로 이루어지는 것이었다. 이를테면 하늘에서 벼락이 떨어져도 집을 지켜줄 수 있다고 장담하거나, 풀 몇 줌으로 병을 낫게 해 주겠다는 것 등을 비난한 것이다.

법정 기록을 들춰보면 행상인들은 때로는 매우 질이 나쁜 속임수로 사기를 친 것으로 되어 있다. 어떤 주의 소송사건이 그 예인데, 피뢰침 제조업체인 코울 브러더스의 한 판매원이 안경 없이는 계약서를 읽지 못하는 어떤 농부를 속인 혐의로 고소당한 일이 있었다. 이 판례를 보면 외판원은 종이를 들고 읽었거나 아니면 읽는 척을 했지만 피뢰침 값에 대한 내용은 아무것도 읽어주지 않았다.

이 판매원은 피뢰침은 적당한 가격으로 농부에게 팔았지만 피뢰침과 땅을 연결하는 철선에 대해서는 엄청난 가격을 매겼다. 이 판매원은 가능한 한 많은 철선을 사용한 다음 청구서의 금액을 놀랍게도 404달러 25센트까지 부풀렸다. 또 다른 소송사건을 보면 정밀 지도를 약속해 놓고는 대충 밑그림만 그린 지도를 보낸 지도 외판원과, 싹이 하나도 나지 않는 씨를 판 종묘상의 속임수도 기록되어 있다.

또한 지역 상인들이나 정치가, 작가와 목회자들도 행상인들을 번거롭고 짜증나는 존재로 보았다. 상품을 판촉하는(잡지광고, 게시판, 그 외 다양한 방법을 통해) 조직이 도처에 널려 있다고 논평한 수십 년 뒤의 판매 및 광고에 대한 비판과는 달리, 19세기 중엽의 행상인에 대한 공격은 시골 마을을 샅샅이 뒤지고 다니던 그들의 영업 활동에 집중되었다.

당시의 행상인들은 외지인으로서 자신의 의지에 따라 활동했지만 사람들은 이들의 활동을(잘 팔릴 법한 상품을 다른 지역에서 들여오고, 확실한 가치가 보장되지 않는 피뢰침 같은 물건도 팔고, 일 대 일 대면으로 상대방의 신뢰, 즉 해당 지역의 돈이나 마찬가지인 것을 원하던) 위험한 행위로 생각했다.

매력이 넘치는 행상인들

아마도 대부분의 행상인들은 부지런하고 정직했을 것이다. 그러나 창작된 이야기나 법정 기록들은 그런 긍정적인 면에 대해서는 거의 기록하지 않았다. 1840년대 초에 행상을 하다가 훗날 시카고에서 유대인 교구를 설립한 아브라함 콘Abraham Kohn의 일기에는 콘이 만난 농부들이 등장한다. 이들은 1818년에 제임스 길드가 만났던 농부들처럼 물건을 하나하나 살 때마다 억세게 가격을 깎을 정도로 녹록치 않은 흥정 전문가들이었다.

1840년대에 들어서자 몇몇 사업가들은 행상을 방해하는 장애 요인과 미심쩍은 시선을 극복하기 위한 방법을 모색하기 시작했다. 이들은 판매를 면밀하게 연구하기 시작했고, 세일즈맨들에게 상세한 지시를 내렸다. 동시에 현장에 관한 더욱 많은 정보를 수집했다.

앞에서도 언급했듯이 성경연구회의 지도자들은 1853년에 판매원들을 위해 24쪽 짜리 지침서를 만들었다. 이 지침서는 판매원들에게 모든 거래를 일지 형식으로 기록하고, 매달 보고서를 본사로 보내고, 다른 성경 판매원들에게 도움이 될 만한 사건들을 상세히 적어서 보고하라고 되어 있다. 이 〈판매원을 위한 지침서〉는 정기적으로 보완됐는데 남북전쟁 당시에 만들어진 1864년도 신판은 50쪽에 육박했다. 이는 길드의 일기와 같은 개인의 기록에서 더 영구적이고 계획적인 문서로 변천했다는 것을 의미한다.

또 이 시기의 세일즈맨과 고용주들은 설득의 법칙을 이해하려고 노력했다. 행상인들을 비난하는 사람들조차도 청중을 휘어잡는 언변을 지닌 사람에 대해서는 칭송을 했다. 나다니엘 호손은 어느 대학 졸업식장에서 청중들의 주목을 끈 행상인에 대한 기억을 떠올리고 "나는 하루 온종일이라도 그의 말을 들을 수 있을 것 같았다."고 썼다.

샘 슬릭 이야기의 저자인 토머스 핼리버튼과 멜빌도 행상인의 기술과 말솜씨를 이야기의 중심에 두었다. 어떤 역사학자의 기록에 의하면, 멜빌은 행상인의 말을 동전으로 묘사했다. 행상인들의 말은 상업적 매개물로서 자주 교환되었고, 무척 전문적이었기 때문이다.

바르넘P. T. Barnum의 성공 역시 설득과 속임수 그리고 판매술을 이해하려고 많은 관심을 가졌던 19세기의 사회 분위기를 말해 준다. 바르넘은 당대 최고의 인기인이었다. 그는 일찌감치 흥정하는 방법을 배운 뒤 시골가게의 점원으로 일했는데 주인이 지시한 대로 물건값으로 버터나 계란, 히코리 열매 등을 받았다.

훗날 뉴욕에 세워진 바르넘의 박물관에는 기상천외한 물건들이 가득 찼는데 그 중에는 피지의 인어도 있었다. 피지 인어는 예전에 마치 살아 있었던 것처럼 피부나 머리카락, 비늘을 말린 다음 주름을 넣은 것이었다. 즉 속임수였다. 그럼에도 사람들은 바르넘 박물관에 구름처럼 몰려들었다. 사람들이 조지 워싱턴의 165살 먹은 보모를 정말로 볼 수 있을 것이라고 믿어서가 아니었다. 바르넘이 공들여 만든 물건들을 관람하는 것이 매우 흥미로웠기 때문이었다. 그의 의도는 전시된 물건을 보고 이게 거짓인지 아닌지를 알려주고, 어떤 속임수가 들어 있는지를 생각해 보도록 하는 데 있었다.

몇몇 제조업체들이 대규모의 외판원 인력을 고용하고, 판매에 따르는 장애 요인을 극복하려고 노력하는 동안 판매술과 상품 선전에 관한 대중과 전문가들의 관심도 남북전쟁 이후 계속해서 증가했다. 이들은 신기술로 무장하거나 각 주의 규제를 극복하려고 노력했다. 그리고 성공적인 판매 법칙의 밑그림을 그렸고 더 많은 세일즈맨들을 현장으로 내보냈다.

서적 외판원의 등장

남북전쟁 이후에는 더욱 전문화된 외판원들이 물건을 팔러 다녔다. 이들은 농부들이 일하는 현장을 찾아가거나 상점을 떠나서 판매를 했다. 조사에 따르면 1880년에는 53,500명의 행상인과 도붓장수들이 있었는데 이들 중에는 남자가 51,000명, 여자가 2,500명이었다(여자들 대부분은 책을 팔았다).

잡화(책이나 지도, 피뢰침처럼 작고, 싸고, 쉽게 제조할 수 있는 물건) 외판원들은 자신들의 판매기술을 점점 더 완벽하게 다듬어 나가기 시작했다. 이들은 농장에서 농장으로 옮겨 다니며 공격적으로 구매를 강요해 악명을 높였다. 그런 사실들은 농촌 지역 신문에 곧잘 회자되었다.

"지도 외판원들은 사람들에게 아무런 도움을 주지 못한다. 게다가 서적 외판원들도 그림이 실린 부분을 매력적인 미끼로 삼아 자신이 팔고 있는 작품에 세상이 열광하고 있다며 빨리 사라고 호들갑을 떤다."고 당시의 한 비평가는 비난했다. "피뢰침 외판원들을 한 번 보자. 사람들은 피뢰침 외판원이 하는 말을 들으면 겁을 먹게 된다. 그런 다음 외판원들이 함정 투성이인 계약서를 내밀면 서명하기 일쑤다."

다른 산업 분야의 이동 세일즈맨들도 길거리의 잡화 판매원들에 가세했다. 저울이나 재봉틀, 수확에 필요한 농기구와 같은 비싼 기계를 제조하는 업체들도 19세기 중반부터 외판원을 두기 시작한 것이다. 이런 생산품들은 제조하기도 복잡하며 작동시키기도 어렵다. 그래서 설명이 필요했고 사후 서비스도 필요했다. 이들 기계 제작업체들의 초기 세일즈 전략은 20세기 대기업들의 판매 방식에도 많은 영향을 미쳤다. 그러나 잡화 제조상들은 달랐다. 이들은 농부나 대부분의 경우 그 아내로 하여금 일회성의 구매, 즉 한 번에 신속하게 판매하고 구매하는 판매 전략을 능숙하게 전개해 나갔다. 특히 출판업계에서는 여러 주에서 운영할 수 있는 거대한 외판원 조직을 두고 책을 팔았다.

이렇듯 제조업체들 중에서 외판원에 의존하는 기업들은 최고의 영업 인력을 조직하기 위해 많은 노력을 기울였다. 판매는 비즈니스 활동의 여러 측면과 마찬가지로 고용주와 노동자 사이의 일련의 공식적인 관계(구두 합의든 서면 계약이든)로 예속된다. 제조업체는 판매원에게 급료나 수당, 수레나 다른 장비를 지급하는 등의 재정적 지원을 통해 그들을 고용한다.

판매란 인간의 행
위와 행동 규범, 예
의 등과 같이 관례
로 대변되는 일련
의 비형식적 규칙
속을 항해하는 능
력이다.

어떤 제조업체들은 할인된 가격으로 행상인에게 물건을 판 다음 그것으로 끝을 내기도 한다. 또 어떤 제조상들은 판매원이 외상으로 물건을 사도록 허용하기도 했다.

그러나 판매란 인간의 행위와 행동 규범, 예의 등과 같이 관례로 대변되는 일련의 비형식적 규칙 속을 항해하는 능력이다. 외판원들은 사람들끼리 상호 작용을 하는 공통의 관습에 통달해야 하고 또 그것을 개척할 수 있어야 한다. 19세기 중반 이후부터는 제조업체나 고용주들이 외판원의 재치에 덜 의존하면서 체계적인 방식으로 선회하게 되었다. 그래서 이 시기부터 고용주들은 세일즈맨들을 위하여 세일즈 각본을 제공했다. 이 세일즈 각본은 외판원의 판매기술(비평가들은 속임수라고 말한다)들이 체계적으로 정리된 것이었다. 각본은 외판원들이 농부들의 의구심과 저항감을 이겨내는 데 도움을 주기 위해서 제작되었는데, 이 각본을 통해 세일즈맨들이 지닌 판매의 심리학을 바라보는 날카로운 통찰력을 엿볼 수 있다.

출판업자나 다른 소형상품 제조업자들도 외판원에게 정교한 교육적 도구를 제공했다. 이를 통해 외판직의 형식적인 측면(수당, 업무영역, 상품의 선적 방법)에 대한 설명과 비형식적인 측면(잠재 고객과 대화를 전개하는 방법)을 처리하는 방법을 제공했다. 어떤 의미에서 잡화상인들은 상품을 만들어낼 뿐 아니라 세일즈 논법까지도 만들어냈다. 그러나 교묘하게 짜여진 대화술을 담은 당시의 세일즈 각본은 20세기의 세일즈 관리자들이 개발한 수치에 기반을 둔 분석적 접근법과는 달랐다. 단지 민담이나 우스운 이야기와 같은 문예적인 방식을 판매에 적용했을 뿐이다. 그러나 이 세일즈 각본은 현대의 판매 정책으로 진화하는 데 있어서 중요한 계기가 되었다. 또한 이 세일즈 각본에서는 회사들이 외판원들을 신속하게 교육해야 한다는 압박감을 엿볼 수 있다. 세일즈 각본이 길고 복잡하다는 것에서 외판원들이 고객을 설득하기가 얼마나 어려운 일이었는지를 알 수 있다. 또한 외판원들의 목표가 단순히 상품에 대한 정보를 제공하는 것으로 그치는 게 아니라 설득에 있음을 명백히 알 수 있다.

한편 남북전쟁 당시에는 군대 조직에 돈을 투입하거나 전시 캠페인을 전개하여 병사들을 지원했는데, 제조업자들도 이런 군사 모델을 개량하여 세일즈 캠페인이라는 아이디어를 도입했다. 필라델피아의 은행가인 제이 쿡은 북부지역을 후원하는 채권에 투자하도록 미국인들을 설득하는 캠페인을 전개하기 위해 수천 명의 판매원을 조직했다.

19세기 초에 거대 외판원 팀을 조직하기 위해 적용된 노넬은, 사람들을 개종시키기 위해 전도사 팀을 구성한 감리교회나 기타 종교 집단의 활동에 기반을 둔 복음주의적 사상과 맥을 같이 한다. 서적 외판원이나 다른 판매원들에 대한 지침도 복음주의적 어조를 띠었는데, 외판업을 믿음과 소명 의식이 필요한 일로 묘사했다. 남북전쟁 이후의 교육 지침서를 보면 군대식 용어가 많이 주입되었음을 알 수 있다. 예를 들어 제조업자들은 영 내켜하지 않는 소비자들을 무찌르기 위해 외판원들을 집결시켰다는 식이다. 마크 트웨인 역시 각고의 노력을 기울여 대규모의 세일즈 캠페인을 펼쳐 율리시스 그랜트의 회고록을 팔았던 사람이다.

지식을 전파하는 서적 외판원들

1870년에 미국 경제를 구성하던 1,300만 명의 성인 노동자 중에서 절반 이상(약 53%)이 농장 소유주나 관리인, 일꾼으로 농업에 종사하고 있었다. 이는 놀라운 일이 아닌데, 이 시기에 대부분의 상거래는 농산물 교역과 관계가 있었기 때문이다. 농부나 판매원, 상인들은 전보, 증기선, 기차를 이용해 농장에서 도매상과 소매상에게 곡식, 면화, 식품 등을 실어 보냈다. 19세기 중반에는 기업과 상인들이 저장고와 대형 곡물 창고를 연결하는 네트워크를 형성하여 물품 교환의 기반을 마련했으며 이로 인해 농산물의 유통은 훨씬 더 원활해졌다.

외판원들은 농사일의 부담을 확실하게 덜어주는 버터 제조기나 인공 부화기 등의 제품을 팔았다. 이들은 포장된 씨앗과 구근, 관목, 과수, 특허 약품도 팔았고, 필라델피아의 제이콥 멍크와 같은 인쇄 출판업자들은 외판원을 고용하여 책과 지도 등을 팔았다.

한편 세일즈맨들은 남북전쟁이 끝난 후 수년 동안 다양한 이름으로 불렸다. 가장 일반적인 명칭인 '외판원'과 '판매대리인'은 위탁을 받아서 물건을 파는 사람들을 일컬었다.

판매대리인의 경우, 서적을 거래할 때에는 출판업자를 대변했고, 보험 판매의 경우에는 지역 사무실을 운영하기 위해 고용되었다. 외판원이라는 말은 19세기 중반 이후에는 잡화를 들고 집집마다 방문하는 세일즈맨을 의미하는 것이었다. 이런 명칭들은 막연하게 사용되기도 했는데 '행상인', '외판원', '판매대리인'은 온갖 종류의 이동 세일즈맨을 지칭하는 표현이었다. 이렇게 용어가 겹치는 데는 그럴만한 이유가 있었다. 왜냐하면 이들 모두에게는 값싼 물건을 소비자에게 직접 판매한다는 공통점이 있었기 때문이다.

소규모 제조업체들의 전략은 대규모로 외판원을 고용하여 성과급을 바탕으로 한 급료를 지불하고 전반적인 세일즈 교육을 제공하는 것이었다. 서적 출판업처럼 좀더 기반이 다져진 제조업체들은 판매 책임자를 고용하여 특정 지역의 외판원을 채용하기 위해 활용하기도 했다.

또 어떤 제조업자들은 간단하게 신문에 외판원 모집 광고를 내고 우편으로 보내온 이력서를 보고 채용을 결정했다. 이렇게 고용된 판매원들은 농장에서 농장으로 돌아다녔고, 때로는 농부의 아내를 판매의 표적으로 삼았다.

새로운 시장을 개척한 서적 외판원들의 활약

이 시기에 판매 현장에서 가장 흔하게 볼 수 있는 인물들 중의 하나가 바로 서적 외판원들이었다. 동부 지역의 많은 출판업자들은 외판원을 고용하여 예약을 받고 책을 팔았다. 나중에 배달하기로 하고 주문을 미리 받아두는 것인데, 이런 관행은 자신이 쓴 〈북 아메리카의 새Birds of North America〉를 판 존 제임스 오드본까지 거슬러 올라간다. 타이쿤 제이 골드, 작가 브렛 하트, 대통령 레더포드 헤이스 등도 젊은 시절에 책을 팔던 외판원이었다. 대니얼 웹스터는 토크빌Tocqueville이 저술한 〈미국의 민주주의Democracy of America〉라는 책을 팔았다.

코네티컷 주의 하트포드는 이 무렵 예약 출판 산업 부문에서 중심적인 위치를 차지하던 도시였다. 1860년대와 1870년대에 적어도 12개의 예약 출판사가 이곳에 자리를 잡았다. 이 예약 출판사들은 판매원을 매년 5만 명이나 고용했다. 하트포드를 발판으로 한 아메리카 출판회사는 상이군인들을 출판사 대리인으로 모집하는 광고를 내 젊은이와 교사, 은퇴한 성직자들을 고용했다.

예약 판매로 팔리는 책들은 때로는 600에서 700쪽에 달할 정도로 두꺼워서 독자들에게는 지불한 값어치를 했다. 예약으로 판매하는 책들은 주로 종교 서적이나 가정 건강 가이드, 소송 절차와 관련된 책들이었다. 외판원들도 새로운 '성공 매뉴얼'을 갖고 다녔는데 젊은이가 인생에서 성공하는 방법을 알려 주는 책으로 무척 두꺼웠다. 이런 종류의 책에는 삽화가 곁들여졌고 제본 상태도 매우 정교했으며 성직자나 교육자, 성공한 전문 작가들이 필진이었다. 주로 '인생의 왕도The Royal path to Life'식의 제목들이 붙었다. 서적 외판원들은 남북전쟁과 관련된 책도 팔았다.

후버트 하우 밴크로프트는 외판원을 고용하고 이들의 도움을 받아 자신이 쓴 중미, 멕시코, 텍사스의 역사전집을 팔았다. 또 그는 외판원들에게 세일즈 기술을 가르치는 한편으로 신문에 광고를 내거나 소책자를 배포해 외판원들의 실력을 길러 주었다.

예약으로 판매하는 이들 출판업자들은 대부분의 재정적 위험 부담을 외판원들에게 떠넘겼다. 상당수의 판매원들은 업자들에게 할인을 받아서 책을 구입한 다음 온 시골 지역을 돌아다니며 팔아야 했다.

또한 많은 외판원들은 신문 광고를 보고 찾아가서 파트 타임으로 일했는데 그 중의 몇몇 외판원들 속에는 여성들도 있었다. 〈서적 외판원의 인생The Life of a Book Agent〉을 통해서 자신의 경험담을 이야기한 애니 넬스Annie H. Nelles도 신문 광고를 보고 외판원 일을 시작했다. 그리고 넬스에게는 일리노이 주의 피오리아 지역이 할당되었다. 첫 책에 2달러 50센트를 시불한

남북전쟁과 관련된 역사서 |
호러스 그릴리Horace Greeley의 〈미국의 분쟁American Conflict〉,
토머스 프렌티스 케텔Thomas Prentice Kettell의 〈반역Rebellion〉,
해리엇 비처 스토우Harriet Beecher Stowe의 〈우리 시대의 남자들Men of our Times〉.

이후로 그녀는 각각 다르게 제본된 소책자나 회보, 주문 기록부를 출판업자에게서 공짜로 받았다. 일단 고객이 책을 사기로 하면, 넬스는 인쇄업자에게 주문을 넣고, 인쇄업자는 책을 찍어서 속달로 보내주었다. 그러면 넬스는 속달 사무소에 가서 책값을 지불하고 고객에게 책을 전해주고 돈을 받았다. 이런 식으로 넬스는 출판업자에게 지불하는 돈과 예약 구매자에게 받은 돈에 차이가 나도록 하여 책 한 권당 1달러 정도를 남겼다.

예약 판매 출판업자들은 소매 거래자와 직접적으로 경쟁을 했다. 외판원들이 상점 주인에게 책을 파는 것은 계약으로 금지되어 있었다. 서적 외판원들은 사람을 설득하는 방식으로 더 비싼 가격에 책을 팔았다. 소매 거래를 통한 책이 일반적으로 3달러 50센트에 가까운(오늘날 시세로는 50달러 이하) 가격에 팔릴 때, 외판원들은 때로는 권당 5달러나 7달러(요즘 돈으로 약 65달러에서 100달러)를 받았다.

1874년 어느 날, 아메리카 출판회사와 소매상 조지 리빗은 이동 외판원이라는 존재가 어떤 식으로 소매서적 업계에서 혼란을 일으키는가에 대해 의견을 나누면서 이런 말을 했다. "우리 소매상들이 5군데를 뚫으면 외판원들은 500군데, 1,000군데를 뚫고, 어떤 때는 외판원 대여섯 명이 동시에 한 군데에 나타나기도 하죠!"

서적 외판원도 다른 잡화 외판원이나 행상들처럼 비난의 대상이 되었다. 어떤 사람들은 시골 지역에는 마무리가 조잡한 싸구려 책들이 넘쳐났다고 비난했다. 프랜시스 클라크Francis E. Clark는 〈극우주의자의 조화Mossback Correspondence〉(1889)라는 책에서 이렇게 주장했다.

"서적 외판원들은 이 시대를 살아가는 인생들 중에서 보통 이하의 신분에, 횡포가 심한 시어머니 다음으로 저질 위트의 표적으로 등장할 가능성이 가장 높은 부류들이다!"

출판업자들은 서적 외판원을 군대식으로 훈련하기 위해 신입자들에게 한 뭉치의 자료를 보냈는데, 이 외판 도구는 첨부장, 외판원과 출판업자간의 계약서, 대리판매 보증서, 참고 사항을 적은 전단, 특정 서적에 대한 설명, 합의 보증서와 고객에게 건네는 명함, 주간 보고서 양식, 주문 양식, 출판업자의 주소가 기재된 봉투, 포스터, 다른 제목이 붙은 소책자들로 구성되었다. 여기에는 샘플 서적과 주문 기록부도 들어 있었다.

이 외판 도구에 들어있던 세일즈 각본은 세일즈 과정을 진행해 나가는 몇 가지의 방향을 상세하게 기술하고 있다. 이는 고객의 다양한 반대를 예측하여 세일즈맨이 적절하게 대처할 수 있는 방법을 제공한 것이다. 서적 외판원 싱급자들을 위해 특별히 개작된, 실용성이 넘치는 힌트와 지침을 담은 안내서 〈성공적인 외판업Success in Canvassing〉은 원래 에벤저 하나포드 Ebenezer Hannaford가 1875년에 발간한 책이었다.

이 안내서는 몇 개의 부문으로 나뉘어져 있는데, 각각의 제목은 군대 용어를 사용하여 해당 부문이 다루는 내용의 방향성을 잘 나타냈다. 이를테면 승리하는 조직을 구축할 것, 작전을 개시할 것, 위계질서를 지킬 것, 총체적 관리, 회유를 위한 실제적인 힌트, 피해야 할 약점, 특수한 경우에 대비한 힌트, 반대에 대응하기 등이다.

이 안내서는 세일즈맨이 전문가의 이미지를 스스로에게 투영하고, 회사의 대표자로 생각할 필요가 있음을 강조한다. 또한 성공이란 지속적인 노동과 세심한 준비를 통해서만 이룰 수 있는 것이라고 충고한다. 이 안내서는 80개에 이르는 소단원들을 공부하고 '당신에게 가장 강렬한 인상을 남긴 단락을 연필로 표시하라'고 지시한다.

외판원이 갖고 다니면서 농부들에게 보여주는 샘플 서적은 이른바 식욕을 돋구기 위해 고안된 것들이었다. 샘플 서적에는 절대로 책 전체는 실려 있지 않았다. 책 전체가 실리면 고객은 이 복사본을 가져도 되느냐고 요구할 가능성이 있을 뿐만 아니라 책을 이리저리 훑어보면서 내용 전체를 파악할 수도 있기 때문이었다. 그래서 세일즈맨은 책의 일부만 보여줌으로써 이 책에 무슨 내용이 들어 있을까 하는 궁금증을 자아내는 것이다.

이 안내서가 제시하는 유능한 외판원의 비결이란 샘플 서적으로 버티면서 잠재 고객의 호기심을 자극하는 것이었다.

외판원은 '견본(샘플 서적에 흔히 붙는 이름)'을 다루되 잠재 고객이 그것을 만지도록 해서는 안 된다. 안내서에 따르면 고객이 책을 만지면 고객에게 주도권을 넘겨주는 셈이 되는 것이다. 언어는 미사여구를 쓰지 말고 간결하고 직선적이고 힘차게 해야 한다. 판매원이 가격에 대한 이야기를 피하는 것도 중요한 사항이었다.

"최선에 최선을 다하여 내용의 견본을 다 보여줄 때까지 가격에 대한 언급은 절대로 하지 말라. 만약 고객 쪽에서 먼저 물어오면 기분 나쁘지 않게 질문을 피하라(아니면 무시해 버리는 게 더 좋을 수 있다)! 이런 식으로 말을 하라. '네! 손님께서 아시다시피 이 정도 크기와 마무리 솜씨를 보여주는 대부분의 책들은 ~달러에서 ~달러 정도에 팔리죠! 하지만 저희들은 그 정도까지 요구하지는 않습니다!' 이렇게 말이다."

선전 도중에 잠재 고객이 이의를 제기하면 이 안내서에는 즉답에 관한 내용도 들어있다. 판매원들은 일단 고객의 말에 동의하는 척 하면서(당신의 이의 제기는 당연한 것이라고 추켜세우며), 불만의 목소리를 처리하라는 조언을 한다. 잠재 고객과 언쟁을 벌이거나 너무 눈에 보이게 고객의 불평을 무시하는 것은 좋지 않다. 논쟁에 이긴다는 것은 때로 세일즈에 실패한다는 것을 의미하기 때문이다.

안내서는 이전에 판매원들에게 속은 경험이 있는 사람들의 의구심을 풀어주는데 특히 주의를 기울이라고 지적한다. 아래의 '성공적인 외판업'에 인용되어 있는 경우처럼, 고객들은 너무 많은 싸구려 책들이 시장에 나돌고 있어서 구매를 거부한다는 사실을 여실히 보여준다.

> "예전에 (정말로 아무 짝에도 쓸모 없는) 책을 샀었는데, 완전히 속아 넘어간 거지요!"
> "아, 네, 그거 정말 안 되셨네요. 분별력이 있고 도의적인 책임을 가진 판매원이라면 결코 그런 책을 취급할 리가 없겠죠. 요즘 고객들께서는 책에 대한 정보를 너무 잘 알고 계시니까요. 저는 그게 너무 기쁩니다. 그래서 이런 작품이 더욱 각광을 받고 있지요. 여기 보시다시피..."
> 그러면서 즉시 책을 보여줘라.

이 각본에 제시된 사항들을 살펴보면 판매와 광고의 차이점을 드러낸다. 광고는 다수의 대중들에게 전달되며 생산자의 메시지를 담는다. 나아가 광고는 직접적인 반응을 요구하는 경우가 드물다. 그러나 판매는 '주고받는 것'에 기반을 두며, 사람들은 예측 가능한 방향으로 자신을 표현하려 한다. 이는 공손함이나 다른 사회적 관습에 따라 조정될 수 있다. 외판원들은 그런 사실을 깨닫고 있었다. 잠재 고객이 "좀더 생각해 봐야겠어요."라고 말하면, 이 사람의 의도는 말 그대로일 수도 있지만, 어떤 경우에도 사고 싶지 않으니 외판원이 떠나주기를 바란다는 뜻일 수도 있다. 서적 외판원은 이런 전통적인 수법의 표현에 맞서는 훈련을 받았다. 예를 들어, 외판원은 이렇게 되물을 수 있다. "어떤 점을 더 생각해 보셔야 하나요?"

사람들에게 널리 알려진 대화의 관행에 맞서는데 가장 효과적이라고 생각하는 여러 가지 논법이 있는데, 이는 세일즈 각본에도 공개되어 있다. 남북전쟁 이후 몇 년 동안 세일즈 선전은 잠재 고객의 근심과 걱정 특히 재산 손실에 대한 두려움을 증폭시키려는 의도로 만들어졌다.

피뢰침 외판원들은 집과 헛간에 불이 나서 살림이 모두 날아가 버린 가족들의 이야기를 들려준다. 생명보험 설계사들은 가장이 보험에 들지 않고 죽어서 땡전 한 푼 없는 지경에 처한 과부들과 고아들의 비참한 생활을 상세하게 들려준다. 자기계발 역시 세일즈 선전의 단골 메뉴였다. 서적 외판원들은 법률과 건강 관련 서적들뿐만 아니라 성공을 위한 안내서도 팔았다. 지위에 대한 열망을 자극하는 것도 흔하게 사용하는 방법들이었다. 무엇보다 물건을 팔 때에는 고객의 이웃들도 모두 이 물건을 샀다고 말해 주는 것이 특히 효과적이었다.

잡화 외판원들의 세일즈 각본을 종합하여 유추해 볼 때, 농부나 다른 잠재 고객들이 자신이 재산과 현재의 상태를 유지하기 위해 많은 관심을 갖고 있다는 사실을 알 수 있다. 사회적으로나 경제적으로 변동이 심한 시기에는 부에 대한 갈망보다는 손실이나 상실에 대한 두려움이 더 강렬하다는 것이다. 그런데 이는 20세기까지

> **사람들은 무언가를** 얻을 수 있다는 유망한 미래보다는 무언가를 잃을 가능성이 있는 사태에 직면했을 때 위험을 부담하기를 더 싫어한다.

지속됐던 어떤 경향(심리학자와 행동 경제학자들이 인식하기도 했던)과도 맥을 같이 한다. 즉 사람들은 무언가를 얻을 수 있다는 유망한 미래보다는 무언가를 잃을 가능성이 있는 사태에 직면했을 때, 위험을 부담하기를 더 싫어한다는 것이다.

세일즈 각본은 세일즈맨들이 판매의 문제점을 해결하는 데 도움을 주기 위해 쓰여진 자기 발견적 도구였다. 그러나 이 각본은 오히려 판매란 힘든 노동이고, 정답을 그저 외우기만 해서는 안 된다는 사실을 깨우쳐 주었다.

판매원은 또 다른 무언가, 이를테면 활력이나 자신감과 열정처럼 정의하기 어려운 무언가를 갖고 있어야 한다. 이는 판매의 가장 핵심적인 요소라고 할 수 있다. 판매원은 명령을 따르는 '병사'가 되어야 하며, 한편으로는 '복음주의자', 즉 다른 사람들이 자신을 믿도록 만드는 존재여야 했다.

따라서 판매원의 어조는 지루해서도 안되며 활기가 넘쳐야 한다. 이는 판매원에게 있어서 매우 중요한 덕목이다. 판매원은 서투르거나 심드렁한 태도를 보여서도 안 된다. 그래서 '당신의 영향력이 주도적일 수 있도록 하라'고 세일즈 각본은 충고한다. 설득은 교묘한 술책이며 몸짓과 뉘앙스도 매우 중요하다. 순간의 떨림이나 망설임과 같은 작은 행동도 세일즈를 망칠 수 있기 때문이다.

〈그랜트 회고록〉을 팔기 위한 캠페인

표준화된 모든 외판업의 원리는 율리시즈 그랜트 회고록의 판매 캠페인에 사용되었다. 마크 트웨인이 이 세일즈 캠페인을 효과적으로 활용한 사람이었다. 그는 19세기에 있었던 가장 성공적인 대규모 판매 캠페인을 펼친 사람 중 한 명이었다.

마크 트웨인은 창작 활동을 하던 초기 30년 동안은 예약 판매 방식을 통해서만 자신의 저서를 팔았다. 마크 트웨인은 단순히 은둔 작가가 아니라 자신의 책을 마케팅하는 데에도 활발하게 참여했다. 그는 제작 비용과 삽화에 주의를 기울였고, 최종 완성본이 사람들에게 매력적으로 보이는지, 아니면 최소한 흥미를 불러일으킬 수 있는지를 꼼꼼하게 확인했다. 트웨인의 조카 찰스 웹스터가 트웨인의 몇몇 작품을 총판하는 일을 했고, 작가인 마크 트웨인은 외판 전략에 대하여 가끔씩 편지를 써서 조언했다. 1884년 4월 14일, 트웨인은 다음과 같이 웹스터를 교육했다.

"다음 12월(1년 중에서 대량으로 책을 거래 현장에 뿌릴 최적의 시기란다)의 10일(아니면 15일)에 책을 낼 각오와 목표로 외판 작업에 일찌감치 착수해서 전력을 다해 진행하거라. 하지만 그때까지 4만 건의 주문을 받지 못하면, 4만 건의 주문을 받을 때까지 출간을 연기하겠다. 그건 어려운 일이 아니다. 만약 시간 간격을 두지 않고 연이어 출간했더라면 지난 시즌의 책 두 권도 많이 팔았을 거야. 이 책

(허클베리 핀의 모험)이 성공하지 못할 이유는 아무 것도 없다. 이 책은 성공할 것이고 또 반드시 성공해야 한다."

예약 판매에 의한 책 판매는 고수입을 거둘 수 있었다. 마크 트웨인의 소설 〈건달 해외 여행기A Tramp Abroad〉(1879)의 계약서를 보면, 마크 트웨인이 수익의 50%를 받는 조건이 있다. 아메리카 출판회사는 찍어낸 책을 권 당 3달러 50센트(요즘 가격은 약 60달러)의 가격으로 6만 2천부를 팔았고, 이로 인한 총 수입은 21만 8천 달러에 달했다(요즘 돈으로 약 4백만 달러). 회사는 이 중에서 11만 2천 달러를 판매 책임자들에게 지불했다. 즉 대략 51% 가량을 지불한 것이다. 판매 책임자들은 이 돈의 일부를 책 판매를 위해 고용한 외판원들에게 돌렸다. 회사측은 이 책으로 10만 6천 달러를 벌었는데, 이는 달리 표현하면 한 부당 1달러 70센트 정도였다. 회사는 이 10만 6천 달러 중에서 생산 비용 4만 1,540달러를 지불했다. 이렇게 해서 남은 6만 4,460달러의 수익은 이제 트웨인과 나누었는데, 그는 약 3만 2천 달러(현재 시세로 약 59만 달러)를 받았다.

마침내 마크 트웨인은 조카와 함께 1884년 하트포드에 직접 출판사를 차렸고 출판사명은 조카의 이름을 따 웹스터로 했다. 마크 트웨인은 자기 작품으로 더 많은 돈을 벌고 싶었고 다른

마크 트웨인의 명저 |
〈철부지의 해외 여행기Innocents Abroad〉(1869), 〈톰 소여의 모험The Adventures of Tom Sawyer〉(1876), 〈미시시피 강의 생활Life on the Mississippi〉(1883) 등

저자를 섭외하여 책을 출판하려는 욕심도 갖고 있었다. 그 첫 번째 작품이 바로 그랜트 장군의 〈회고록Memoirs〉이었다. 트웨인은 그랜트 장군이 남북전쟁 당시에 겪었던 경험담을 책으로 출판하기로 센추리사와 합의했으나 최종 계약까지는 이르지 못했다는 사실을 알았다. 그랜트가 회고록을 쓰게 된 동기는 전적으로 돈 때문이었다. 그가 차린 중개소인 그랜트 앤드 워드는 동업자가 사기를 당한 후 1884년 5월에 문을 닫았고 이 실패로 그랜트는 거의 파산 지경이 되었다.

트웨인은 뉴욕에 살던 그랜트를 찾아가 회고록의 판권을 자기 회사가 소유할 수 있도록 온갖 노력을 했다. 센추리사가 제시한 조건들이 적절치 않다며 전직 장군인 그랜트에게 하소연을 했다. 그는 자신의 세일즈 재주를 끊임없이 발휘한 끝에 결국은 그랜트를 설득하여 웹스터사와 계약을 체결했다. 놀랍게도 수익의 70%를 그랜트에게 주기로 약속한 것이다.

그랜트는 자신이 암에 걸린 사실을 알게 된 후인 1884년 여름부터 회고록을 집필하기 시작했고 1년이 채 안되어 2권 짜리 자서전을 끝마쳤다. 그런데 이 작품이 걸작이었다. 그랜트는 처음에는 뉴욕 시의 66번 가에 위치한 자신의 집에서 집필을 시작했는데 긴강이 나빠지자 뉴욕의 사라토가 스프링스 외곽의 한 휴양 시설로 옮겼다. 대부분 직접 글을 쓰면서 작업했으나 어떤 때에는 가족 중의 누군가에게 불러주면서 받아쓰도록 했다.

그랜트는 아들 프레데릭과 트웨인 그리고 이전에 자신의 부관이었고 군사 역사서의 저자인 애덤 바두Adam Badeau의 도움을 받았다. 트웨인과 바두가 회고록에 실질적인 영향을 미칠 만큼 공헌을 했는지에 대해서는 여러 가지 추측이 난무하지만 (바두는 큰 금액의 수익금을 받아야 한다는 주장을 하면서 소송을 제기했으나 패소했다) 대부분의 역사가들을 그랜트가 거의 대부분의 작업을 혼자서 해냈다는 결론을 내렸다.

멕시코 전쟁과 남북전쟁 당시에 겪었던 자신의 경험을 매우 상세하게 기술한 그랜트의 〈회고록〉은 문학적으로 뛰어난 가치를 지니고 있다. 매사에 편견 없이 공명정대한 성격이었던 트웨인 자신도 이 회고록은 로마의 카이사르 이후에 군인이 쓴 작품 중에서 가장 훌륭하다고 했으며 다른 사람들도 이에 동의했다.

그랜트가 집필하는 동안 웹스터는 전국 각 도시에서 외판원을 확보하기 위해 길고도 고단한 여행을 떠났다. 그는 판매 책임자 후보자로 나선 사람들의 성격과 재정 상태에 관한 정보를 수집했고, 술꾼처럼 보이는 사람이나 이미 많은 것을 손에 쥔 것처럼 보이는 사람은 제외했다. 고객의 거부 의사에 수없이 직면한 뒤라도 끈질기게 판매를 지속할 수 있는 유능한 세일즈맨을 찾는다는 것은 아주 어려운 일이었다. 트웨인은 웹스터에게 퇴역 군인들을 고용하여 남북전쟁 참전 군인회의 뱃지를 달고 다니도록 하라고 가르쳐 주었다.

이 책의 내용을 생각했을 때 퇴역 군인들이 책을 판다면 사람들이 쉽게 물리칠 수 없을 것이기 때문이었다. 또 다른 예로 트웨인은 웹스터에게 편지를 써 유명한 상이용사 한 명을 캔자스 주의 총책임자로 내세우도록 했다. "캔자스 주에는 8만 명의 참전 군인회 소속의 상이군인들이 살고 있었고, 호머 폰드는 전직 총사령관이었다." 웹스터 출판사는 16명의 총책임자와 약 1만 명의 외판원들을 고용함으로써 판매원 모집을 마무리했으며 이 외판원들 중에서 200명이 뉴욕과 브룩클린에서 활동했다.

트웨인은 "외판원들에게 일단 뉴욕의 거리, 또는 거리의 일부(가장 먼저 책을 팔아야 할 외딴 지역 전부)를 할당해 준 뒤, 실적이 좋은 외판원들에게 도심의 노른자위를 맡겼다."고 썼다. 트웨인은 또 세일즈 각본에 대해서도 찬성표를 던졌는데, '진실하고 현명하게 말하라(헛소리는 아예 집어치워라)'라는 각본을 제작하여 외판원들에게 제공했다.

외판원들은 1885년 3월부터 책 주문을 받았다. 그러는 동안 그랜트의 암은 점점 더 악화되었고 그랜트와 가족들의 상황도 더 비참해져 갔다. 사람들도 봄 동안에 그랜트의 건강이 악화되고 있다는 사실을 민감하게 받아들였다. 그랜트는 서둘러서 책을 마무리하려고 어떤 때에는 그 자리에서 1만 단어나 되는 말을 불러주며 받아쓰노록 했다. 그 해 여름에 그랜트가 죽었을 때 전 미국은 슬픔에 빠졌고 외판원들은 전국 각지로 책을 팔러 떠났다.

웹스터와 그의 회사가 고용한 외판원들은 〈U. S. 그랜트의 회고록을 소개하는 방법How to Introduce the Personal Memoirs of U. S. Grant〉이라는 제목의 지침서를 갖고 다녔다. 이 소책자에는 일련의 세일즈 방법이 요약되어 있었는데 회사는 37쪽 짜리로 된 이 지침서를 고객이 보지 못하도록 잘 간수할 것을 당부했다.

외판원들은 "오늘 제가 이렇게 찾아온 이유는 요즘 신문지상에 떠들썩한 그랜트 장군의 책을 고객님께 보여 드리기 위해서입니다."라는 말로 시작하도록 교육을 받았다. 위에 언급된 지침서를 보면, 외판원은 책의 삽화나 일부 발췌 부분을 보여주는 샘플 판을 내놓되, 다시 한 번 말하거니와, 절대로 원본 전체를 보여주어서는 안 되었다.

"두 권의 책 각각은 대형 국판 600쪽으로 되어 있습니다. 여기 보시면 그랜트 장군의 사진을 이용한 정교한 철판 초상화가 있는데, 이건 장군이 21세 때 미 보병대 소위 시절에 찍은 거죠!"

그런 다음 외판원은 구속력이 있는 다른 이야기로 옮겨가는데, 처음에는 몇 달러 수준에서 시작하여 나중에는 12달러 50센트(요즘 돈으로 약 230달러)라는 액수까지 올라간다.

"나는 단지 여러분의 선택을 제한하려는 게 아닙니다. 왜냐하면 그 어떤 미국인도, 다른 사람으로부터 그랜트 장군의 책도 읽어보지 않았느냐는 핀잔을 듣고 싶어하지는 않을 테니까요. 아이들에게 전해지고 세대를 거듭할수록 가치가 더 높아질 이 작품을 말이죠!"

외판원들은 할부로 구입할 수 있는 조건을 제시할 수도 있었다. 또 고객들이 그랜트 가의 딱한 처지를 떠올리게 하라는 지시도 받았다.

"고객을 울타리 한 구석, 나무 그루터기 뒤, 쟁기 자루에 앉게 하라. 책을 바로 상대방 무릎 위에 올려놓되, 당신이 책장을 넘겨라."

그리고 안내서는 다음의 내용을 기억하라고 충고한다.

"방문한 집을 떠날 때에는 당신의 등을 그 사람들에게 보이지 않도록 조심하라. 시선은 이 착한 사람들에게 고정시키고 옆 걸음을 치면서 나와야 하며, 마지막 눈길은 햇살을 가득 담아서 보내라."

이 소책자는 판매원들이 스스로에 대해 완벽한 자신감을 갖고, 열정이 세일즈맨을 구성하는 가장 핵심적인 요소라는 것을 기억하라고 충고한다. 이는 판매와 관련된 거의 모든 안내서에 반복적으로 등장하는 말이기도 하다. 이 인내서는 외판원들에 농부의 집과 재산에 대해서도 칭찬을 하라고 제안하며 이 밖에 다음과 같은 일반적인 조언들도 포함하고 있다.

"고객에게 주문을 받아내는 데 필요한 가장 설득력 있는 논법 중 하나는 그 사람의 영향력에 대해서 이야기를 하거나, 다른 식으로 아부하거나 칭찬하는 것이다. 그런데 이런 방법은 항상 상대가 기분 좋게 받아들일 수 있는 정도만 해야 한다. 또 그런 방법으로 성공을 거두려면 방문하기 전에 상대방에 대하여 철저하게 파악하고 있어야 한다. 그 사람 스스로도 자랑스럽게 생각하는 부분이 있다면, 그 점과 관련해 사람들에게서 들은 이야기를 화제로 꺼내도 좋다. 그런 다음 당신이 그 점에 대해서 상당한 관심을 갖고 있으니 한 번 만나 뵙고 싶다는 소원을 말하라. 상대방의 약점을 발견하면 거기서부터 일을 시작할 수도 있다. 처음에는 당신의 말을 들으려 하지 않는 사람들도 그런 식으로 하면 관심을 갖게 된다!"

"사람을 물들이고 싶다면 떼로 몰려 있는 사람들은 피하라. 사람들의 무리 속으로 들어가서 장사판을 벌이는 것은 가만히 누워서 아무 것도 안 하는 것보다 못하다. 또 자기 집밖에 나와있는 사람에게 물건을 파는 것은 좀처럼 쉽지 않다. 왜냐하면 당신이 가정집을 방문하게 되면, 당신이 고객의 집으로 찾아갔기 때문에 고객은 당신과 직접 대화를 나누는 상황이 되어 대화에 주의를 기울이게 된다. 그런데 당신이 집밖에 있는 사람을 우연히 마주쳤을 때의 상황은 이와 다르다."

책이 최종적으로 배달된 후에 돈을 받으러 갈 때의 지시 사항도 있다. 다음을 보면 어떤 외판원이 가공의 인물인 '히긴스 부인'과 마주치게 된다.

히긴스 부인 : 그 책, 다시 가져 가셔야 될 것 같아요, 선생님. 그걸

Canvassing in Towns.

Make a thorough canvass. See every family from whom there is a possibility of obtaining an order, on each street before leaving it, even if you have to call several times at some residences. It is not policy to canvass one whole side of a street before canvassing the other side; you should canvass one side of a street until you reach a crossing, then cross over and canvass the other side. The object in doing this is to keep within the influence of your names. Only a systematic, *careful* canvass *pays* and permits the agent to canvass a long time in a place.

What Door to Enter.

Always go in at the front door; it shows that you have respect for yourself and your business. Entering back or kitchen doors advertises a salesman's work as fit only for the less honorable parts of the house. Advertise your work as fit for the sitting-room, the library, or the parlor, by seeking to enter and introduce it there; show that you are a gentleman, and at home in the most honorable part of the house.

While on the steps of the house, soliciting admission, keep the hat on the head, merely touching it to the lady, until invited to cross the threshold. Upon entering the house, remove your hat as soon as you are inside. Be very easy and agreeable in your manners, but do not go to the extreme of making yourself too agreeable.

How to Leave the House.

In leaving the house be careful not to turn your back to the family; retire sideways, keeping your eye on the good people, and let your last glance be full of sunshine. When salesmen do not receive an order they feel like saying " Good day " and immediately turning their back to the family. This will never do. It is not retreating in good order, with colors flying. The proper way is to retire backwards or sideways, saying: "I think you will yet conclude to order a copy, and when you do you can drop me a line in the post office." While doing this shower smiles on the people as bountifully as though you had received an order for ten copies—then walk off treading the ground as though victory sat enthroned upon your brow; to do this will require much effort upon your part at first, but practice will make perfect, and it must be done. Though some hours, or even days, may prove financially fruitless, yet time will show all to be well at the close of the week, if you push steadily on.

〈U. S. 그랜트의 회고록을 소개하는 방법How to Introduce the Personal Memoirs of U. S. Grant〉(1885)에서 발췌한 페이지.

다른 사람의 집을 방문할 때에는 어떻게 들어가고 나오는지(정문으로 들어가서, 나올 때에는 고객에게 절대 등을 보이지 말 것)에 대해 외판원들에게 지시하고 있으며 사람들에게 좋은 인상을 남기는 것도 잊지 말라고 충고한다.

살 만한 돈이 없어서 살 수가 없네요.

세일즈맨 : (그 날 배달해야 할 책이 서른 내지는 마흔 권쯤 된다고 조금 전에 큰소리 쳤으며, 앉는 것조차 사양했고 또 일을 신속하게 처리해야 할 입장이다) 좋습니다. 히긴스 부인! 여기 앉아서 잠시 쉬도록 하겠습니다. 그 동안 부인께서는 어린 쟈니를 스미스 부인 댁으로 데리고 가서 돈을 빌리세요. 스미스 부인은 방금 전에 책값을 지불하셨고 돈도 넉넉하게 갖고 있는 것 같더군요. 스미스 부인은 정말이지 존경스러운 분이고, 의심할 여지도 없이 부인의 절친한 친구시잖아요! 그러니 기꺼이 돈을 융통해 주실 겁니다. 히긴스 부인! 부인을 다시 방문하는 일은 저로서는 매우 번거로운 일이 될 것이며, 저의 고객들 중의 많은 분들이 제게 불편을 입히거나 저를 실망시키느니 차라리 돈을 빌려서 지불하셨다는 걸 확실하게 말씀드리고 싶습니다.

이 말을 끝으로 세일즈맨은 의자에 자리 잡고 앉아서 다리를 꼬고 주문 기록부와 연필을 꺼내들고는 마치 자신에게는 허비할 시간이 전혀 없지만, 하루 종일 거기 앉아 있기로 결심한 사람처럼 장부를 계산하기 시작한다.

집 안에 아예 자리를 잡고 살 것처럼 구는 이 기이하고 짜증나는 사람은 확실히 위협적이지만 매우 효과가 있다.

판매 캠페인은 엄청난 성공을 거두었다. 1885년 5월까지, 2권 세트인 이 책은 6만 질의 주문이 들어 왔다. 발매 당일 외판원들에게 넘겨진 20만 부 중에서 1만 9천 부가 샌프란시스코로, 6만 부가 시카고로 배송되어 미국 중서부 지역에 배본되었고, 4만 부는 뉴잉글랜드, 5만 부는 델라웨어와 펜실베이니아로 실려 갔다. 1886년 초, 그랜트의 회고록은 미국 내에서 32만 5천 질의 판매고를 올렸다. 남부지방의 판매량은 보통이었지만 서부에서는 엄청난 양이 팔렸다. 수익의 대부분은 그랜트의 미망인에게 돌아갔다. 트웨인은 1885년 겨울에 다음과 같이 썼다. "이미 20만 질의 책을 제본해서 발송했고, 남은 초판본 12만 5천 질의 작업을 10일까지는 끝마쳐야 한다." 찰스 웹스터는 1886년, 그랜트 장군의 미망인인 줄리아 그랜트에게 20만 달러(요즘 돈으로 약 4백만 달러)짜리의 수표를 건넸다. 그랜트의 가족은 회고록의 판매를 통해 최종적으로 42만 달러에서 45만 달러(현재 시세로는 8백만 달러 이상) 정도의 수입을 얻었다.

여러 가지 잡화를 파는 외판원들

출판업자들이 서적 외판원들에게 내렸던 지시와 마찬가지로 다른 고용주들도 소형 제품 외판원들에게 조언을 했다. 듀이Dewey가 쓴 〈묘목 판매원의 비밀 가이드: 판매원과 도매상들을 위한 안내서Tree Agents' Private Guide: A Manual for the Use of Agents and Dealer〉(1876)에는 원예 관련 용어사전과 각종 식물 및 꽃 이름의 발음 안내가 포함되어 있다. 또한 이 책은 판매원들에게 판매술의 기초에 대해서도 가르치고 있다.

이 안내서에 따르면 판매를 위해서는 좋은 인상을 심어주는 것과 스스로를 여타 흔한 행상들과 구별되게 하는 능력이 요구되었다. "판매원은 부탁을 들어달라고 간청하기보다는 마치 자선을 베푸는 것처럼, 자신의 직업에 대해 숭고함을 느껴야 한다."

이 책자는 외판원에게 자신의 시간은 고용주의 것이고 절대로 게으르면 안 된다는 것을 강조한다. 이 안내서가 제시하는 외판원의 목표는 과실나무의 아름다움과 값어치에 대해 설명하고, 인쇄된 나무의 그림들을 보여주면서 각종 과실나무를 심고 싶다는 욕구를 사람들 마음 속에서 우러나게 하는 것이었다.

"당신의 성공은 그저 나무에 대한 수요를 찾아내는 것에 달려 있지 않다. 이 일은 인생에 있어서 너무도 중요한 일이므로, 다른 날로 미루면 안 된다며 사람들을 설득할 수 있는 당신의 능력으로 결정되는 것이다."

일부 퇴역군인들도 외판원 회사를 차렸다. 톰슨 대위와 에버츠 소령은 남북전쟁이 끝나갈 무렵 지도 사업을 시작했다. 이들은 외판원들을 고용하여 아이오와 주의 각 마을을 다니며 군용 지도를 팔게 했는데, 지도를 팔 때는 농부의 집과 땅을 자세히 그려 넣어서 소유물을 표기해 주도록 했다. 톰슨 앤드 에버츠 회사는 이후 다른 주로 사업을 확장하여 대량의 신문광고를 내보내 지도뿐만 아니라 농가와 부동산도 팔았다.

외판원을 고용한 다른 사업 분야 역시 성장과 표준화를 거쳤고 판매를 군대식 작전 행동으로 여겼다. 에퀴터블 생명보험사의 창립자 헨리 하이드Henry B. Hyde는 많은 시간을 들여 자사의 판매 인력들에게 경쟁심을 유발했다. 일단 고용된 판매원들은 영감을 자극하는 편지들을 줄줄이 받았다. 하이드는 새로운 사업을 개척하는 판매원들에게는 특별 인센티브를 부여했는데 1869년 편지에서, 보험 계약을 가장 많이 체결한 판매원에게 하이드가 금시계를 주기로 약속한 것이 그 일례다. "1868년, 에퀴터블 생명보험회사의 새로운 사업 분야를 작년보다 더욱 더 크게 키우는 일은 아무리 해도 그 의의를 정의할 수 없을 정도로 중요하다."고 하이드는 썼다.

> "나의 유일한 걱정거리는 승리에 달아오른 용맹한 군대처럼 대적할 상대가 없는 우리의 판매원들이, 이제 더 이상 대적할 상대가 없다고 생각하다가 부진의 늪에 빠져들지나 않을까 하는 우려이며, 더 이상 진보의 발길을 멈추지나 않을까 해서 걱정한다."

계속된 편지에서도 한결같이 하나의 주제를 철저하게 주입했는데 바로 인내와 같은 단어들이었다.

하이드와 다른 보험회사의 경영자늘은 세일즈의 전반적인 과정을 더욱 더 쉽게 이끌어 갈 수 있도록 광고로 판매원들을 지원했다. 당시의 광고 형태 중에서 가장 흔했던 것은 보험과 관련된 작가들의 짧은 글이나 팜플릿을 발행하는 것이었다. 이 팜플릿들은 주인공이 생명보험에 들지 않은 탓에 끔찍한 결과를 겪게 되는 짧고, 대부분은 비극적인 이야기들을 실었다. 부인은 결국 빈민 구제소로 가고 아이들은 교육 때문에 어쩔 수 없이 고아원으로 간다는 식이었다. 이런 팜플릿은 주요 보험회사들이 대량으로 사들여 표지에 회사 이름과 로고를 찍어서 잠재 고객들에게 배포했다.

하이드는 자신이 쓴 편지와 책을 통해서 게으름의 위험에 대하여 경고하면서 생명보험에 들도록 권유하는 것은 숭고하고 중요한 일이라며 보험 판매원들을 환기시켰다. 그는 성공적인 세일즈를 비상한 노력과 동일하게 취급했다. 하이드는 직접 저술한 〈판매원들을 위한 힌트Hints for Agents〉(1865)라는 책자에서, 상상할 수 있는 모든 상황에 맞춘 세일즈 선전 방법을 설명했다. 그리고 판매원들에게 모든 친구들을 찾아가 보험에 들도록 권유하고 순한 양들이 보험에 들 수 있도록 지역 목회자들을 종용하며, 모든 결혼식장과 장례식장을 세일즈를 위한 기회로 보라고 가르쳤다.

길에서 상품을 파는 대표적 판매원들 중의 하나는 특허 약품을 파는 판매원들이었다. 이들은 리디아 핑크햄의 채소 화합물, 축복 기침약, 상인의 가글액, 헤릭 당의정 등과 같은 약품들을 팔았다. 이 행상인들은 남북전쟁이 한창이던 시기에 그 수가 크게 증가했다. 약품 외판원들은 빈번하게 전장에 드나들면서 상당한 양의 알코올이 함유된 치료약을 다친 병사나 정신적으로 충격을 받은 병사들에게 목청 높여 팔았다.

전쟁이 끝난 후 특허 약품 판매원들은 북부와 남부를 가리지 않고 병에 걸린 사람과 사회 부적응자, 건강이 나쁜 사람, 버림받은 사람들 중에서 고객을 찾아냈다. 어떤 약장수들은 약을 들고 집집마다 방문했다. 또 어떤 약장수들은 공을 들여서 대서부 쇼나 동물 쇼, 악기 연주, 파이 먹기 대회 등의 오락거리를 제공했다.

약장수들은 이 모든 방법들을 동원해서 군중들에게 메시지를 전달했다. 키커푸 인디언 제약회사는 청중들을 모아놓고 고대 인디언들의 치료법에 대해 쇼를 보여주면서 격정적으로 연설하기도 했다. 통계에 따르면 1859년 특허 약품 산업의 매출은 350만 달러(오늘날 시세로 약 7,500만 달러)로 평가되며, 1904년에 이르러서는 이 액수가 20배 이상을 기록한다. 역사가 제임스 하비 영James Harvey Young이 주목했던 것처럼, 이 세일즈맨들은 연감을 나눠주고 길가에 표지판을 세웠으며 자신들이 바라는 것을 유머 책이나 노래 책에 실어서 출판하는 등, 오늘날의 관점에서 보아도 세일즈와 광고계의 진정한 선구자라 할 수 있었다. 이 시기의 특허 약품 생산자들은, 청중들이 심리적 유인 장치에 홀려 약을 샀을지도 모르지만, 수많은 심리적 유인 장치들을 고안해 낸 최초의 판촉 전문가들이었다.

외판원들의 다양한 판촉 전략

이상 언급된 사례들과 그랜트 회고록의 경우가 말해 주듯,

방문 외판 활동의 형식적인 면과 비형식적인 면은 1880년대 즈음에 정비가 되었다. 남북전쟁 이후 십여 년 동안은 판매를 표준화하려는 시도가 활발하게 일어났다. 동시에 외판원들에게 경종을 울리는 문학이 활성화되었고 사소한 사기 사건을 다루는 입법안도 늘어났다. 예를 들면 사우스다코타 주는 자격이 없는 경우 군인회의 뱃지를 달지 못하게 하는 법안을 승인했다.

그러나 이런 비판에 맞서 외판 활동의 방식과 종종 '영향력'이라고 부르는 설득의 기술을 표준화하려는 사람들의 관심도 커져갔다. 사실 19세기 말의 세일즈 매뉴얼에서 영향력이라는 단어는 매우 흔하게 사용되던 표현이다. 어떤 서적 외판원의 안내서는 이를 핵심으로 내세웠다.

> 성 아우구스틴에 관한 기록을 보면, '종교의 첫 번째 단계는 무엇입니까?'라는 질문을 받은 성 아우구스틴은 '겸허!'라고 대답한다. '두 번째 단계는 무엇입니까?'라는 질문에도 '겸허!'라고 대답한다. '세 번째 단계는요?' 역시 아우구스틴은 '겸허!'라고 대답했다. 만약 당신이 외판업에서 성공을 보장하는 가장 확실한 방법이 무엇이냐고 묻는다면 우리는 위의 일화와 비슷하게 '영향력, 영향력, 영향력!'이라고 대답할 것이다. 상황에 맞는 영향력을 충분히 발휘할 수만 있다면 당신은 완고하기 이를 데 없는 사람을 납득시킬 수 있으며 편견이 심한 사람도 설득할 수 있고, 세상에서 제일 괴팍한 사람의 마음도 사로잡을 수 있다.

영향력을 획득할 수 있는 실질적 방법이 있다. 하나는 유명

인사들이 고객 목록의 맨 윗자리를 차지하게 하는 것이다.

"많은 사람들이 책을 살 때 다른 사람의 조언을 듣지 못한 상태에서 자신의 판단을 믿어도 될지 말아야 할지 주저한다. 그러나 A박사님, B목사님, C법관님, D교수님, E대령님, F판사님 등이 이미 이 책을 샀다는 것을 보여주면, 당신은 즉시 사람들이 결심을 굳히는 것을 볼 수 있을 것이다."

안내서는 판매의 세 가지 기본 단계를 '외판업의 철학'이라는 이론으로 만들어 보여주었다.

첫째 – 상대방이 귀를 기울이도록 하라.
둘째 – 사고 싶다는 욕구를 불러 일으켜라.
셋째 – 주문을 받으라.

이 철학은 수요를 '창출'할 필요가 있다고 가정한다는 점에서 흥미롭다. 서적 외판원의 입장에서 볼 때, 경제란 세이Say의 법칙처럼 공급에 상응하여 수요가 창출된다는 법칙을 따르는 것이 아니었다. 수요는 판매원들과 이들의 교묘한 논리에 의해 창출되는 것이었다.

판매 안내서가 '영향력'을 강력한 무기로 제시하지만 이 용어는 사실 19세기 말의 많은 글 속에서는 부정적인 의미로 쓰여졌다. '영향력'이란 19세기 초의 목회자나 다른 도덕주의자들이 쓴 권고 지침서들의 공통된 주제였다. 그런데 이런 글이 쓰여진 목적은 위험하고 모험적인 일로 가득 찬 도시에 겁없이 뛰어드는 시골 소년들에게 경고를 하거나, 이 아이들이 곤란한 일을 피할 수 있는 방법을 제시하면서 교화하기 위한 것이었다. 이 권고 지침서는 도덕이나 각자의 외양에 대한 교훈을 제시하면서 어떻게 살아가야 하는지에 대한 힌트를 담았다.

역사가 캐런 할트넌Karen Halttunen은 이렇게 썼다.

"영향력은 선을 위한 원동력으로서의 도덕적 중심, 개인적 감화, 우주적 감동이다. 그러나 악을 위한 원동력으로서 영향력은 독과 질병, 오염과 부패의 온상이다."

젊은이들이 잘못된 영향을 받으면 사치와 죄악의 삶에 빠진다는 것이었다.

영향력에 관한 주제는 최면술과 같은 사이비 과학을 다룬 책에서도 흔히 접할 수 있었다. 유랑 최면술사는 19세기 미국에서는 흔한 인물이었다. 오스트리아 의사 프란츠 안톤 메스머 Franz Anton Mesmer(1734~1815)는 몸에 흐르는 보이지 않는 액체가 사람의 건강에 영향을 미친다는 철학을 갖고 있었다.

이런 메스머의 가르침을 막연하게 따르는 최면술사들은 자신에게 치유 능력이 있다고 주장했다. 이들은 매우 극적이고 감성적인 의식을 거행하면서 사람의 신체 위로 자석을 지나치거나, 손을 움직여서 체내의 자기성 유체를 조절한다는 식이었다. 솜씨가 좋은 최면술사들은 때때로 고객을 무아지경이나 최면 상태에 빠뜨렸는데, 여성이 그 대상이 될 경우가 많았다. 라 로이 선더랜드La Roy Sunderland는 〈최면술사들의 고백, 그

실체가 드러나다!Confessions of a Magnetiser, Exposed!〉라는 책을 통해서 "지금까지 흔히 '최면술'이라는 이름으로 알려진 영향력의 실체와, 이를 쓸모 있게 이용할 수 있는 일에 어떤 것이 있는지를 밝혀 보자."고 주장했다.

영향력이라는 말은 세일즈 기술과 마찬가지로 지지자들에게도 비평가들에게도 매혹적인 주제였다. 많은 사람들이 궁금하게 여긴 부분은 이것이 어떻게 작용하는가를 알아내는 것이었다. 사람들이 영향력에 매료됨과 동시에 비판도 가한 이런 상황은 베이츠 해링턴Bates Harrington의 〈어떻게 이루어지는 일인가: 유랑 외판원들이 실행한 수많은 계략에 대한 철저한 논증How 'Tis Done: A Thorough Ventilation of the Numerous Schemes Conducted by Wandering Canvassers, 1879〉이라는 책에 명확하게 실려 있다. 이 폭로서는 어떤 측면에서 농촌 지역의 신문들이 쏟아낸 일반적인 불평과 비슷했다.

책의 서문은 "속이 시커먼 인간들은 오랫동안 농촌 지방을 약탈 대상으로 삼고 농부들의 많은 재산을 고갈시켰다. 이는 모두 교활하고 게으른 외판원들과 온갖 부류의 극악무도한 사기꾼들을 칭송한 대가다."라고 했다. 또한 해링턴은 예약 서적

고백서 | 제임스 웰든S. James Weldon의 〈탁발승의 20년Twenty Years a` Fakir〉, 모르티머J. H. Mortimer의 〈서적 외판원의 고백, 또는 무대와 철도 옆에서 보낸 20년Confessions of a Book Agent; or, Twenty Years by Stage and Rail〉, 잭 그린버그Jack Greenberg의 〈산업보험 판매원의 고백: 사실 고백Confessions of an Indust-rial Insurance Agent: A Narrative of Fact〉 등이 있다.

외판원, 특허 약품 외판원, 과일나무 장수, 보석 행상들의 술수를 아주 세세하게 묘사했다. "이같은 범죄의 본질은 희생자(가난한 농부, 기계공, 노동자)의 선택뿐만 아니라 세일즈맨의 계산된 행동 때문에 일어난다."며 "외판 활동은 과학의 수준으로 격하되었다."고 썼다. 여기서 해링턴은 '과학'이라는 단어를 반어적으로 사용했는데 이는 철저하게 계산된 '사기 행위'를 의미하거나 아니면 '영향력을 발휘하는 기술을 터득한 상태'라는 뜻이었다.

해링턴은 외판원들의 행태를 신랄하게 비판했지만 그의 기나긴 한탄은 세일즈맨들의 방식을 이해하기 위해 그가 얼마나 많은 관심을 갖고 있었는지를 대변해 준다. 그는 19세기 말에 인기가 있었던 'How to Manual(입문서)'이 다루던 주제가 판매와 매우 흡사하다며, 판매는 한 걸음 한 걸음씩 나아가는 것이라고 주장했다. 해링턴의 책은 대중의 호기심을 자극하여 한 몫 잡으려는 목적으로 발간된 다른 소수의 고백서들과 크게 다르지 않았다.

웰든의 〈탁발승의 20년〉은 자신이 피뢰침 외판원, 서적 외판원, 방물 장수로 일했던 시절을 자찬하는 책이었다. 책의 제목으로 탁발승을 택한 것도 동양의 정신적인 풍요와 신비주의를 내비치려는 의도였다. 그가 기술하고 있는 탁발승은 상품에 대해 아는 것은 많지 않아도 언제든지 물건에 대해 좋게 설명할 수 있는 사람을 일컬었다. 이 책들은 즉석에서 물건을 팔 수 있는 방법들을 정의하고 있는데 의문의 여지가 남도록 질문을 할 것, 말할 때에는 일화를 들려주면서 잠재 고객들의 불안 심리를 자극할 것, 다양한 가격(싼 가격과 비싼 가격 둘 다)을 언급하면서 구매욕을 부추길 것, 호기심이 생기도록 물건을 직접 들었다 놓았다 할 것 등이 포함되어 있다.

이것은 1910년대에서 1920년대에 고조된 판매에 대한 관심이 물건을 파는 방법에만 국한되지 않았다는 것을 보여주며, 끊임없는 획득과 시샘의 사이클 안에서 이웃과 이웃들끼리 계속해서 경쟁시키려는 의도도 포함되어 있었다.

도매상과 출장 판매원

　외판원과 서적 외판원들이 농부들에게 여러 가지 세일즈 기법을 실험하고 있을 때, 또 다른 부류의 세일즈맨들이 전국을 횡단하고 있었다. 지방을 담당하는 판매원, 출장 판매원, 방문 판매원으로 불리는 이들은 대형 도매상에 고용된 사람들로 수당을 받으면서 독립적으로 일했다. 이들은 사업가를 대상으로 물건을 팔았고 전략도 색다른 것을 선호했다. 이들은 일회성 매매 거래의 심리학적 측면에는 별로 관심을 두지 않았고 고객과의 장기적인 관계를 구축하는 일에 더 많은 관심을 쏟았다. 이들도 잡화 외판원들처럼 현대의 세일즈맨십 발전에 중요한 역할을 했다.

　19세기 전반에 걸쳐 볼 때, 많은 제조업자들은 자사의 제품을 대형 도매상을 통해 상품을 판매했다. 이로 인해 제조업자들은 방대한 유통 네트워크를 직접 구축하는 부담을 덜 수 있었으며 제품의 질을 향상시키는 데에 주력할 수 있었다. 도매 상들은 단순히 위탁을 받아서 물건을 판매하는 것이 아니라 권리를 양도받아서 판매를 했다. 도매상들은 전통적으로 동부 해안선을 따라 분포된 대도시에서 사업을 전개했으나 남북전쟁 이후에는 신시네티, 세인트루이스 그리고 가장 중요한 시카고와 같은 내륙 도시에서도 활동하였고 철도, 전보, 증기선 덕분에 거대한 구매 네트워크를 구축하게 되었다.

이로 인해 국내 어디든, 심지어 외국의 제조업자가 만든 상품까지 들여올 수 있었다. 도매상들은 새로운 운송 방식에 힘입은 광대한 유통망을 통해 다양한 상품을 재포장하거나 작은 단위로 나눠서 발송했다.

뉴욕과 필라델피아의 대형 도매상에 소속되어서 일하던 출장 세일즈맨들은 남북전쟁이 끝난 뒤 카탈로그와 샘플로 가득 찬 트렁크로 무장을 하고 남부와 서부로 갔다. 이들은 옷감, 위스키, 식료 잡화, 특허 의약품, 보석, 화학 약품, 철물, 가죽 제품을 팔러 다녔다. 이 방문 판매원들은 마을 사거리에 자리 잡고 있는 시골 잡화점에서 볼 수 있는 흔한 물건들을 팔았다. 이들 상점은 과일이나 사탕, 못, 경첩, 말 안장, 램프, 천, 전선, 그물, 술, 페인트, 가죽 제품 등 굉장히 많은 품목을 보유하고 있었다. 상점에 이런 상품들이 가득 들어차서 심지어는 천장까지 진열대로 사용되었다. 미국에서는 이런 상점이 성장함에 따라 보따리 장수의 시대가 막을 내린다.

출장 세일즈맨은 남북전쟁이 끝나고 십여 년 사이에 그 존재가 두드러진다. 도매상들은 철도가 발달하기 전에는 판매원들을 내보내지 않았다. 대신 지방의 상점 주인이나 상인들이 북동부의 대도시까지 직접 찾아와서 물건을 골라 가곤 했다. 도매회사의 대리인들은 보통 기차역에서 시골의 상점 주인을 만나 고용주의 창고나 가까운 호텔로 데리고 가 상품을 보여주었다. 이렇게 방문 판매원 또는 판로를 뚫은 사람은 도시에 남아서 지역 상인들이 찾아오기를 기다렸다. 대형 도매상들이 판매원을 현장으로 보내 자사 제품 홍보를 한 것은 19세기의 마

THE SALESMAN'S SNARES FOR HIS ANNUAL VICTIMS.

1881년에 〈퍽Puck〉지에 실린 만화. 시골의 구매자들에게 주문을 받기 위해 경쟁하는 도시의 도매상 소속 판매원들의 모습이다. 상점 주인들은 1년에 한 번씩 시내로 나와 거래할 도매상들을 방문했는데, 방문 판매원들은 이렇게 찾아오는 상점 주인들을 설득하려고 철도역에 집결했다. 이 방문 판매원들은 주문을 확보하기 위해 구매자들에게 물건을 보여주고 반 강제로 술집이나 극장으로 데리고 갔다. 그러나 이 만화가 등장한 시기에는 이미 모든 것이 변하고 있었는데 기차와 전보의 발달로 방문 판매원들이 직접 돌아다니면서 전국의 고객을 찾아다닐 수 있게 되었다.

지막 십여 년 동안의 일이다.

신뢰할 수 있는 철도 수송의 성장과 더불어 지방을 담당하는 판매원들의 숫자도 증가했다. 통계 수치를 보면 이동하며 일하는 사람들의 수를 실제보다 적게 세는 일이 다반사였음에도 불구하고 방문 판매원들의 수는 1870년에 7,000명에서 1890년에 6만 명으로 증가하였다. 뉴욕타임스는 1882년에 9만 5천 명의 지방 담당 판매원이 있었다고 주장한다. 그 결과 현장에서의 경쟁도 치열했다. 1860년대에 지방 순회를 시작한 어떤 철물 판매원은 자신이 처음 판매 일에 도전했을 때, 길에서 세일즈맨과 만날 일은 거의 없었고 "거의 모든 사람들이 나를 반겼다."고 말한다. 그러나 이후 십여 년 동안 철물 거래 시장의 경쟁이 심해지자 세일즈맨들은 길에서, 기차에서 서로서로 자주 조우하게 되었다.

방문 판매원들은 자신이 보유한 물건을 공급할 새로운 상점을 찾는데 혈안이 되었다. 이들은 농촌과 도시, 도매상과 소매상을 잇는 가교였다. 방문 판매원들이 제조품을 유통시킴으로써 상품을 제조하는 공장과 대형 소매상의 성장도 가속화되었다. 방문 판매원을 고용한 도매상들은 국가 경제 활동의 중심 역할을 했다. 그들이 사고 파는 물건들은 선 세계 삭시에서 들어왔다. 운송과 통신의 발달은 기성복이나 통조림 제품, 냉장 식품과 같이, 19세기 말에 새로 개발되었거나 대중화된 다양한 신제품의 유통에도 큰 도움을 주었다. 1860년에는 뉴욕에서 시카고까지 옷감을 보내는 데 3일이 걸렸지만 1880년에는 24시간이 채 걸리지 않았다. 방문 판매원들은 도매상이 위치한 도시를 벗어나서 일하고 위스콘신 산 나무, 미시시피 산 면, 일리노이와 펜실베이니아의 총기류와 강철, 메사추세츠 직물을 종합적으로 팔면서 도시와 시골을 연결해 주었다.

출장 판매원들은 외판원들과는 달리 자기들 스스로를 '가방을 든 기사'나 '상업 외교관'으로 칭하는 상거래의 귀족이었고, 실상이 그렇지 않더라도 최소한 그들은 그렇게 생각했다. 뉴욕 방문 판매원협회는 1869년, 〈유럽과 미국의 출장 판매의 체계: 그 역사, 관습 그리고 법률The System of Commercial Travelling in Europe and the United States: Its History, Customs, and Laws〉이라는 책자를 펴냈다. 이 책자는 고대 문명에서 현재에 이르기까지 상품 유통 분야에서 증대되고 있는 효율성과 자율성에 대한 이야기를 연대기 식으로 기술하면서 이 직업의 역사에 대하여 자세히 설명했다.

"우리 모두는 상업의 역사란 인류가 미개한 상태에서 시작하여 복지국가와 문명의 상태로 발전해 나아간 기록임을 알고 있다. 우리는 고대 문명(이집트 문명)이 상업에서 비롯되었고, 위대한 두 고대 국가인 페니키아와 시리아가 무역에 출중했던 만큼 예술과 발명, 문자 부문에서도 뛰어났다는 사실을 알고 있다."

출장 판매직은 그 성격이 '남자다움'으로 정의되는 직업이며, 실제로도 판매원들의 거의 대부분이 남성이었다. 이것은

1890년(종사자들의 99%가 남자였던)의 상황이었고, 그 후 수십 년 동안 계속되었다. 1890년 노동시장의 남성 비율(82%)보다도 더 높은 수치다. 거의 모든 출장 판매원은 백인이었고(99% 이상), 압도적으로 많은 사람들이 미국 태생(1890년에 85%)이었다. 이와는 대조적으로 '도붓장수와 행상인' 범주에 들어가는 경우에는 외국인 출신의 비율이 훨씬 높았다(1890년, 53%). 유대인 행상인과 여성 책 판매원들이 외판업 분야에 진출하는 동안에도 거의 대부분의 출장 세일즈맨은 예외 없이 신교도 백인 남성들이었다.

출장 판매원으로 일하는 것은 외판업보디 더 큰 명성을 얻고 더 많은 돈을 벌 수 있었다. 1874년, 한 피뢰침 외판원은 하던 일을 포기하고 출장 판매원이 되었는데 "나는 내가 다시는 못 팔 그런 물건들을 집집마다 다니면서 팔았다. 잘 있으라는 인사를 하면 그 뒤로 그 사람들을 볼 일은 없다. 나는 사람이 살아있는 한 계속 쓰게 될 그런 물건을 고객에게 팔 수 있는 일을 하고 싶다."라고 했다.

19세기 말의 십여 년 동안, 숙련된 일꾼이 연간 5백에서 8백 달러(요즘으로 치면 8천 5백에서 1만 4천 달러)를 벌 때, 출장 판매원은 평균 1천 2백에서 1천 8백 달러(요즘 돈으로 2만에서 3만 천 달러)의 연수입을 올렸다. 성과급을 많이 받는 최상위 판매원들은 더 많이 벌었는데 1870년대와 1880년대의 마셜 필드 사와 같은 곳에서 가장 유능한 판매원은 2천 달러, 가장 많을 때는 6천 달러(현재 시세로 3만 5천에서 10만 달러)까지 벌었다.

출장 판매원은 대형 도매상의 후원을 등에 업고 광범위한 구매 및 유통 네트워크를 구축했다. 또한 방문 판매원은 영업의 추세와 신용 거래에 관해서도 많은 것을 알고 있었는데, 출장 판매업은 젊은 판매원들에게는 경영대학과도 같았다. 보스턴 YMCA 회장인 윌리엄 볼드윈William H. Baldwin은 어떤 연설에서 출장 판매업은 이 나라의 젊은이들에게 엄청난 기회를 약속해 준다고 말했다.

판매란 출장 판매원들에게는 거대한 지리학적, 기호 논리학적 요소를 갖고 있었다. 방문 판매원들은 단일 판매를 성공시키기보다는 한 마을을 '일궈라'라는 말을 듣는데, 이는 새로운 장소에 과감하게 도전하고, 그곳에서 거래의 기회를 포착하라는 뜻이었다.

지방을 담당하는 판매원들은 판매원의 이미지를 재정의하는 역할을 하기도 했다. 이들은 기차나 호텔 로비에서 서로 종종 만나면서 모임이나 방문 판매원 클럽을 만들었고, 19세기 말에는 메이슨 앤드 오드 펠로우Masons and Odd Fellows와 같은 (남성) 우호조직을 조직했다. 이들은 각종 행사를 통해 또는 우스개 이야기를 통해 자신들의 직업에 대한 남성다움을 예찬했다. 이들이 생각하는 판매 활동은 상품으로 가득 찬 무거운 여행 가방을 꾸렸다 풀었다 하면서 국가의 상업을 발전시켜 나가는 것이었다. 이들이 비판자들을 향해 남성다움을 공공연하게 강조한 것은, 출장 판매원들이 적극적으로 지역 경제를 어깨에 짊어지고 농부들을 이끌어간다는 것을 의미했다.

솜씨 좋은 판매란 속임수가 아니라 고객과의 신뢰가 바탕이 되며, 신뢰는 오랜 시간에 걸친 거래를 통해 얻을 수 있는 것이었다. 세일즈맨십이란 출장 판매원들에게는 여전히 상품과 인간 본성에 대한 지식을 바탕으로 하는 기술이었다. 판매의 '과학'은 이들에게는 '체계'를 창조하는 의미를 갖고 있었고, 세일즈맨들은 이 체계를 통해 자신의 경험과 인맥을 바탕으로 외상 거래 보고서나 발송 스케줄, 속달 요금과 같은 실용적인 세부 사항들을 결합시켜 나갔다.

낯선 땅을 누비는 가방을 든 기사들

마셜 필드(지금은 대형 소매상이지만)와 같은 거대 도매상 비즈니스는 19세기 말의 주요 사업 영역이었다. 이들은 구매, 저장, 판매, 상품 선적 등의 부서를 갖춘 조직으로 구성되어 있었다. 도매상들은 광범위하고, 심지어는 국제적 규모의 구매 네트워크를 구축하고 있었는데 이를 통하여 다양한 제조업자들에게서 상품을 구입할 수 있었다. 바이어들은 보통 상품을 살 때의 가격과 상품이 팔릴 때의 가격을 책정했는데(그래서 판매원들은 최종 가격을 설정할 때 가끔 손실을 보는 일이 있었다) 때로는 수백 개의 소규모 제조업자에서 수천에 이르는 고객들과 거래를 했다. 동시에 신용 대부 및 수금 부서는 개인 고객에게 적용할 약정을 만들기 위해 신용 보고 담당자나 회사 판매원으로부터 고객 정보를 수집했다.

신용 평가기관인 R.G. 던과 브래드스트리트 사Bradstreet Agency(나중에 합병됨)는 1870년대 경에 매우 활발하게 활동하던 회사였다. 던 사는 1만 명 정도의 통신원과 조사원(이들 중의 한 명은 아브라함 링컨)을 고용했고, 정보를 제공해 달라는 요청을 매일 약 5천 건이나 받았다.

판매원들은 판매 총책임자의 관리와 평가를 받았다. 대형 도매상들은 부판매책임자도 고용하여 총책임자들과는 다른 일을 맡겼다. 도매상들은 농부들에게 직접 물건을 팔던 외판 조직의 영업 인력보다는 훨씬 더 작은 규모의 인력만을 고용했다. 상점 주인이나 지역 도매상들과 비교할 때 이들이 훨씬 더 적은 수의 고객을 상대했기 때문이다. 판매부서에는 흔히 광고부가 있었는데, 광고부는 회사의 카탈로그를 제작하거나 때때로 신문에 광고를 냈다.

방문 판매원들은 우편이나 짧은 인터뷰를 통해 고용된 잡화 외판원들과는 달리 도매상을 통해 또 다른 역량을 보이며 자기만의 방식으로 일했다. 이는 필연적이었다. 왜냐하면 도매상들이 방문 판매원들에게 외판원보다 훨씬 더 큰 책임을 부여했기 때문이다.

도매상들과 방문 판매원들 사이의 조정은 활동 영역의 지정, 보상율, 신용 판매 허가 등의 사항을 골자로 하고 있다. 방문 판매원들은 상품의 흐름을 확보할 뿐만 아니라 정보를 제공할 책임도 있었다. 방문 판매원들은 주문서와 외상판매 보고서를 작성하여 도매상들에게 보낸다. 이들의 일은 판매와 광고가 결합된 것으로, 교차로나 공회당, 이 밖에도 판매원들이 찾아 낼 수 있는 어떤 곳에서든 전단을 배포하거나 포스터를 붙이는 일을 해야 했다.

지방 담당 판매원들은 상점 주인을 방문할 때 영업용 명함 을 건넸다. 이 화려한 색깔의 명함에 사용된 기법 중의 하나가 바로 판매술에 있어서 '인쇄'를 보여주는 사례다. 예를 들면, 버킹엄 수염 염색약의 명함에는 사람의 수염 색깔을 흰색에서 갈색으로 바꾸는 염색약통의 뚜껑 손잡이의 삽화가 실렸다. 출 장 세일즈맨은 상점 주인들이 카운터와 창가의 진열품을 세팅 하는 것을 돕기도 하고, 상품 판촉을 위한 조언도 해 주었다.

한편 판매 책임자들은 보상 계획을 세워 방문 판매자들을 격려하고 회사의 이익에 부합되는 방식으로 일하도록 가르쳤 다. 이를 위해서는 급료와 성과급의 복합적인 형태가 필요했 다. 오로지 위탁받은 일만 하는 판매원들은 확실하게 판매한 것에 대한 돈만을 요구하면서 새로운 영역은 개척하지 않으려 는 경향이 있었다. 이들은 보고서 작성이나 판촉 활동에 태만 했고, 큰돈을 받기 위해 지나치게 많은 양의 물건을 상인들에 게 공급하려했다. 이런 이유 때문에 많은 도매상들이 19세기 말에 이르러서는 세일즈맨들에게 급료를 지불하는 것을 선호 했고 성과급에 기반을 둔 약간의 추가적인 보상만을 했다. 판 매원들이 어떤 특정 품목(이를테면, 새로운 스타일의 천)을 적 극적으로 판매해 주기를 원한다면 도매상들은 그 품목에 성과 급을 더 높게 책정할 수도 있었다. 또한 많은 고용주들은 세일즈맨들에게 매일 일정 금액을 지불하기보다는 지출한 금액을 변제해 주는 방법을 더 선호하였다. 이는 판매원들이 저렴한 호텔에 머물거나, 저렴한 열차를 이용함으로써 비용을 아끼도록 하려는 일종의 전략이었다.

출장 판매원들의 활동을 제어하는 판매원 기술 내지는 비공식적 규칙은 외판원들을 통제하기 위한 규칙보다 더 교묘했다. 출장 판매원들은 책 외판원들과 달리 베껴 쓴 판매원 각본에 따라 일하는 것을 내켜하지 않았고, 이들의 상품 선전도 그다지 복잡하지 않았다. 한 전직 판매원은 이렇게 회상한다.

> "처음으로 방문 판매에 나서기 전, 나는 미래의 고객에게 접근하는 가장 만족스러운 방법에 관하여 가르쳐 달라고 고용주에게 물었다. 하지만 고용주는 아무런 충고나 교육도 필요치 않다며 정해진 법칙은 없다고 말했다. 상황에 맞춰서 하다보면 사람들이 당신의 말에 호의적으로 귀를 기울이게 되는 가장 성공적인 방법을 반드시 스스로 깨닫게 될 것이다고 말했다."

방문 판매원이 현장에 나가 있는 동안 본사로부터는 딱히 이렇다 할 지시 사항이 내려오지 않았고, 판매원들은 한 번 길을 나서면 몇 개월 동안 돌아다녔다. 그러나 19세기 중반, 종이 및 문구 도매상에 소속되어 일했던 조지 올니George Olney의 이야기를 들어보면, "이따금씩 예사롭지 않은 지시를 받거나, 경우에 맞지 않는 지시, 요즘 같으면 몇 시간이 걸려도 해결할 수 없는 그런 지시를 받았다. 그것을 해결하기 위해 여러 날이 걸렸다."고 한다.

그러자 도매상을 방문하는 판매원들은 자신들의 목표에 꼭 맞는 특별한 판매 전략을 개발했다. 잡화 외판원들이 일회성 판매를 위해 여러 가지 방법들을 구체화했다면 도매상 방문 판매원들은 고객과의 관계를 지속적으로 유지하는 방법을 택했다. 예를 들어 올니는 출장 판매원들은 사교적이어야 한다고 생각했다. 그는 "판매원들은 어딜 가든 잘 융화되고 매력적인 매너와 인기를 끄는 기술을 갖고 있었다. 찾아간 도시의 많은 상인들이 서로 자기 십으로 조대하려고 하는 그런 사람들이었다."고 썼다.

올니의 영역은 남부지방 전체였다. 그는 당시의 주요 상점들이 교차로에 있다는 사실을 깨달았다. "나는 그 가게들 중에서 본 적이 전혀 없는 한 곳에 들어가 내 소개를 하고 명함을 내밀었다. 그러면 뭔가 마실 것이 나오고 우리는 금방 친해졌다." 방문 판매원들은 성격도 대단히 좋은 사람들이었다. 그런 원인 중의 하나는 방문 판매원들이 파는 물건이 다른 판매원들이 내놓는 물건들과 별반 차이가 없었기 때문이다. 그래서 이들은 성격적으로 차이를 만들어낸 것이다. 여기에 지난밤에 기차에서 수워들었거나 판매 관련 잡지를 보고 간추린 최신 농담이나 이야기들이 이들의 거래 수단이 되었다.

고객과 지속적인 관계를 맺으려는 방문 판매원들의 노력은 물건을 직접 소비자에게 가져간 잡화 외판원들의 집요한 판매

전과 다르지 않은 일종의 전략이었다. 처음에는 아무 것도 팔려고 하지 않으며 그저 술을 마시거나 잡담을 나누는 것, 이것은 아마도 가장 현명한 전략이었을 것이다. 세일즈맨 잡지인 〈커머셜 트레블러Commercial Travelers Magazine〉는 "방문 판매원들의 그 미소는 어떤 면에서 그들의 트레이드 마크였다."고 썼다.

게다가 이들은 몇 년에 걸쳐 반복적으로 같은 고객을 찾아올 것이라는 생각을 사람들에게 심어주기 위해 세심하게 거래를 했고, 안 팔리는 상품을 내밀며 상인들에게 부담을 주지도 않았다. 하지만 비윤리적인 관행에 의존하던 사람들도 많았다.

아브라함 카한Abraham Cahan의 〈데이비드 레빈스키의 출현The Rise of David Levinsky〉(1917)에 등장하는 주인공은 "내가 현장에서 성공할 수 있었던 몇 가지 요인을 들어보면, 내가 상품에 대해 이야기할 때 상대방에게 보여준 열정을 꼽겠습니다. 그 열정은 진실한 것이었고 남에게 전염도 되는 것이었습니다."라고 말했다.

그러나 방문 판매업에는 열정 이상의 무언가가 필요했는데, 판매원들은 더욱 거래를 원활하게 하려고 많은 소책자에 의지했다. 예를 들어 마을의 상인 주소록이나 신용 보고서, 호텔 안내서, 기차 시간표 등이었다. 방문 판매원들은 친절과 싹싹함을 기본으로 하는 일정한 형태의 세일즈 기법을 발전시켰고, 또 한편으로는 시장의 상품 흐름을 파악하여 상품의 판매 방식을 표준화하는 데도 도움을 주었다. 이런 과정을 통해 미국 경제의 가장 중요한 공급 경로가 된 상업 네트워크를 구축할 수 있었다.

가지각색의 상품을 파는 도매상들

19세기 중반의 도매상들과 이들이 고용한 방문 판매원들은 여러 가지 상품을 하나로 묶어서 유통하는 것이 전문이었다. 이를테면 옷감이나 식료 잡화, 철물, 술, 페인트 및 유약 등과 같은 품목들을 묶어서 팔았다. 이런 품목들을 취급한 세일즈맨들은 으레 특정 지역에서 이 모든 제품들을 팔았는데 그 품목수가 수백에서 심지어는 수천 가지였다.

한편, 당시의 거의 모든 사업 분야에는 업계지가 있었는데, 식료품 도매상과 판매원들은 〈식료 업계의 기준Grocer's Criterion〉(1873~1912)이나, 경쟁 관계에 있는 다른 잡지를 읽었다. 제과 도매상들은 〈제과 저널Confectioner's Journal〉(1874~1953)과 〈사탕과 아이스크림 소매상(Candy and Ice Cream Retailer〉(1889~1927)을 훑어보았다. 이런 업계지 대부분은 도매상들이 경제를 장악한 19세기 말부터 발행되기 시작했다. 업계지에는 방문 판매를 예찬하는 글들이 실렸고, 전문가라는 느낌이 나지 않는 '유랑 판매원'과 같은 표현은 철저하게 배제했다. 1875년 발행된 〈제과 저널〉은 다음과 같이 쓰고 있다.

"오늘날, 이전 그 어느 때보다 많은 출장 판매원들이 전 업계에서 활동한다. 어떤 활기차고 똑똑해 보이는 사람이 도시 변두리 지역의 상점들을 돌아다니며 자신감 넘치는 태도로 사람들과 이야기를 나누거나 때때로 수첩을 꺼내 메모하는 장면이 목격된다면 이 사람이 바로, 업계에 몸을 담고 있고 우리가 우스갯소리로 말하는 '상업 여행가'들이다. 이들은 자기 자신을 위해, 또 회사를 위해 자신만의 방식으로 일을 한다. 이들이 없다면 어떤 회사도 제대로 굴러가지 않을 것이다."

업계지에는 새로운 기계나 인기 상품에 관한 글도 실렸으며 세일즈맨 구인 광고나 업계의 전화번호가 특집으로 다뤄졌다.

출장 판매원이 고객을 방문하는 횟수는 판매원이 취급한 상품의 종류에 따라 달랐다. 식품이나 잡화를 파는 판매원들은 한 달에 한 번, 약품 및 기타 제약 관련 상품을 취급한 판매원들은 두 달에 한 번, 옷감 판매원들은 일 년에 두서너 번, 구두와 가죽 제품 판매원들은 1년에 두 번 정도 고객을 방문했다. 순회 판매원들은 제품이 작을 경우 이 가게 저 가게로 견본을 들고 다녔으며 호텔 방을 전시실로 꾸미기도 했다.

이런 추세가 계속되자 19세기 말에는 많은 호텔들이 방문 판매원 전용의 룸을 마련하게 되었다. 물건의 종류가 너무나도 다양했기 때문에 견본 상자와 트렁크는 짐이 되기 일쑤였다. 조지 마셜George Marshall은 〈여행가방을 들고 철길과 침목을 넘어O'er Rails and Cross Ties with Gripsack〉(1892)라는 책에서 "때때로 방문 판매원들은 트렁크를 20개나 갖고 다녔는데 무게가 4천 내지는 5천 파운드가 되었다."라고 썼다.

제과 도매상들이 고용한 판매원들은 사탕의 견본과 카탈로그를 갖고 다녔다. 시카고의 페이지와 같은 제과 도매상들은 물엿, 포도당, 감자 전분, 견과류, 기름, 식물성 착색료 등 여러 종류의 물건을 팔았다. 필라델피아의 그린필즈 선즈 앤드 컴퍼니E. Greenfield's Sons and Company는 종합 사탕, 젤리, 싸구려 특제품을 팔았다. 필라델피아의 또 다른 회사 데이비스, 워너 앤드 메릿Davis, Warner and Merritt은 외국 과일이라 할 수 있는 것들(오렌지, 바나나, 파인애플, 코코넛, 그레이프 후르츠)을 취급했다.

제약 도매상도 다른 업계들처럼 남북전쟁이 끝난 뒤에야 출장 판매원들을 파견하기 시작했다. 그러나 이들은 약도 그렇지만 화학약품이나 정제물질을 선전하려는 목적으로 출장 판매원들을 고용했다. 뉴욕에 있던 윙 앤드 에반스Wing and Evans는 소다와 표백제를, 세인트루이스의 미주리 화학회사는 황산과 각종 산성물질을 전문으로 취급했다.

의류업계의 도매상들은 이 중에서도 가장 유명하고 영향력 있는 존재들이었다. 이들이 취급한 제품은 리넨, 아마포, 벨벳, 비단, 능직, 면 등으로 그 범위가 매우 넓었다. 뉴욕의 알렉산더 스튜어트Alexander T. Stewart's는 19세기 중반, 미국에서 가장 규모가 큰 직물 도매업자였다. 이 회사는 도매와 소매 부문을 둘 다 다뤘는데, 1870년경에 올린 5천 만 달러(요즘 시세로 6억 8천 5만 달러)의 연간매출 중에서 8백 만 달러가 소매 부문 매출이었다. 당시 스튜어트 사의 고용인은 2천 명이었다. 이에 필적하는 규모의 회사가 뉴욕의 또 다른 업체인 클래플린 앤드 컴퍼니H. B. Claflin and Company였다. 마셜 필드가 자리잡은 시카고와 후드Hood, 본브라이트 앤드 컴퍼니Bonbright and Company의 본거지인 필라델피아도 직물 거래의 중심지였다.

마셜 필드Marshall Field's 사는 출장 판매원을 고용하는 것이 다른 업체보다 다소 뒤졌지만 자사 도매 영업 인력을 조직적으로 발전시켰고 이것이 마셜 필드 사의 성공을 이끈 중요 요인이었다. 마셜 필드가 20대 초반에 처음으로 시카고에 왔을 때 그는 시카고의 최대 직물 도매상인 쿨리, 외즈워스 앤드 컴퍼니Cooley, Wadsworth and Company의 점원이었다.

필드는 이윽고 세일즈맨으로 파견되었고 말을 타고 남부 아이오와 지방 이곳저곳을 돌아다녔다. 필드는 이런 일에 적임자였고, 회사가 1864년에 공중 분해되기 직전, 마침내 공동 경영자의 자리까지 올랐다. 그 다음 해 필드와 그의 파트너 레비 라이터Levi Leiter는 그 당시에 유명했던 포터 파머Potter Palmer 직물 도매상의 경영을 맡았다.

파머는 지방 신문에 자주 광고를 실었고 당시로서는 전례가 없던 '현금 환불 보장제'와 같은 고객 만족 정책을 펴 시카고에서 좋은 평판을 얻었다. 필드와 라이터는 이런 정책들을 계속 시행하며 정가제를 시행하는 등 많은 소비자들이 불쾌한 경험을 했던 물물교환 방식에서 탈피하려고 했다.

이 두 사람은 1867년에 파머 사를 인수해 회사 이름을 '필드 라이터 앤드 컴퍼니Field, Leiter, and Company'로 바꿨다. 파머는 요직에 머물면서 시카고의 스테이트 가와 워싱턴 가가 만나는 곳의 유명한 건물을 이들에게 임대해 주었다. 필드와 라이터는 계속해서 소매와 도매사업을 했다. 이 회사의 1867년 총매출은 910만 달러(지금 시세로 약 1억 1천만 달러)였는데 이 중에서 760만 달러가 도매사업을 통해 거둔 실적이었다. 1872년에는 총매출이 1,720만 달러(최근 시세로 약 2억 5천만 달러)였고, 이 중에서 1,400만 달러가 역시 도매사업으로 거둔 실석이었다.

마셜 필드 사는 이 회사의 세일즈 조직을 이용하여 뉴욕 일대의 옷감 도매상들과 경쟁했다. 필드는 처음에는 점포 주인들에게 시카고로 직접 와서 상점에 있는 제품을 살펴보고 가야한다고 다그쳤다. 그러다가 그도 1877년 3인 1조의 소규모 세일즈 인력을 구성하여 카펫을 팔기 시작했다. 필드의 카펫 세일즈맨들은 큰 성공을 거두었다. 회사가 전국 순회에 들인 비용은 1893년에 142,940달러(요즘 돈으로 280만 달러)까지 증가했다. 역사가 로버트 트와이먼Robert W. Twyman은 필드 사의 전형적인 출장 판매원의 모습을 다음과 같이 묘사했다.

"옷감의 자투리 천과 견본으로 가득한 트렁크 두 개와 여행가방을 들고, 회사의 문장으로 장식된 조끼를 걸치고 필드 사의 출장 세일즈맨들은 길을 떠난다. 이들은 할당받은 구역의 이 마을 저 마을을 부지런히 돌아다닌다. 그들이 마을에 도착하면 호텔에 방을 하나 잡아놓고 다른 호텔에도 방을 하나 더 예약한다. 자신이 여기에 머물 것이라고 마을 상인들에게 통보를 하고 나면 이제 그의 영업 준비는 끝난 것이다."

필드는 이윽고 두 종류의 출장 판매원을 고용하였다. 총괄 현장 책임자는 옷감에서부터 장난감, 보석에 이르기까지 매우 다양한 물건들을 팔면서 개인 영역을 보완하는 사람이었고, 전문 판매원은 레이스나 리넨, 가죽 제품과 같은 특정한 고급품을 판매하는 직책이었다.

출장 판매원들의 유형은 매우 다양했지만 이들을 둘러싼 수많은 이해 관계가 판매원들의 단합을 이끌어내고, 이윽고 동맹이나 클럽을 결성하게 되었다. 출장 판매원 동맹단체는 화장실에서 비위생적인 두루마리 화장지를 사용하는 호텔의 비위생적인 환경 개선을 위한 입안이라든가, 기차역의 조명을 밝게 해 달라는 요구를 관철시키기 위해 로비를 했다. 당시 기록에 의하면 최악의 호텔은 "더럽고 시끄럽고, 음식에 곰팡이가 피어 구역질이 날 정도고, 종업원들은 게으르고 건방지며, 이부자리는 지저분하고 불결하고, 시트는 지난 번 손님이 사용하던 그대로이며, 투숙객들은 속옷 하나만 달랑 걸친 채 잠자리에 들어 벼룩이나 빈대에게 속절없이 당할 수밖에 없다. 게다가 바로 옆에 있는 바에는 잘나신 동네 양반들이 투숙한 손님들을 계속 씹어대는 곳이다."

출장 판매원연합The Associated Commercial Travelers of America은 교통 시설의 개선도 요구했는데 그 중의 하나가 역의 조명을 밝게 해 달라는 것이었다. 한 멤버는 "수많은 시골 마을에서 야간열차를 기다리는 것은 정말이지 재앙이나 다름없다."고 운을 뗐다. "역은 대개 조명이 매우 침침해서 뭘 읽는다는 것은 불가능하다. 이런 역들은 겨울에는 난방도 하지 않는다. 이는 두말할 것도 없이 우리에게 매우 힘든 일이다. 때로 이런 상황은 폐렴에 걸려 죽음을 의미하기도 했다."

판매원연합이 떠맡은 사안들 중에서 가장 중요한 것은 판매원 허가법을 무너뜨리는데 성공한 것이다. 이 법은 행상인과 외판원의 일을 방해하던 바로 그 법이었다. 볼티모어의 한 상인은 1886년에 이에 따른 벌금이 얼마나 가혹했는지에 대해 "볼티모어에서 사람을 고용하여 남부지방을 돌고 오라고 시키면 그 사람 한 명의 연간 허가증 때문에 1천 달러가 넘는 돈을 썼다."는 당시의 상황을 기술했다. 판매원들은 온갖 머리를 짜내 이들 법규를 피해갔다. 일부 판매원들은 세일즈맨처럼 보이지 않게 하려고 견본이 들어 있는 상자를 미리 보낸 뒤 은밀히 일에 착수하였다.

뉴욕 주 방문 판매원연합, 미시건 수 방분 판매원연합, 서부지역 방문 판매원연합 등 허가제에 반대하는 단체들은 이런 과징금 제도를 종식하기 위해 로비를 폈다. 대법원도 이들과 한편이 되어 '워드 대 메릴랜드 주Ward v. Maryland'(1871) 송사에서 판매원 허가제가 불필요하다는 판결을 내렸다. 뒤이어 '로빈스 대 쉘비 카운티 과세지구Robbins v. Taxing District of Shelby County'(1887) 송사에서도 같은 판결이 내려졌다.

두 번째 소송은 멤피스 지역에서 문구제품을 파는 신시내티 출신 출장 판매원이었던 로빈스가 오하이오 이외의 지역에 사는 고객들에게 허가 없이도 물건을 팔 수 있는 권리를 찾으려 했던 사건이다. 그러나 비록 법원이 이 두 송사에서 허가제에 반하는 판결을 내리기는 했지만 허가제가 완전히 종식된 것은 아니었다.

뉴욕의 방문 판매원협회와 시카고의 상인 및 방문 판매원연합도 1869년에 결성된 허가제 철폐를 요구하는 단체들이었다. 방문 판매원협회는 자신들의 주장을 담은 보고서를 발간하여 이렇게 말했다. "상업의 역사란 인류의 점진적 진보에 관한 기록이다." 허가제를 무너뜨리려 함에 있어서 "우리가 현재 논의하려는 문제는 (허가제 관련 법규에 의한) 방해, 속박, 억압, 저지가 단순히 우리의 영업 활동에만 한정되는 것이 아니라 한 나라 안에서 다른 지역과의 아이디어와 지식의 상호 교환마저도 가로막고 있다는 사실이다."

이 보고서는 가장 오래되고 가장 완벽한 방문 판매원 예찬 보고서 중의 하나였다. 이 보고서는 출장 판매원의 역할이 단순히 장사에 그치는 게 아니라 미국 각 지역 간의 소통을 통하여 국가문화를 증진한다는 주장을 폈다.

출장 판매원들의 수가 증가함에 따라 다른 부가적인 조직들도 많이 생겨났다. 이런 조직들로는 미국 방문 판매원연합과 미국 방문 판매원 보호기구Traveler's Protective Association of

America(TPA)와 같은 친목모임도 있었다. 조직들은 각자 업계지를 펴냈다.

출장 판매원 단체들은 고달픈 일을 처리해 주는 사회적 기능도 했다. 조직이 창립된 지 10년이 지난 1902년 1월에 UCT(미국 방문 판매원연합)의 회원 가입수는 1만 7,143명이었다. 회원들은 재해 보험료로 석 달에 한 번씩 2달러 정도를 냈다. 그러나 '여행가방과 초승달Grip and Crescent' 회원은 보장된 것보다 더 많은 혜택을 누렸다. 이 모임은 순회 판매원들이 아주 의욕적으로 추구했던 것들(사회적 지위 그리고 종교나 주의와 상관없이 모범 시민에게 주어지는 무조건적인 존중)을 제공하거나 최소한 약속했다. 그러나 회원은 백인으로 한정되었다.

〈사례Sample Case〉지에 나오는 허구의 이야기들은 출장 판매원들이 책임감 있고 정직하며 사기를 치기보다는 사기를 당하는 사람들이라는 생각을 더욱 굳혀주었다. 이는 제조업계의 판매 관리자들이 자사의 영업 인력에 대해 언급할 때 자주 인용하는 주제였다.

'보너의 개과천선The Reformation of Bonner'이라는 이야기를 보면 음모의 대상이 되는 사람은 방문 판매원이었다. 보너는

판매 조직 업계지 | 〈사례: 미국 방문 판매원연합회 저널Sample Case: The Journal of the Order of the United Commercial Travelers of America〉(1891년 오하이오 주 콜럼버스에서 발간), 〈T.P.A. 회지: 미국 방문판매원 보호기구 저널T.P.A. Magazine: The Journal of the Travelers' Protective Association of America〉(1897년 세인트 루이스에서 발간), 〈방문 판매원의 보금자리Commercial Traveler's Home〉(1893년 뉴욕 시라큐스에서 발간).

술과 도박을 끊은 뒤 개과천선을 했다. 그러나 기차에 올라탄 두 명의 도둑이 보석이 가득 담긴 보너의 견본 상자를 훔친 뒤 아무 쓸모도 없는 천 조각이 담긴 똑같은 상자로 바꿔치기를 했다. 그러는 동안 이 판매원은 기차 시간표를 들여다보느라 정신이 없었다. 업계지에 실린 이런 종류의 허구의 이야기들은 순회 판매원들의 경이로운 활동력에 대해서도 언급한다. 이들은 어느 마을에 도착한 뒤 이틀만 지나면 거기 사는 사람들 모두를 알게 된다.

어떤 일화를 보면, 어느 출장 판매원은 중간에 (기차에서) 잠시 내린 2시간 동안 다섯 건의 판매 실적을 올린 뒤 그 지역의 친목모임에 가입하고 어느 소녀에게 구애를 해서 결혼을 하고 그 날이 선거일이라는 것을 알게 돼 선거운동을 한 뒤 8표차로 시장에 당선되었다.

1865년에서 1900년 사이 미국에서 번성했던 다른 친목단체나 협회의 구성원들과 마찬가지로 방문 판매원 조직에 속한 사람들은 모임을 가질 때 술을 금하고 의식에 힘을 썼다. 그런데 이 의식에서는 때로는 중세시대의 이미지(기사, 검, 왕관, 방패)를 차용하거나, 집행부의 리더를 부를 때는 계급제에 기초한 칭호를 썼다. 회원들은 복잡한 입회의식에 참가했는데 이는 사회에 공헌하려는 회원들의 마음가짐을 살펴보거나 남자다운 용기를 입증하려는 목적으로 거행되었다. UCT의 한 지원자는 고약한 냄새(마치 썩은 계란 냄새 같은)가 나는 험한 길을 걸어서 UCT의 메시지(단결, 박애, 인내)가 담겨 있는 정상에 도달한 뒤 회원 자격을 얻었다.

출장 판매원 단체는 이렇게 판매원의 역할과 이미지를 바꾸기 시작했고, 중간 도매상과 생산에 종사하지 않는 사람들이 판매원에게 던지는 비난에도 화답했다. 출장 판매원은 비생산 부문 종사자가 아니었다. 이들의 경제에 대한 공헌은 농부처럼 흙에서 기인한 것은 아니었지만 상품의 순환을 전국으로 확산시켜 나갔다. 출장 판매원들의 친목집단은 상품 판매를 기독교 문명의 전파와 동등한 것으로 여겼다. 1899년에 출장 판매원들이 위스콘신에서 조직한 기드온Gideons 회는 개인의 복음주의와 예수를 위한 봉사를 한데 묶기로 맹세했다.

이들은 1908년 교회에서 자금을 받아 전국을 돌면서 호텔, 선박, 학교, 교도소에 성경을 제공하기 시작했다. 전 켄터키 주지사였던 프록터 노트J. Proctor Knott는 1880년대에 있었던 루이즈빌 상업인 클럽Louisville Commercial Club의 모임에서 연설을 했다. 그는 이때 세일즈맨을 "상업 부문의 복음주의자로서, 자신의 가정과 가족을 돌보는 일은 잠시 접어두고 불편과 질병, 위험과 죽음에 대항하며 주님의 사역을 하기 위해 용감하게 세상으로 나아간 사람들이다."라고 했다. 외판원들은 고객을 설득하기 위해 간혹 '복음주의자'라는 용어를 썼지만 그것과는 달리 출장 판매원들은 상업의 장점 그 자체를 설파했다.

철물 판매의 대부, 손더스 노벨

손더스 노벨은 세인트루이스의 시몬즈 철물회사Simmons Hardware Company의 출장 판매원으로 일하다가 나중에는 경영자가 된 인물이다. 시몬즈는 1880년대에 70명, 19세기 말에서 20세기 초에는 2백 명의 판매원을 고용하던 대기업이었다. 마침내 이 회사는 전 세계 곳곳에서 사업을 시작했고 1915년에는 1천 6백만 달러의 자산을 보유했다. 시몬즈는 다른 중서부 지역의 도매상들과 마찬가지로 성장 중인 도시에 필요한 목재를 공급하는 것에 역점을 두었다.

19세기 초에는 대부분의 철물 도매상들이 동부 해안의 접경 도시에 자리 잡고 있었지만 이들은 10년 정도씩 세월이 흐를 때마다 해안에서 점점 더 먼 곳까지 사업 영역을 넓혀갔다. 철물 도매상들은 1850년대 경에는 신시내티, 피츠버그, 세인트루이스, 시카고까지 진출하게 된다. 초창기 대부분의 철물상들은 세인트 폴에 있는 파웰이나 오즈문, 커크 사, 미네소타 주의 델루스에 있는 켈리 하우 톰슨 사, 시카고에 있는 히버드, 스펜서, 바틀렛 사를 협력업체로 두었다. 각 협력업체는 일반적으로 서로 다른 기능을 수행했는데 한 군데에서 세일즈와 마케팅을 맡으면 다른 한 곳은 제품의 구매와 창고 운영을 관리하고 마지막 한 곳은 사무소를 관리하며 회계와 재무를 담당하는 식이었다.

철물 판매도 다른 사업과 마찬가지로 운송과 통신 기술의 발전에 영향을 받았다. 19세기 초, 철물 도매상들은 대부분 자리를 지키고 앉아서 고객들이 물건을 사러 오게 했다. 그러나 1870년 이후로 철물 도매상들도 판매원을 고용하여 고객을 찾아가는 방향으로 바꾸었다. 손더스 노벨이 방문 판매를 시작했던 1880년대 중반에는 철물 판매원들이 이미 흔해져 버렸다. 미 철물 협회National Hardware Association에 따르면, 1896년경에 철물상들의 매출 75%는 출장 판매원들이 일궈낸 성과였다. 그 나머지는 도매상을 직접 찾아가거나 우편으로 제품을 주문한 소매상들이 구매한 매출이었다.

노벨은 자신이 소속된 판매원 친목단체의 다른 회원들처럼 계절에 맞춰 활동했다. 철물 판매원들은 늦여름과 초가을에는 추수용구와 사냥용품을 공급했고, 초봄에는 파종용 농기구나 건설자재를 팔았다. 대부분의 철물 판매원들은 카탈로그만 갖고 다녔는데, 일부는 견본을 들고 다니면서 카탈로그를 보완하였다. 판매원들은 소매상인, 특히 철물업계에서 이제 막 사업을 시작한 사람들에게 도움을 주었다.

노벨은 생애의 대부분을 철물 도매업에 바쳤다. 그는 1864년에 캐나다에서 태어나 세인트루이스에서 자랐다. 노벨은 17세의 나이에 시몬즈 철물회사의 점원으로 일을 시작했고, 그러다가 어느 지방회사로 자리를 옮겼다. 그는 이 회사에서 30년 동안 일을 하였으며 마침내 부사장까지 되었다. 노벨은 이 회사에 몸을 담고 있는 동안 출장 판매원(1883년부터 1892년까지)으로, 판매 관리자(1892년부터 1898년까지)로 일했다. 그는 돌아다니는 판매원의 일을 즐겼고 어딜 가나 잘 융화되는 사람이었고 독실한 신앙인이었다.

시몬즈 사의 카탈로그에는 여러 종류의 탄약과 모루, 송곳, 드릴, 도끼, 천칭 저울, 종(손에 들고 흔드는 종, 문에 다는 종, 송아지 목에 다는 종) 등의 수 천 가지 품목이 실려 있었다. 벽돌, 볼트, 천공기, 꺾쇠 같은 물건들은 목록의 처음 일부분에 불과했다. 망치만 하더라도 그 종류가 30종 이상, 경첩도 80가지가 넘었으며 강아지 목줄, 칼, 달걀 거품기, 페인트, 전선, 각종 렌치도 있었다. 철물에 속하는 물건은 그 종류가 엄청나게 많았다. 그래서 철물에 대한 이런 격언도 있었다. "먹지 못하고, 쏟아 붓거나 접을 수 없으면 그건 철물이다."

시몬즈 사는 세일즈맨들에게 급료를 잘 주는 것으로 유명했다. 시몬즈 사도 마셜 필드처럼 판매 책임자와 전문 판매원을 따로 두고 포크나 스푼, 스포츠 용품, 기타 물품을 취급하도록 했다. 결국 시몬즈 사는 미국에서 최대의 철물 도매회사 중 하나가 되었다.

노벨은 열 아홉의 나이에 출장 판매원 일을 시작했다. 그의 첫 번째 과제는 한 병든 외판원을 대신하는 것이었는데 그 사람은 미주리 주의 미시시피 강 근처의 케이프 저라도Cape Girardeau에서 일하고 있었다. 노벨은 판매하는 일(아니, 더 정확히 말하자면 이 마을 저 마을을 여행하는 것)을 한다는 기대에 부풀어 있었다. "나는 엄청나게 큰 여행가방과 우비, 큰 우산 그리고 내가 생각하기에 여행에 필요할 것 같은 다른 물건들을 샀다."고 썼다.

하지만 그는 머지않아 가뿐하게 다니는 법을 배우게 된다. 그는 초창기에 2달러를 절약하겠다는 심산으로 침대칸이 있는 표를 사지 않고 밤새도록 난로 옆에 쭈그리고 앉아 잠을 잤다. 그러다 보니 기차가 역에 정차하여 문이 열릴 때마다 들어오는 찬 공기 때문에 계속해서 잠을 깼다. 노벨은 그 뒤로 다시는 기차표 값에 쩨쩨하게 굴지 않기로 마음먹었다. 그는 보트를 타고 노를 저어 미시시피 강을 건너고, 담당 구역이 바뀜에 따라 앨라배마, 캔자스, 마지막으로 콜로라도로 이동하면서 자신이 처음에 기대했던 그런 모험과도 같은 경험을 하게 된다.

노벨도 현장에 나가기 전에 다른 방문 판매원들과 마찬가지로 전반적인 판매 기법에 대해서 얼마 안 되는 조언과 훈련을 받았다. 그는 "스탁튼Stockton씨가 나를 포크 매장으로 데려가 최초의 가르침을 전수했다."고 썼다. "그는 거래처에 항상 견본을 들고 가서 고객이 물건을 필요로 하든 안 하든 일단 펼쳐 놓고 견본을 보여 주라."고 충고했다.

그러나 노벨은 고객과의 유대 관계를 맺는 것에 관해서는 시몬즈E. C. Simmons에게 가끔 조언을 들었다. 시몬즈는 상대에게 영향을 주려면 어떤 식으로 접이핀을 건네야 하는지에 대해 한 수 가르쳐 주었다. 그가 사인을 하면 이름의 's' 자가 숫자 '8'과 비슷하게 생겨서 '넘버 8'이라는 별명을 얻은 사람이었다.

"어느 날 넘버 8이 포장용 얇은 종이로 싸여진 금색 도끼모양의 핀 12개를 내게 건네 주며 이렇게 말했다. '자, 이 핀 중의 하나를 손님에게 어떤 식으로 내놓을지 한 번 해 보세요.' 나는 주머니에서 핀 꾸러미를 꺼내 포장종이를 벗긴 뒤, 왼손에 그 꾸러미를 들고 오른손에 금색 핀 하나를 쥐었다.

넘버 8은 질렸다는 표정을 지으며 머리를 절레절레 흔들더니 '틀렸어! 죄다 글러먹었어!'라며 발끈했다. 당신이 핀을 12개나 갖고 있다는 걸 왜 손님에게 알려주어야 하나요? 손님은 이 핀이 상점을 통틀어 딱 하나만 있을 때 흡족해 하지 않겠어요. 12개나 되는 핀 중에서 하나를 받는 것에 어떤 가치를 느낄 수 있다는 말인가요! 먼저 당신의 옷깃(라펠)에 핀을 하나 꽂아두세요. 그리고 그 자리에서 핀을 떼어내 고객의 코트에 꽂아주는 겁니다. 당신이 물건을 더 많이 갖고 있다는 얘기는 할 필요도 없고요. 그 사람은 분명히 이 선물을 고마워할 거고, 이런 식으로 하면 손님은 그 핀을 더 오래 달고 다닐 겁니다!"

노벨은 이런 식으로, 고객이 특별한 대접을 받고 있다고 느끼게 하는 법을 배웠다.

노벨은 물건의 최종 가격을 직접 결정할 수 있었고, 자기가 올리는 수익은 제품에 따라 다르다는 사실도 알았다. 못이나 연장 같은 평범한 품목은 가격 경쟁이 심했고 이득도 얼마 되지 않았지만 특별 품목(사람들이 그 값어치에 대해 잘 모르는)은 더 큰 수익을 얻을 수 있었다. 노벨은 대형 소매상에게는 조금 싼 가격에 넘겨주고, 지불이 늦기 일쑤인 쪽은 할증금액을 청구할 수도 있다는 것을 깨달았다.

사무소와의 연락은 다른 대다수 도매상들에 비하면 잦은 편이었지만 그래도 비교적 뜸하게 이루어졌다. 사장 시몬즈는 격려의 인사말을 담은 월간 보고서를 판매원들에게 보냈다. 의욕을 불어넣고 격려하는 것은 경영자의 역할로 흔한 일이 되었다. "시몬즈 씨는 격려의 효과를 신봉하는 사람이었다."고 노벨은 썼다.

"그는 기회가 될 때마다 내 보고서에 격려의 글을 써놓았고, 나의 판매 실적이 썩 좋지 않아서 나를 좀 나무랄 필요가 있다고 생각할 때조차도 다정다감하게 이야기를 하며, 비난의 글이나 말에서 가시를 뺐다. 그는 판매원들에게 스스로가 무적이라고 느끼게 해 주었다."

노벨은 토요일에 주문서를 신청해서 월요일 아침에 세인트루이스에 도착할 수 있게 했다. 그런 다음 주문서를 작성하여 화요일이나 수요일에 보내면 고객은 다가오는 토요일 내지는 약 1주일 내로 자기 상점에 물건을 들여놓을 수 있었다.

노벨은 캔자스 쪽을 담당한 후로 수입이 더욱 늘었다. 당시 캔자스는 다른 서부지역처럼 19세기 말에 건축 경기가 붐을 이루었기 때문이다. 노벨은 1천 8백 달러(현재 약 3만 5천 달러)의 고정급을 받고 일했으며 급료와 경비를 제외한 수익의 일부를 받았다. 그의 판매 실적은 연간 6만 달러(현재 약 100만불)에 달했다. 비용 대비 수익은 25%에서 30% 정도였고 그의 수익 지분은 33%였다. 예를 들어 노벨이 올린 1년 간의 총수익이 1만 2천 달러라면 그의 지분은 4천 달러인 셈이다. 여기서 노벨은 급료(1천 8백 달러)와 경비(1천 2백 달러)를 제하고 해당 년도에 1천 달러 정도의 성과급을 벌 수 있었다.

노벨은 지역 소매상들의 비효율적인 방식을 이용하여 고객들의 환심을 샀다. 그는 미주리 주 찰스턴의 한 잡화점에서 상점 문을 닫은 뒤에 남아서 재고 정리를 해도 되겠냐고 주인에게 물었고 밤새도록 가게를 청소하며 재고품 목록을 작성했다. 이 덕분에 그는 가게에서 필요하지만 구비되어 있지 않은 물품의 주문서를 주인에게 내놓을 수 있었다.

노벨은 무거운 견본 상자를 꾸렸다 풀었다 하는 데 많은 시간을 들였다. 그는 하루 일정이 다 끝나면 상자들을 끌고 기차에 올라 침대차에서 잠을 자고, 아침 일찍 일어나 다시 철물 견본을 새로운 장소(도시, 마을)로 끌고 갔다. 인내는 성공에 아주 중요한 요소였으며 이는 특히 1880년대와 1890년 캔자스의 사례처럼 건설업이 한창이던 십여 년 동안에는 더욱 그러했다.

말론 윌레스Malone Wheless도 시몬즈 철물에서 일하며 노벨과 비슷한 경험을 했다. 그는 테네시 주 내슈빌에서 1870년에 태어났다. 순회 판매원에 대한 그의 어린 시절의 기억은 요란함 그 자체였다. 그 사람들은 마차를 타고 마을에 와서 말쑥한 옷차림새를 뽐냈다. 윌레스는 시몬즈 사에서 일하기 전에는 작은 업체에서 몇 년 동안 일을 했다. 점원 일을 시작한 그는 출장 판매원들이 보내온 주문서를 작성하고 제조업체에서 배달된 제품을 선반에 정리했다.

윌레스도 노벨과 마찬가지로 다른 외판원의 실패의 뒤를 이어 출장 판매원을 시작했다. 그는 본사와 자주 연락하는 편이 아니었고 어떤 지침이나 교육도 거의 받지 않았다. "내가 처음으로 자리를 비운 두 달 사이에 받은 몇 안 되는 편지에는 내일의 전반에 대한 것 아니면 내 실적의 특정 부분에 대한 그 어떤 코멘트도 없었다. 사실상 조언이나 도움에 관한 한 본사로부터의 편지는 아무런 쓸모도 없었다."

윌레스는 회사에서 급료를 전혀 받지 못했고, 수익의 일부를 받기는 했지만 비용을 스스로 충당해야 했다. 출장 판매를 처음 시작할 때는 말과 마차, 마구를 사느라고 빚도 졌다. 그러나 1년이 지난 뒤에는 여느 직원보다 돈을 더 많이 벌었다. 그는 이런 상황에 고무되어 매우 높은 마진을 내는 물건을 적극적으로 팔았다.

윌레스는 자기가 받는 돈에 대해서 말다툼을 하고 회사를 나온 뒤 시몬즈 사에 들어갔다. 시몬즈 사는 이전의 회사와 비교했을 때 관리가 잘 되고 있었고, 상품을 담아서 갖고 다니며 전시하기에도 좋은 근사한 상자도 제공했다. 윌레스는 카탈로그를 훑어보고 가져가고 싶은 제품의 견본 목록을 뽑았다. 그는 견본을 갖고 다니면 카탈로그만으로 장사하는 철물 판매원들보다 더 유리할 것이라고 생각했다. 그러나 무거운 트렁크를 힘들게 끌고 다녀야 했다.

월레스는 아무리 열심히 일을 해도 출장 판매원의 지위가 여전히 낮다는 사실을 알았다. 고객들 대부분은 그의 고된 인생의 단면에 대해 전혀 알아주지 않았다.

"사람들은 내가 이렇게 산다는 것을 몰라준다. 나는 여덟 내지는 열 개나 되는 견본 트렁크를 들고 다니며 트렁크를 열어 진열을 하고, 물건을 다시 꾸리는 일을 매일매일 되풀이한다. 어떤 날, 아니, 어떤 밤에는 밤 1시에 마지막 고객과 이야기를 마무리하고 두 시간 넘게 짐을 꾸린 뒤 다음 장소로 가기 위해 새벽 완행열차를 잡아타야 했다. 침대는 구경도 못 한 채 또 트렁크를 풀어야 한다. 또 그 많은 주문서를 다 작성해야 하고, 매일 엄청난 수가 도착하는 것도 모자라 토요일 밤에는 그 양이 두 배로 불어나는 우편물에 모두 답을 해야 하는 나의 막중한 책임에 대해 사람들은 전혀 모른다."

게다가 월레스는 가족과 멀리 떨어진 곳에서 일했다. 부인과 아이들은 세인트루이스에서 살았는데, 그의 담당 구역은 버지니아 일부와 남부, 북부 캐롤라이나였다. 노벨도 이와 비슷한 상황을 실감하게 된다.

"내 친구 몇몇이 이따금씩 내게 '유랑 외판원' 일은 어떠냐고 묻는 걸 보면, 내가 행상인과 같은 부류라고 생각을 하는 듯하다. 그 순간 생각했고 그 뒤로도 종종 생각해 보았지만 출장 판매원이 어떤 일을 하며 업계와 사회가 판매원의 입지에 대해 어떤 평가를 내려야 하는지 철저하게 일반 대중을 교육시킬 필요가 있을 것 같다."

윌레스와 노벨은 둘 다 나중에는 관리자가 되었고, 이들이 겪은 관리 감독 경험은 방문 판매 업무와 사무 업무의 차이를 잘 보여 준다. 노벨은 9년 동안 판매원 일을 한 뒤 1892년에 시몬즈 철물회사의 판매 관리자로 승진했다. 그는 세인트루이스로 돌아가서 주로 사무실에서 일을 하였는데, 노벨은 사무실 일을 그다지 좋아하지 않았다. "나는 거의 절대 자유 상태에 익숙해져 있었다. 나는 전적으로 내 생각에 따라 일을 했다. 어느 누구도 결과 이외의 것을 내게 요구하지 않았다. 나는 완벽한 개인주의적 삶을 영위했다."

판매원 노벨이 아닌 관리자 노벨은 단순히 판매원과 고객에서 그치는 것이 아니라, 이제는 관리자와 판매원이라는 새로운 인간 관계를 배우고 터득해야 했다. 그는 고객들을 상대했던 것처럼 이제는 휘하의 판매원들과 그들의 특성에 대해 비망록을 작성하기 시작했다. 그는 회사의 다른 경영자들과 자주 이야기를 나누었다. 그는 수석 구매 담당자와도 자주 상담을 했다. 수석 구매 담당자는 제품을 공급하는 다양한 제조업체들과 관계를 유지했고, 상품 카탈로그 제작을 감독하는 등 회사에서 중추적인 역할을 했다. 노벨은 고객 거래 계정을 처리하는 담당자와도 자주 만났다. 노벨은 이 일이 상당한 정력을 요하는 업무라는 사실을 알게 되었다.

노벨은 〈의심이라는 마귀That Devil: Doubt〉라는 제목의 소책자를 발간했고, 뒤이어 작은 목공용 도구의 이름을 따 〈나사송곳Gimlet〉이라는 잡지도 펴냈다. 그는 이 두 출판물을 통해 출장 판매원이라는 직업이 무제한에 가까운 기회를 가진 진취적이고 낭만적인 업종(개인의 자신감과 노력, 상상력이 결여될 때에만 활동에 제한을 받는 일)이라는 자신의 견해를 제시한다.

세일즈맨의 입문서가 등장하다

출장 판매원들은 대형 도매상에 소속되어 일하고 상점 주인들을 고객으로 상대하면서 외판원들이 실행했던 것과는 확연하게 다른 판매 방식을 발전시켜 나갔다. 출장 판매원들은 각 본대로 일하지는 않았지만 다양한 팸플릿, 교육 지침서와 차트의 도움을 받았다. 19세기 말 경에는 여행 안내서가 여러 권 발간되어 출장 판매원들에게 시장에 대한 실질적인 도움이 되었으며 그 내용으로는 편리한 기차 시간표, 외상판매 보고서, 호텔 가이드, 배송료 인덱스 등이 있다. 도매상과 방문 판매원들도 상점 주인들의 재무 건전성과 관련하여 믿을 만한 정보가 있으면 거기에 의지했다.

방문 판매원을 위해 쓰인 안내서는 여행을 순조롭게 하고 유통 일정을 짜는 것에 도움이 되는 정보들을 제공했다. 예를 들면 브레이포글L. C. Breyfogle이 쓴 〈방문 판매원: 미국 호텔 가이드 및 지명 색인The Commercial Traveler: Being a Hotel Guide and Gazetteer of the United States〉(1881)이 있다. 브로켓L.P.Brockett

이 쓴 〈방문 판매원을 위한 안내서The Commercial Traveller's Guide Book〉는 철도 노선정보, 지역 호텔과 가격대, 우편 요금과 세율, 각 지역에 어떤 종류의 사업체가 있는지를 보여주는 도표가 수록되어 있었다. 이런 다양한 차트나 일정표, 보고서는 국가 경제 안에서의 상품의 흐름을 표준화하는데 도움이 되었다.

19세기 후반에는 출장 판매원들의 판매 기술에 관한 책들도 다수 출간되었다. 이런 책들은 대개 은퇴한 출장 판매원들이 현장에서 자신들이 경험한 것들을 기록한 것이었다. 이 책들은 세일즈맨의 삶을 지루한 농장 일이나 공장 일에 대한 대안으로 제시하고 있다. 그러나 방문 판매원이 묘사하는 시장 역시 경험으로 쌓은 지식과 인간 관계의 연속이었다. 그들은 이 마을 저 마을을 돌아다니면서 여러 형태의 상점 주인들을 만났다. 또 기차나 호텔에서 밤을 보내면서 방문 판매직에 대한 개념을 확립해 나갔다. 판매란 긍정적인 사고를 유지하는 능력뿐만 아니라 엄청난 인내와 열정이 요구되는 직종이었다.

은퇴한 판매원들이 저술한 판매 기술서 |
익명 작가가 쓴 〈판매 현장에서의 20년, 그리고 그 중의 한 명이 이야기하는 방문 판매원의 고난과 역경Twenty Years on the Road: The Trials and Tribulations of a Commercial Traveler, by One of Them〉(1884),
스트리터N. R. Streeter가 쓴 〈늙은 판매원의 가방에서 찾아낸 보석Gems from an Old Drummer's Grip〉(1889),
찰스 플러머Charles S. Plummer의 〈판매원의 일기를 몇 장 들여다보며: 판매 현장에서의 25년Leaves from a Drummer's Diary; or, Twenty-five Years on the Road〉(1889),
조지 마셜George L. Marshall의 〈여행 가방을 들고 철길과 목침을 넘어O'er Rails and Cross Ties with Gripsack〉(1892).

TABLE I.

...•••...

CITIES, TOWNS, AND VILLAGES, OF MORE THAN 500 INHABITANTS, WITH THE
RAILROADS IN WHICH THEY ARE SITUATED, THEIR DISTANCE AND DIREC-
TION FROM R.R. TERMINI, POPULATION IN 1870, THE NUMBER OF
STORES (DRY GOODS, GROCERIES, HARDWARE, JEWELRY,
BOOK, DRUG, BOOT AND SHOE, AND GENERAL),
AND MANUFACTORIES.

☞ In this Table we have adopted the plan, after mature consideration, of arranging the towns under their natural railroad centre, as most convenient for the use of Travellers. By this arrangement the Traveller, at whatever railroad centre he may be, finding that place in the distance and direction column, will be able to ascertain without difficulty all the towns on the railroads radiating from it which it is desirable for him to visit.

We have been obliged, in some instances, to estimate the population of small towns in some of the Western and Southern States, as it was impossible to obtain the census returns of these places either from the Census Office or from the mar-shals of the several districts, to all of whom we made application in person or by letter. The population of *Canadian towns*, except a few leading ones, is not given, as the Canadian census is to be taken in the summer of 1871.

The railroad centres are given in the distance and direction column in small capitals.

NAME OF PLACE.	State.	On what Railroad.	Distance and direction from.	Population, 1870.	Dry Goods Stores.	Groceries.	Hardware Stores.	General assortment.	Manufactories.	Drugs.	Books.	Jewelry.	Shoes.
Yonkers ..✎...	N.Y	Hud. River R. R.	15 N. N. Y. CITY.	18,318	18	20	6	4	18	3	2	2	8
Hastings......	"	"	19 "	1,250	...	3	1	1	4	..	..	..	1
Dobbs' Ferry..	"	"	21 "	1,240	...	6	...	...	..	..	..	..	..
Irvington.....	"	"	23 "	920	2	6	1	1	2	..	..	..	..
Tarrytown....	"	"	26 "	5,123	5	14	1	4	3	4	..	..	..
Sing Sing.....	"	"	32 "	6,351	9	14	4	6	10	4	1	2	7
Croton........	"	"	35 "	251	...	1	...	1	..	..	..	..	..
Crugers.......	"	"	38 "	160	...	3	...	...	..	..	..	..	..
Peekskill......	"	"	42 "	4,500	18	20	5	6	19	4	2	2	6
Cold Spring...	"	"	53 "	2,770	9	6	2	6	2	2	1	..	..
Fishkill	"	"	59 "	1,500	2	1	2	5	1	1	1	3	5
NewHamburgh	"	"	65 "	563	2	4	1	...	1	..	..	..	1
Poughkeepsie .	"	"	73 "	20,148	41	45	14	1	30	9	6	10	23

브로켓의 〈방문 판매원을 위한 안내서The Commercial Traveller's Guide Book〉(1871)는 대도시나 마을의 인구와 주요 사업에 대해 일목요연하게 보여주는 편리한 차트를 출장 세일즈맨들에게 제공하였다.

그들은 판매가 어떤 축적된 규칙들로 구성되어 있다(후대의 세일즈맨들은 그렇게 생각했다)기보다는 일화, 비화의 축적이라고 생각했다. 그들은 판매를 이야기의 한 형식으로 이해하려고 했다. 어떤 익명의 작가가 쓴 소책자 〈현장에서 외판원이 성공하는 법How to Succeed on the Road as a Drummer〉(1891)이라는 책은 일반론적인 판매의 힌트를 제공하고 있다.

"불경기라고 불평하지 마라. 어차피 성공은 연속적이지 않다."

적절하면서도 재미있는 방법으로 사람들을 즐겁게 해 주는 능력은 판매원에게 도움이 되는 많은 것들을 알려준다. 방문 판매원들은 외판원과는 달리 거의 배타적일 만큼 남성으로 가득한(판매원 자신들도 그럴 뿐 아니라 그들이 만나는 고객들조차도 남자) 업계에서 일을 했다.

또한 방문 판매원들의 회고록은 한결같이 용기 있고 남자다운 자세의 필요성에 대해 언급한다. "선천적으로 소심한 사람들은 있다."고 방문 판매원 에느워느 브릭스Edward Briggs는 쓰고 있다. "그들은 항상 두려워하고, 자기 자신과 동료에 대해 자신이 없어서 매번 주저하며, 길을 잃고 헤맨다." 투쟁 정신은 방문 판매원에게는 절대적으로 필요하다. 1878년 판 〈제과 저널

Confectioner's Journal〉은 자신이 먹게 될 음식을 끊임없이 걱정하고 침대가 눅눅하다고 불평하며, 두려움에 신경이 곤두선 판매원을 조롱했다. 같은 기사에서 어딜 가든 사람을 편하게 하고 넉살이 좋은 판매원은 칭찬하고 있다. 그런 사람은 "모든 여행을 웃음으로 시작하고 박장대소로 끝낸다. 그리고 금새 당신 앞에서 편하게 행동하며 유쾌함으로 사람들을 압도한다."

소매상과 나누는 격의 없는 담소는 매우 유용할뿐더러 세일즈맨은 훌륭한 이야기꾼으로 만들어 준다. 방문 판매원으로 오랫동안 일해 온 조지 올니George Olney는 객실에서 들었던 온갖 꾸며낸 이야기들에 대해 말하길 "기차의 흡연실은 정말이지 이야기꾼들이 이용하기에 더할 나위 없이 좋은 최고의 장소다. 내가 소시적에 침대차의 흡연실에서 들었던 무용담이나 허풍, 수다에는 정말로 말이 안 나온다. 이 흡연실만큼 이야기를 침소봉대하기에 좋은 곳도 없었다."

방문 판매원들의 기록은 이른바 자신들의 무용담에 대한 자랑을 늘어놓는 것이었다. 특히 대량 주문을 따냈거나 경쟁자를 물리친 이야기라면 더욱 심했다. 그들은 〈어떤 외판원의 일기: 어느 출장 판매원이 들려준 25가지 이야기A Drummer's Diary: Twenty-five Stories as Told by a Traveling Man〉(1906) 등의 책을 보고 이야기를 수집하였다.

19세기에서 20세기로 시대가 바뀌던 시절에 발간된 유머 책들은 방문 판매원들이 기차에서 오랜 시간을 보낼 때 지루함을 덜어주었다. 또 한편으로는 세일즈 상담 도중에 사용할 만한 유용한 이야깃거리가 되어 주었다. 이런 이야기들은 어색하거나 썰렁한 분위기를 반전시켜 줄뿐 아니라 이를 계기로 판매원과 상점 주인 사이의 연결 고리를 만들어 주었다.

어떤 판매원이 쓴 〈새로운 외판원들의 이야기New Drummer's Yarns〉(1913)는 세일즈맨과 고객 사이를 연결하려는 의도로 다양한 이야기들을 소개한다. 이 중에는 계모에 대한 이야기, 아내들에 관한 이야기, 아일랜드 인에 대한 이야기 등이 소개되어 있다. 이와 유사한 다른 책들도 필요할 때 방문 판매원의 영업에 도움이 되었는데, 예를 들면 헨리 윌리엄스Henry Williams의 〈자네를 위해 건배!; 그리고 여러분을 위한 축배 Here's to Ye!; or, Toasts for Everybody〉(1903)라는 책은 어떤 상황에도 딱 맞는 식사 후의 이야깃거리가 150가지나 실려있다.

결국 판매업에 종사하기 위해 배워야 할 것들 중에서 가장 중요한 것은 경험이라고 방문 판매원들은 한결같이 주장한다. 윌리엄 마허Wiliam H. Maher는 〈풍요로 가는 길On the Road to Riches〉(1876)이라는 책에서, 출장 판매원은 안색을 살피는 법을 배우고 인간의 본성에 통달해야 한다고 말했다. 마허는 특별한 전략을 익히거나 시장 통계를 분석해야 한다는 후대의 마케팅 전문가들의 주장과 달리 오랜 시간을 들여서 직접 판매를 해 보는 것이 더 중요하다고 강조했다.

방문 판매원의 목적(표정 읽기)을 골상학과 관상학적 측면

유머와 재치는 출장 판매원 문화에 있어서 중요한 부분이었다. 1886년에 나온 이런 유머 책들은 판매원들이 기차에서 시간을 때우는 데 도움이 되었고, 상인과 관계를 맺으려 할 때 유용하게 활용할 수 있는 재치있는 표현들을 알려 주었다.

에서 체계화하려고 노력했던 사람도 있었다. 고다드F. B. Goddard가 쓴 〈판매의 기술: 사람을 읽는 법, 세일즈를 지배하는 법칙The Art of Selling: With How to Read Character; Laws Governing Sales, etc.,〉(1889)에는 과학(이 경우에는 사이비 과학)을 기본으로 하며, 그 어떤 상품이나 어떤 상황에서도 유용한 일반적인 판매 원리들이 실려 있다.

외판원들의 속임수를 폭로함과 동시에, 그런 속임수가 모든 당사자들에게 어떤 식으로 작용하는지를 설명한 해링턴Bates Harrington의 〈제안이 완결되는 방법How 'Tis Done〉(1879)과는 달리 고다드의 책은 명백하게 교육을 위한 목적이었다. 그는 외판원들에게 골상학이나 안면 구조를 읽는 방법을 터득하라고 말한다.

고다드는 "얼굴은 책처럼 읽을 수 있다."고 주장했다. 네모난 얼굴은 확고하고 훌륭한 판단력을 갖고 있음을 의미하며, 타원형의 얼굴은 감수성을, 직사각형의 얼굴은 우울하고 나약한 면을, 원형의 얼굴은 감각적이고 동물적인 본능을 가졌다고 주장한다. 그의 말에 의하면 세일즈맨은 고객의 기질이나 성향을 감시하기 위해 고객의 얼굴(이마, 눈, 이빨, 머리카락, 턱까지)에 주의를 기울여야 한다. "턱이 길고 넓고 두껍고 뼈대가 굵은 사람은 거칠고 자존심이 강하며 폭력적이고 강압적인 사람에게서 발견된다."고 한다. 또 고다드는 사람

> 네모난 얼굴은 확고하고 훌륭한 판단력을 갖고 있음을 의미하며, 타원형이 얼굴은 감수성을, 직사각형의 얼굴은 우울하고 나약한 면을, 원형의 얼굴은 감각적이고 동물적인 본능을 가졌다.
> – 고다드

들은 본성과 감정을 감추기 위해 애를 쓰기 때문에 겉모습으로 (사람을) 판단하는 능력은 필수적이라고 했다. 그는 수많은 일들이 벌어지고 수많은 사람들이 교차하는 사회에서 사람의 외양은 개인의 본성과 기질에 대한 지도를 제공한다고 주장했다.

20세기 초가 되어 판매술의 구성 요소를 해석하려는 골상학자와 관상학자들의 노력은 계속되었다. 사람들은 한참 뒤에야 이러한 과학에 대하여 신중해지기 시작했다. 이들은 구매자와 판매자를 일련의 유형에 맞춰서 분류할 수 있다고 생각했고, 이런 분류 방법은 저술가나 학자들이 판매를 분석하는 데 활용하는 도구가 되었다. 그러나 그 당시에 이미 이런 책들이 나왔다는 사실은 우리에게 매우 많은 점을 시사한다. 방법론적 측면에서 신뢰할 만한 이론이 전혀 없었던 이 시대에도 사람들은 언제든 적용할 수 있는 판매술의 법칙을 찾아내 체계화하려고 했던 것이다.

서서히 사라지는 출장 판매원

출장 판매원의 일과 문화에 관한 면면들(여행 안내서, 기록, 각종 모임이나 협회)을 보면, 현대 판매업이라는 것은 외판원의 세일즈 각본이나 지침서 이상의 것으로서 정의될 수 있다. 판매란 논리학과 인간 관계가 결합된 체계라고 할 수 있는 것이다. 그러나 미국의 상업 발전에 방문 판매원들이 기여한 역할에도 불구하고 행상인이나 외판원들처럼 혹독한 비판을 받았다. 그들은 사회에 필요하지 않은 거간꾼들처럼 여겨졌다. 게다가 기차나 호텔에서 보여준 출장 판매원들의 스타일(술을 마시고 도박을 하고 시끄럽게 떠드는 등)로 인해 이들은 자주 풍자의 대상이 되었다. 어느 비평가는 방문 판매원에 대해 '요란한 옷을 뻐기듯 즐겨 입고, 주머니에는 시가를 가득 넣어 다니고, 머리 속에는 고객을 띄워주는 미심쩍은 이야기들로 가득 차 있다. 그리고 세상의 모든 바텐더들에게 조언이랍시고 시시콜콜한 이야기를 늘어놓는 부류'라고 평했다.

시어도어 드라이저Theodore Dreiser는 출장 판매원들에게 특별한 관심을 갖고 있었다. 그는 〈시스터 캐리Sister Carrie〉(1900)를 쓸 때쯤이면 출장 판매원들이 이미 사라질 것이라고 생각했다. 그리고 그의 판단은 아주 정확했다. 드라이저는 "이 사람들이 영원히 사라지는 일이 없도록, 나는 이들의 성공적인 자세와 방식에서 엿볼 수 있는 가장 두드러진 특징들을 기록으로 남기겠다."는 글을 썼다. "옷을 근사하게 입는다는 것은 매우 중요하다. 여성을 매료시키겠다는 열망의 근원인 건강한 육체는 그 다음이다." 드라이저는 〈시스터 캐리〉에서 출장 판매원 중에서 최고의 출장 판매원이라는 찰스 드루잇을 등장시켜 그의 옷에 대하여 아주 정교하게 묘사한다.

드루잇은 순진한, 어리숙한, 연약한 젊은 여자를 꼬시려고 돌아다니는 바람둥이였고, 기차를 타면 특등실 객차를 호시탐탐 배회하면서 그럴 듯한 사냥감 옆에 자리를 잡고 앉는다. 그런 다음 옆자리의 여인에게 차양을 내려줄 수 있는지, 차장에게 발판을 가져다 달라고 요청해 줄 수 있는지를 물어본다. "작업을 진행하는 그 다음 단계는 여인에게 읽을거리를 찾아주거나, 마음에 부드럽게 스미는 찬사와 사적인 이야기, 과장된 언행과 봉사에 관한 이야기로 여인이 경계심을 풀게 만들고 더 나아가 호감까지 갖게 만든다."

여기서 드라이저는 판매원이 기지나 유머, 말재주를 이용하여 다른 사람의 마음을 사로잡는 방식에 대해서 언급한다. 이는 상인들에게 사용하던 기술이나 외판원들의 기술과는 전혀 다른 것이었다.

1879년 미국 경제에서 제조품의 약 70%가 도매상을 통해 유통되었다. 그러나 그 후 몇 년이 지나면서 제조업체들이 소매상이나 소비자들에게 물건을 팔면서 이 수치는 떨어진다. 판매원들이 사라지게 된 데에는 많은 이유가 있다. 19세기 말, 통신판매 회사들이 도매상이 차지하던 위상에 도전장을 내밀었던 것이다. 그리하여 의류 도매상들은 몽고메리 워드Montgomery Ward나 시어스 뢰벅Sears Roebuck과 같은 통신판매 회사들과 경쟁하게 되었다. 몽고메리 워드는 1872년에는 한 장 분량의 제품 목록을 고객들에게 보냈지만, 20년 후에는 1천쪽 짜리의 카탈로그로 바뀌었다. 다른 철물 도매상들도 시어스 사의 카탈로그 세일즈와 경합을 벌였지만 20세기로 넘어가던 시기에 시어스 사의 연매출은 1천 1백만 달러로 성장했고, 통신 판매 부문에서 1인자가 되어 있었다.

백화점도 제조업자들에게서 물건을 직접 구매하며 출장 판매원의 실적을 깎아먹었다. 1858년에 문을 연 메이시즈 백화점은 보석, 도자기, 스포츠 용품, 옷감, 가구, 가죽 제품, 침구 등 실질적으로 모든 종류의 상품을 판매하는 거대 상점이 되었다. 20세기에 들어서기 전 이 백화점의 연매출은 8백만 달러를 넘었고 고용인만 해도 3천 명이 넘었다.

그러나 방문 판매 직종이 쇠퇴하게 된 더욱 직접적인 원인은 제조업체들이 도매상에 의존하게 된 것보다는 상품을 직접 유통한 것과 관계가 있다. 19세기가 끝날 무렵, 대량 생산과 브랜드 상품에 대한 마케팅이 더욱 활성화됨에 따라 방문 판매원과 이들 고용주들의 비중도 크게 줄어든 것이다. 상점 주인들은 브랜드 가치가 없는 제품을 사느니 전국 규모의 잡지에 광고도 실리고 손님들도 잘 알고 있는 특정 브랜드 제품을 선호하게 된 것이다.

아이러니컬하게도 어떤 산업 부문(전부 그런 것은 아니다)은 방문 판매원들이 유통의 신뢰도와 효율성을 높이기 위해 취했던 많은 조치들을 모방하여 방문 판매원들이 더 빨리 사라지도록 만들었다. 게다가 전국 단위의 잡지가 생겨난 이후로는 제조업체들이 자사의 상품을 직접 광고할 수 있었다. 19세기 말에 수면 위로 떠올라 대량 생산체제를 구축한 새로운 기업들은 전혀 다른 접근 방식이 필요해졌다. 그것은 판매 활동을 생산과 유통이 결합된 과학에 더욱 가깝게 만드는 것이었다.

4장

하인즈 사(社), '57종류'를 표어로 정하다

현대적 세일즈의 등장

농촌 지역을 돌아다니는 외판원과 도매상에 고용된 출장 판매원들은 1880년대에 전성기를 구가했다. 외판원들은 걷거나 마차를 타고 농가에서 농가로 이동했다. 그들은 회사의 지침과 수당을 받으며 책이나 다른 작은 물건들을 팔았다. 같은 시기, 도매상들은 다양한 소규모 제조업체들로부터 물건을 들여 온 뒤 재포장을 하여 소매상이나 방문 판매원들을 통해 판매를 했다. 도매상에 소속된 판매원들은 상품 견본으로 가득 찬 트렁크를 끌거나 두꺼운 카탈로그를 갖고 다니며 기차와 마차를 타고 이동했다. 그리고 월급은 판매한 만큼 성과급이 더해진 형태로 받았다.

그러나 19세기 말, 철저하게 관리된 더욱 새롭고 더욱 공격적인 형태의 세일즈 기법이 부상하게 되었다. 대량으로 상품을 생산하게 된 제조기업들은 자사의 정예 세일즈맨들을 채용하기 시작했고 최초의 현대적 영업망을 구축했다. 여기서 '현대'라는 표현을 쓴 이유는 이들이 세일즈맨을 활용한 방식이 향후 수십 년 동안 다른 기업들의 표본이 되었기 때문이다.

19세기의 마지막 수십 년은 미국의 산업이 비약적으로 발전한 시기였다. 미국 경제는 대규모 제조기업들의 부상에 탄력을 받아 빠르게 변했다. 어떤 회사들은 중소기업에서 시작하여 20세기로 넘어가기 전에 대기업으로 성장하였다. 내셔널 금전등록기, 이스트맨 코닥, 코카콜라, 웨스팅하우스 일렉트릭Westinghouse Electric, 카네기 철강이 모두 1880년대에 설립되었다. 뒤이어 1890년대에는 리글리 츄잉 검Wrigley's Chewing Gum, 제너럴 일렉트릭, 펩시코 사가 탄생했다.

위에 열거된 기업들과 다른 대량 생산 기업들은 거대 도매상들의 시장 장악을 종식시키는 역할도 했다. 어떤 기업들은 많은 비용을 들여 대규모 판매 준비에 착수했고, 방문 판매원들이 구축해 놓은 유통 경로를 잠식해 나갔다. 강력한 판매 부서를 만든다는 것은 대기업의 성공에 필수적이었다. 기업 차원에서 수요를 창출하고 경쟁사가 업계에 진입하는 것을 막는 데 도움이 되었기 때문이다. 또한 대량 생산 기업은 대량으로 판매를 해야 했다.

대규모 제조기업들의 판매 전략은 도매상을 방문하는 판매원들의 전략과는 달랐다. 이들은 자사 세일즈 인력의 활동을 생산 스케줄과 연계했고, 제품을 상표가 없는 채로 내놓지 않고 브랜드를 달아서 팔았다. 제조기업들은 브랜드를 효과적으로 활용한 덕분에 도매상들이 취급하던 수많은 상표 없는 제품과 자사 제품들을 차별화 할 수 있었다. 1870년대만 해도 등록 상표 수는 얼마 되지 않았지만(어떤 기록에 의하면 약 170개 정도), 19세기 말 십여 년 동안에 그 수가 급속도로 늘어났다.

이런 대규모 제조기업을 설립한 기업가들은 대개 활력이 넘치는 개성을 가진 사람들이었다. 이들은 생산 및 유통 설비를 체계화하고 책임자와 관리자를 두었다. 영업 인력을 고용하고 배치하는 일도 했으며, 회사가 성장한 뒤에도 계속해서 영업 조직을 이끌어나감으로써 기업에 자신의 큰 발자취를 남겼다.

어떤 기업가들은 제품을 직접 개발하여 자사를 통해 팔았는데 사이러스 홀 맥코믹Cyrus Hall McCormick은 수확기, 아이작 메릿 싱어Isaac Merritt Singer는 재봉틀, 윌리엄 버로우즈William S. Burroughs는 계산기가 그런 경우였다.

이들 기업가들 중에는 자신이 직접 판매를 경험해 본 사람들이 많았다. 츄잉 검으로 대부호가 된 윌리엄 리글리 주니어와, 아침식사 대용 시리얼을 개발한 포스트C. W. Post 등은 출장 판매원으로 일했고, 맥코믹, 하인즈, 버로우, 궐련 왕 제임스 듀크도 사회 생활을 시작할 무렵에 판매 현장에 뛰어들어 제품을 팔던 사람들이었다.

많은 기업가들은 이런저런 부문의 개혁에 관심이 많았다. 윌리엄 켈로그와 포스트는 영양과 식사의 개혁을 주창했다. 헨리 하인즈는 1906년에 제정된 식품 및 의약품 법을 제정하도록 로비를 했다. 내셔널 금전등록기의 존 패터슨은 공원이나 운동시설, 공공 강당을 짓는 등 건강한 노동환경을 조성하기 위한 복지 후생사업 분야를 개척했다. 이런 사실들이 의미하는 것은 이 사업가들이 이익에만 관심을 둔 게 아니라 회사에 대한 깊은 열정과 함께 개인적인 비전을 갖고 있었고 그런 마음을 사원들에게 효과적으로 전했다는 점이다. 이들은 자신이 종사하는 사업을 자신의 소명으로 여겼다.

헨리 하인즈는 마차를 끌고 다니며 채소를 팔았던 행상인에서 출발하여 케첩, 피클, 조리된 콩, 기타 포장 식품을 전 세계로 판매하는 회사를 설립했다. 독실한 감리교도이자 의약품 외판원이었던 아사 캔들러Asa Candler는 특허 약품 생산자들의 광고 감각과 자신의 종교적 열의를 결합하여 코카콜라의 판매를 촉진했다. 윌리엄 버로우즈는 이름이 같은 작가 윌리엄 버로우즈의 할아버지이기도 한데, 수선공이자 발명가였던 윌리엄은 판매원들을 투입하여 자신이 만든 독창적인 계산기를 팔았다.

또한 이들 기업가들(행상인, 복음주의자, 발명가 출신)에게는 공통적인 특징도 있었다. 이들은 대량 생산과 대량 유통을 결합시켜 회사를 대기업으로 성장시켰다. 또 이들은 광고나 다른 판촉 장치를 활용하여 영업 인력이 하는 일을 보완해 주었다. 여기서 중요한 사실은 상품을 판촉하는 세일즈맨의 역할은 광고 부문의 역할과는 전혀 달랐다는 점이다. 20세기 초에 유행했던 군대식의 비유를 빌자면, 광고는 공중전을 치르기 위한

무기였고 세일즈맨은 보병으로서 지상전에 배치된 셈
이었다.

기업가들은 세일즈 캠페인을 전개하기 위해 판매 관
리자들에게 의지하는 일이 많아졌으며 판매 관리자들
은 복잡한 세일즈 과정의 전반을 통제하는 일을 했다.
관리자들은 세일즈 영역의 지정, 판매 할당량의 결정,
보상 계획의 수립과 같은 세일즈와 관련된 모든 사항을
감독했다.

이런 노력들은 생산 부문에 혁신을 가져온 프레데릭
테일러Frederick W. Taylor의 '과학적 관리법'과 같은 방법
으로 판매에 변화를 가져왔다. 테일러는 관리자가 모든
작업 공정을 분석하고 표준화하여 작업 공정이 최대한
효율적으로 이루어지게 하고, 노동자들에게는 작업의
완수를 위한 뚜렷한 지침과 일정을 제시하라고 주장했
다. 테일러리즘Taylorism은 관리자가 생산 과정의 모든
측면을 제어하기 위한 방법이었다. 19세기 말에 어떤
저자는 '과학적 판매 관리'라고 인용했는데, 판매에도
그런 유사한 의미가 함축되어 있다.

대규모 제조기업들은 자사 제품뿐만 아니라, 자사의
세일즈맨들도 여러 가지 방법으로 '브랜드화' 했다. 대
량 생산 기업들은 출판사들이 상세한 안내서를 배포했
던 방식으로 자세한 세일즈 매뉴얼을 제공했고, 동시에
세일즈맨들에게 유니폼도 제공했다. 이들은 외판원이

나 출장 판매원이 아닌, 레밍턴 세일즈맨, NCR 판매대리점, 하인즈 세일즈맨과 같은 식으로 세일즈맨을 고용했다. 회사명이나 브랜드는 세일즈맨이 아닌 회사를 대표했기 때문에 세일즈맨의 정체성 확립도 매우 중요한 일이었다. 세일즈맨들은 원자재를 입수하는 단계에서부터 제품의 판매로 이어지는 커다란 운영체계 안으로 통합된 것이다.

대기업의 세일즈 관리 시스템은 세일즈맨이 물건을 파는 당시에만 책임을 지던 관행뿐만 아니라 세일즈맨의 외양 자체도 바꿔 놓았다. 이들 고용주들은 세일즈맨이 수수한 옷차림을 하고 건강한 식습관을 갖도록 권장했다. 그리하여 회사를 대표하는 세일즈맨들을 전형적으로 뚱뚱하던 방문 판매원들과 확연하게 차별화 시켰다. 제조기업들은 출장 판매원(상점 주인들과 제조기업들이 경쟁을 벌이던 상대)을 경시하는 방법으로 자사 세일즈맨의 위상을 높였다. 하인즈 사의 1905년 판 소식지에 실린 글을 보면, 요란하게 옷을 차려입은 천박한 방문 판매원은 이미 과거의 일이라고 주장했다. "이런 유형의 사람들은 속을 채워서 박제로 만든 다음 박물관에 전시해야 할 것이다. 역마차나 다른 골동품과 함께 역사의 기록으로 남겨두기 위해서다." 또 이 글에서는 현대판 세일즈맨은 그들과 아무런 관계가 없다고 주장한다.

"세일즈맨은 세련되고 지적이며 활력이 넘친다. 그들은 실무자이며 인간의 본성을 잘 알고 있다. 또한 주변의 상황을 잘 파악하는 사람이며, 언제나 기민하고 붙임성이 좋고 기품이 있고 열정적이다. 게다가 자신이 맡은 일을 완수하도록 훈련된 사람이다."

세일즈 분야는 여전히 남성의 영역으로 남아 있었다. 여성은 세일즈 업무에는 거의 고용되지 못했고, 버로우즈나 싱어 재봉틀 사와 같은 기계회사에서 제품을 시연해 보이는 업무를 맡는 것이 고작이었다. 하지만 업계지에서 엿볼 수 있는 것처럼, 제조기업의 세일즈맨 상은 정력적이고 적극적이기보다는 차분하고 전문적인 인상을 지녀야 했다.

그러나 이렇게 브랜드화된 세일즈맨의 수가 증가한 것이 잡화 외판원이나 출장 판매원의 쇠퇴를 의미한 것은 아니었다. 위에 열거된 각 집단 모두 그 수가 늘어났다. 인구조사국에 따르면 이동 판매직에 종사하는 사람들의 수를 낮게 잡는 경향이 있음에도 불구하고, 도붓장수 및 행상인의 수는 1890년 59,083 명에서 1910년에는 80,415명으로 증가했다. 같은 기간에 출장 세일즈맨의 수도 58,691명에서 163,620명으로 늘었다.

서적 예약 판매 산업이 쇠퇴하는 동안, 19세기 말에 잡화를 취급하던 외판원 중의 일부는 성장가도에 있던 도시와 교외에서 물건을 팔면서 성공을 거두었다. 예를 들어 전직 서적 외판원이었던 데이빗 홀 맥코널David Hall McConnell은 캘리포니아 향수회사California Perfume Company(뉴욕 브룩클린에 위치)를 설립했는데 지금 이 회사는 에이본 프로덕츠Avon Products라는 글로벌 기업으로 성장했다. 외판업은 산업보험 업계에서도 번창했는데 1870년대 말에 뉴욕에 메트로폴리탄 생명, 뉴저지 주에 프루덴셜 생명, 보스턴에 존 핸콕이 설립되었다.

이 회사들은 보험증권을 작은 단위(50달러에서 1천 달러)로 팔았고 매주 수금원이 직접 찾아가서 받아왔다. 이 보험 상품들은 매우 인기가 좋아서 1909년경에는 미국 사람 9명 당 2명이 산업보험에 가입하고 있었다.

이 무렵 메트로폴리탄 생명은 1만 3천 명 이상의 판매원이 보험 가입자를 매주 방문하고 있었다. 한편 노스캐롤라이나 상호 생명보험회사(1898년 설립)와 애틀랜타 생명보험회사(1905년 설립)와 같이 흑인을 상대로 하는 보험회사도 몇 군데 있었는데, 이 보험회사들은 백인 보험회사들의 관심 밖의 시장에 보험 상품을 팔았다.

도매상에 소속된 출장 판매원들 역시 20세기에 들어선 뒤에도 술이나 가죽, 식료품, 잡화, 보석, 가구(수많은 소형 소매점에서 팔리던 고만고만한 상표 없는 물건들) 등의 브랜드 없는 제품들을 유통시켰다. 일부 도매상들은 출장 외판원들에게 자주 보고서를 쓰게 하거나, 현장 연락망을 구축하는 방법을 써서 고용한 판매원들을 감시하고 관리하는 노력을 기울였다.

윌리엄 캐스텔로우William Castelow는 〈그저 판매원일 뿐Only a Drummer〉(1903)이라는 책에서 이렇게 쓰고 있다.

"대다수의 출장 판매원들은 출장에서 돌아오면 그가 돌았던 여러 도시에서 일어난 일들에 관하여 질문을 받았다. 정작 판매원 본인은 회사가 그런 일들을 알고 있으리라고는 생각하지도 못했는데, 회사는 이미 모든 것을 알고 있었다."

19세기 말과 20세기 초 사이에 판매를 체계화하려고 많은 노력을 기울이고 판매술을 가장 긍정적으로 전망했던 기업들은 이미 대규모 제조기업으로 자리를 잡고 있었다. 이런 대량 생산 기업들은 뉴욕이나 시카고, 데이튼, 디트로이트, 피츠버그와 같은 중서부 지역의 성장 중이던 도시에 기반을 잡았다. 오랜 시간 동안 세일즈 인력을 유지하는 데 전력을 기울인 회사로는 재봉틀 회사, 사무용품 회사, 의약품 회사, 페인트 및 염료회사, 난방 및 전기기구 회사들이었다.

외판원과 출장 판매원에 관해 설명한 앞 장을 통해서 알 수 있듯이, 제품의 성격과 고객의 유형은 세일즈 전략을 결정짓는 요소이다. 그런 특성들은 예를 들면, 세일즈맨이 일회성 판매를 추구해야 할지 고객과 장기적인 관계를 유지해야 할 것인지를 결정하는 데 있어서 매우 중요하다. 또 광고량과 광고의 형태에도 영향을 끼쳤는데 업계지나 신문에 광고를 낼 것인가, 아니면 전국 규모의 잡지에 낼 것인가 하는 문제였다. 대량 생산 기업 밑에서 일하던 세일즈맨들은 다수의 고객(일반 대중, 소매상, 사업체 사무소 포함)에게 브랜드 제품을 팔았고, 때로 잡지나 광고 게시판, 신문 등에 대대적으로 광고가 실리는 지원을 받았다. 재봉틀이나 브랜드 식품, 사무용 기기를 취급하던 세일즈맨들의 경험은 대기업의 다양한 판매 전략에 자주 반영되었다.

전문 판매 시대를 연 싱어 재봉틀

유명 대량 생산 기업들은 1880년대와 1890년대 사이에 영업 인력을 구축했지만 앞에서 언급된 바와 같이, 일부는 그보다 더 이전에 영업 체계를 구축했다. 이런 기존의 판매 조직들 중에서 일부는 농부나 중소기업 경영자에게 물건을 직접 팔았다. 특히 싱어 스윙 재봉틀Singer Sewing Machine 사는 이미 19세기 중반에 유달리 규모가 크고 효율적인 영업 체계를 구축했다. 싱어 사는 지점망 체계의 도입, 제품의 할부 판매, 잠재 고객이 기계를 시험적으로 써보도록 하는 시연 센터의 개설 등의 전략으로 세일즈 역사에 큰 공헌을 했다. 이 모든 진보는 세일즈맨의 앞으로의 역할, 이를테면 자동차처럼 점점 더 쓰기 복잡한 제품을 대중에게 판매해야 하는 사람들을 위해 매우 중요한 시금석 역할을 했다.

싱어 재봉틀 사는 아이작 메릿 싱어(1811~1875)가 설립했지만 실제로는 싱어의 파트너이자 변호사로 싱어가 죽은 뒤 회장이 된 에드워드 클라크(1811~1882)가 이끌었다. 싱어 재봉틀 사는 처음에는 독자적으로 일하는 상근 판매원들에 의지하여 재봉틀을 팔았는데, 이 판매원들에게는 미국 내 특정 구역, 이를테면 카운티(군)나 때로는 주 전체에 대한 독점권이 부여되었다.

1852년에 설립된 싱어 사는 자사 제품의 소매지점을 보스턴에 가장 먼저 개설했고 필라델피아와 뉴욕에도 지점을 개설했다. 그런데 이들 지점은 회사측에서 임대료와 광고비를 지불하고 전시용 기계도 설치해야 했기 때문에 유지비가 만만치 않았다. 지점을 개설하려면 사무실에 상주하는 직원들도 필요했는데 대개 시연 담당자와 기계공, 세일즈맨, 관리자로 구성되었다. 1859년경에는 14개의 지점을 설치했으며 시카고에서 찰스턴까지 지점망이 형성되었다.

그러나 이렇게 비용이 들어갔음에도 불구하고 지점은 회사의 성장에 필수적인 요소가 되었고 세일즈맨들이 고객을 교육할 수 있는 기회를 제공했다. 회사는 지점 덕분에 지역의 재고 현황을 쉽게 추적할 수 있었고 잠재 고객의 신용 정보도 손쉽게 입수할 수 있었다.

발명품인 싱어 재봉틀은 그야말로 혁명에 가까운 물건이었다. 발명가들은 17세기 중엽부터 재봉틀 기계를 개발하려고 무진 애를 썼다. 발로 밟는 페달을 이용하여 기계를 움직이는 싱어 재봉틀은 손바느질에 비해 놀랄 만한 생산성 향상을 가져왔다. 시대를 앞서간 클라크는 여성들에게 기계를 '대여'해야겠다는 아이디어를 생각해 냈고, 대여 비용이 모여서 결국에는 제품을 판매하는 결과를 낳았다. 그는 구매자가 일단 5달러를 현금으로 내고, 그 뒤로 매달 3달러에서 5달러를 지불하는 방식을 1856년부터 실시했다. 다음 해가 되자 매출은 세 배로 뛰었다. 광고와 판매원의 배치가 포함된 마케팅 덕분에 싱어 사는 기술적으로 항상 앞선 기계를 보유하지 않고서도 시장을 장악할 수 있었다.

남북전쟁은 싱어 재봉틀의 매출을 연간 1만 대 이상으로 끌어올렸다. 싱어 사는 뉴저지 주의 엘리자베스 포트에 대규모의 1호 공장을 지었다. 1860년대에는 영국에도 조립 공장을 세웠고 스코틀랜드에도 전체 제조 공정을 갖춘 공장을 설립했다.

싱어 사의 수많은 혁신적인 마케팅 전략은 영국 지점에서 만들어져, 남북전쟁이 끝난 후에 미국으로 도입되었다. 싱어 사는 일찍부터 영국에서 강력한 영업 활동을 전개했다.

1864년에 입사하여 싱어 사의 뉴 헤이븐과 보스턴 지점을 맡았던 조지 우드러프 볼드윈George Woodruff Baldwin은 싱어 사의 영국 총책임자가 되었다. 특허권의 보호를 받던 미국과 달리 영국에서의 판매 상황은 다소 복잡했다. 런던 대리점은 우드러프 휘하에서 공격적인 세일즈 전략을 전개하면서 산업계와 소비자 시장 양측을 목표로 삼았다. 또한 판매 지점과 소구역 사무소 체제를 갖추어 외판원들에게도 활동의 근거지를 마련해주었다. 우드러프는 고객들을 위해 재봉교실을 열었고, 그림을 실은 카탈로그도 찍어냈으며, 기계 한 대당 차익금은 적게 하고 대량 판매를 통해 이익을 남겼다. 영국에서 방문 판매원을 도입한 뒤 매출은 연간 3만 대(1875년)에서 6만 대(1880년)로 증가했다. 마침내 1870년대 말에는 클라크가 미국에도 이와 유사한 체계를 구축하기 시작했다.

1874년에 싱어 사는 219,758대의 재봉틀을 판매하면서 미국 내 재봉틀 시장의 약 37%를 점유했다. 판매원들은 22개 항으로 이루어진 계약서의 구속을 받았으며, 이 계약서는 특정 지역에 대한 재봉틀 판매의 독점권, 매사 성실하고 양심적으로 거래를 기록하고, 회사 양식에 기입해 넣을 의무를 개괄적으로 설명하고 있다. 또한 계약서에는 판매원들의 판단에 따라 낡은 재봉틀을 새로운 재봉틀로 바꿔줄 수 있으며(성과급은 낮지만), 현금 대신 농산물이나 원료, 기타 매매 가능한 상품을 받고 팔 수 있도록 교육했다.

싱어 사는 다른 주에서 생산된 제품의 판매를 금지하는 해당 지역의 허가 요금제가 사업에 방해가 된다는 사실을 깨달았다. 이 법은 주의 경계를 넘나들며 물건을 팔던 행상인들에게도 방해가 되었던 규제법이었다. 그러나 싱어 사는 여기에 저항하여 자신들의 의사를 관철시킬 수 있었다. 발단은 싱어 사의 미주리 주 판매원이었던 웰튼이라는 사람이 허가 없이 '외부(다른 주)'에서 만든 제품을 팔았다는 이유로 벌금을 물게 된 것이 계기였다.

싱어 사는 이 사건을 마침내 대법원까지 끌고갔고 대법원은 이 사건(1876년)에 대하여, 각 주 간의 교역은 자유롭고 구속이 없어야 한다는 판결을 내렸다. 이런 결정은 외판업과 방문판매를 제한하는 법령을 제정할 수 있는 지방의 권한을 완전히 제한하지는 못했지만 미국 내 무역의 차별을 막았다는 점에서 미국 경제사에 큰 전기가 되었다.

1878년 싱어 사의 회장 에드워드 클라크는 외판원들이 구심점으로 생각하고 활동할 수 있는 전 세계적인 소매 대리점 망을 구축하기 위한 개편 계획을 발표했다. 이 계획으로 대리점, 하부 대리점, 외판원 및 보조원을 포함한 계층적인 공급 체계가 확립되었다. 외판원들에게는 소액의 주급에 판매 시에 15%, 수금한 돈의 10%에 해당하는 수당이 지급되었다.

싱어 사의 아틀랜타 지점은 〈외판기술에 대한 힌트와 제안을 담은 외판원 교육 지침서Canvasser's Manual of Instructions, with Hints and Suggestions Concerning the Art of Canvassing〉라는 책자를 제작했다. 이 책자는 외판원들에게 주문을 처리할 때는 표준 양식에 기입하고 주문을 받은 기종과 서비스에 필요한 부품 번호를 반드시 정확하게 알려주라고 지시하고 있다. 또한 세일즈 각본 대신 전반적인 조언을 담았다. "항상, 가정집에 들어가기 전에 가족의 이름을 외워둬라. 당신이 하는 일에 대해서 신속하고 밝게 소개하라."는 지침이 들어 있다.

"물건을 사라고 종용하지 말고 먼저 기계를 보여주면서 기계의 유용성과 장점을 설명한 다음, 재봉틀의 경제성을 언급하는 순서로 진행하라. 상대방이 관심을 보이면 어떻게 사용하는지를 가르쳐 주고, 이 때가 목적을 달성할 때다."

이 지침서는 외판원들에게 경영진의 지시를 따르고 보고서의 처리에 수의를 기울이며, 담당하는 구역에서는 철저하게 일을 처리하라고 가르친다.

재봉틀 산업은 20세기 중반까지는 이렇게 대면 판매에 가장 많은 비용이 들어가는 분야 중의 하나였다(1940년 이후 판매 비용이 매출의 30%를 초과하자 세일즈 전략도 바뀌었다). 그러나 재봉틀 판매는 진공 청소기나 자동차와 같이 비싸거나 복잡한 기계를 지점 사무소뿐만 아니라 가정집에서도 소비자들에게 팔 수 있는 길을 열어놓았다. 나중에 설명하겠지만 20세기 초의 자동차 판매는 독점 판매권을 가진 영업소에 대한 보충 수단으로 방문 판매원을 활용했다. 이런 분야의 세일즈맨은 제품에 대하여 설명을 하고 서비스에 대한 정보를 제공하며 신용 구매에 관한 협의를 했다. 또한 타사 제품과의 차이점을 설명함으로써 고객이 '관성'을 극복하고 엄청난 금액의 돈을 쓰도록 설득하는 역할을 했다.

상점 주인들에게 브랜드 식품을 팔다

19세기 말의 대다수 대량 생산 기업들은 싱어 사와 달리 상품을 소비자에게 직접 팔지 않았다. 대신 이들은 제품을 만들어 상점에 팔았다. 일부 업체는 물건을 소매상(잡화점, 식료품 가게, 담배 가게, 레스토랑, 약국, 음료수 가게)에 팔고, 또 다른 업체는 상품의 성격상 영업소나 다른 제조기업에 물건을 판매했다. 이들이 만든 제품은 19세기 말 미국의 산업화와 도시화에 필수불가결한 역할을 했다.

아메리칸 타바코American Tobacco, 하인즈, 켈로그 사의 판매원들은 도매상에 소속된 출장 판매원들이 그랬던 것처럼 제품을 소매상에게 팔았다. 이들은 주문은 영업 인력을 통해서 받았지만 유통은 도매상을 통해서 했다. 이들 기업은 대량으로 물건을 만들어내는 고속기계를 이용하여 어마어마한 양의 제품을 생산해 냈다. 1881년에는 하루 10시간 동안에 7만 개 이상의 궐련을 생산할 수 있는 궐련 제조기계가 특허를 따냈다. 또 같은 해에는 하루에 성냥을 수백 만 개씩 만들어 상자에 포장까지 할 수 있는 새로운 기계도 출시되었다. 이런 품목들은 제조기업의 브랜드를 달고 판매되었다. 이를테면 1900년경에는 설탕이나 당밀, 식초, 암모니아와 같은 많은 상품들이 제조기업의 이름을 새긴 용기에 담겨져 출시되었다. 인쇄와 포장 부문의 혁신은 상품 판촉에 대단한 변화를 가져왔다.

특히 식품은 더욱 정갈하고 깨끗하게 포장되어 커다란 과자통, 당밀을 담는 나무통 그리고 설탕은 병에 담겨 깔끔하게 포장되었다. 그리하여 제품이 선반 위에 잘 정돈되어 있는 풍경이 새로운 이상으로 떠올랐다. 이런 제품들의 광고는 전국으로 배포되는 잡지에 실렸고, 포스터로 찍어서 광고 게시판에도 올렸다. 소매상들도 손님이 물건을 직접 집어오도록 상점을 꾸몄고, 전국 광고에 실린 브랜드 상품이 자신의 상점에도 있다는 사실을 알리기 시작했다.

고객은 브랜드 제품을 몇 번 써 본 다음에 그 품질에 익숙해지게 된다. 이 덕분에 제조기업들은 고객을 더욱 속속들이 들여다볼 수 있게 되었다. 또 도매상에 대한 제조기업의 위상도 높아졌는데 손님이 상표가 없는 일반 비누가 아닌 '아이보리' 비누를 찾으면, 도매상들은 P&G로 가서 아이보리 비누를 들여

THE SALESMAN.

OUR PASSWORD---HUSTLE.

VOL. 2. ST. LOUIS, MO., SATURDAY, OCTOBER 18, 1890. NO. 2.

제조기업들은 뉴스나 잡지를 펴내 자사의 영업 인력을 교육하고 격려했다. 싱어 사의 세인트루이스 지점이 펴낸 〈세일즈맨The Salesman〉(1890)은 새로운 소식이나 힌트(전액 급여를 노려라), 속담(새를 잡는 것과 돈을 잡는 것은 동시에 잘 되지 않는 법이다), 시, 심지어는 부정한 수단까지 알려주었다.

와야 했다. 게다가 기업들은 브랜드를 활용하면서 가격 이외의 측면에서도 경쟁을 벌였다. 이런 현상은 사탕이나 껌처럼 몇 센트만 주면 살 수 있는 상품의 경우에 특히 더 심했다. 제조기업들은 주로 광고를 통해 브랜드를 선전했지만 판매원들 상품을 판촉용으로 진열하거나, 선반의 좋은 자리를 확보하거나, 회사 표어와 상표가 새겨진 달력, 유리컵, 기타 물품들을 나눠 줘 브랜드의 인지도를 높여나갔다.

당대의 주도적 기업가였던 헨리 존 하인즈Henry John Heinz 는 영업 인력과 마케팅 캠페인을 펼쳐서 자신이 꾸려나가던 작은 야채 행상업을 국제적인 기업으로 키워냈다. 하인즈(1844~1919)는 펜실베이니아 주의 피츠버그에서 독일계 2세로 태어났다. 처음에 그는 펜실베이니아 주의 앨러게니 신학교를 다녔으나 사업가가 되기로 결심하고 더프 경영대학Duff's Business College에 들어가 부기를 배웠다.

하인즈는 부친의 벽돌 사업을 잠시 도운 뒤에 식품 판매에 관심을 갖게 된다. 그는 젊었을 때 농장에서 생산한 채소를 행상으로 팔면서 농작물 재배에 관심을 가졌다. 1860년대 초, 하인즈는 자신이 경작한 고추냉이를 시 전역의 식료품상에 내다 팔았고 같은 마을 사람이었던 클라렌스 노블과 곧 사업 파트너가 되었다. 조미료와 채소를 포장해서 팔겠다는 생각은 당시로서는 매우 새로운 아이디어였다. 당시 많은 가정에서는 농작물을 직접 기르거나 지방 농부들의 농산물을 사다가 먹었다.

그러나 하인즈는 자신의 농산물을 앵커Anchor라는 브랜드로 팔았으며 고객이 내용물을 볼 수 있도록 유리 용기에 담아 유통시키는 방법으로 마케팅 감각을 발휘했다. 하인즈의 고객은 꾸준히 늘었고 회사도 확대되어 피츠버그 남쪽에 본사 건물을 짓게 되었다. 회사는 번창했으나 1875년에 이르러 농산물 가격의 하락과 신용 문제가 원인이 되어 하인즈는 어쩔 수 없이 파산하고 만다.

그러나 하인즈는 굴하지 않고 다시 재기했다. 이번에는 형과 사촌이 그의 사업 파트너가 되었다. 1876년에 설립된 에프 앤드 제이 하인즈 회사F. and J. Heinz Company는 절인 양배추, 케첩, 피클을 시장에 내놓기 시작했다. 하인즈는 신기술을 이용하여 각종 과일 통조림과 채소 통조림도 팔았다.

새로 설립한 회사가 성장하자 하인즈 사는 피츠버그 이외의 도시에 지점을 세웠다. 하인즈 사의 판매원들은 식료품 장수를 찾아가 주문해 달라고 졸랐으며 성과급을 받았다. 1880년대 초 마차를 타고 다니던 판매원들은 물품에 따라 2.5%에서 5% 정도의 성과급을 받았다. 하인즈 사의 판매원들은 1877년 2명으로 시작하여 1893년에는 125명, 1919년에는 952명으로 늘어났다. 그래도 하인즈 사의 영업 인력의 규모는 판매원이 수 천 명에 달하던 싱어 사에 비하면 보잘것없었다. 그 원인 중의 하나는 싱어 사가 더 큰 기업이기도 했고, 또 다른 이유로는 회사가 상대하는 고객이 어떤 사람들인가 하는 점이었다.

싱어 사는 업계뿐만 아니라 개인에게도 직접 제품을 팔았다. 집집마다 문을 두드리며 다니는 판매원들이 필요했던 것이다. 그러나 하인즈 사는 상점 주인들만을 상대로 했기 때문에 판매원들이 크게 필요하지 않았다.

하인즈는 독창적인 홍보 감각을 갖고 있어서 1893년에 개최된 시카고 세계 콜롬비아 엑스포World's Columbian Exposition 때는 피클 모양 핀을 나눠주었고, 티끌 한 점 없는 생산공장을 사람들이 견학하는 기회도 마련했다. 또 하인즈는 회사의 표어로 '57종류'라는 말을 채택했다. 그 이유는 단지 숫자의 소리가 마음에 들어서였다고 한다. 사실 이 문구를 만들어낸 1896년 당시에 하인즈 사가 생산 중이던 제품은 칠리 소스, 토마토 소스, 조리된 콩, 절인 양파, 각종 케첩 등을 포함하여 57가지가 훨씬 넘었다. 하인즈 사의 판매원들은 독립적으로 판매를 했던 출장 외판원들과 달리 제품을 고객에게 알려주는 광범위한 판촉 활동을 하면서 판매를 했다.

1900년에는 뉴욕 최초로 전광판을 설치했다. 이 전광판에는 1천 2백 개의 전구가 들어갔으며 5번가와 23번 거리가 만나는 곳에 세워졌다. 또 1902년 버팔로에서 개최된 세계 박람회 World's Fair에서 자사 제품의 판촉 활동을 펼쳤으며 아틀랜타에는 부두에 초대형 현수막을 내걸었다.

하인즈 사의 행보는 대량 생산 체계를 갖춘 기업이 생산과 유통의 균형을 얼마나 세심하게 맞춰야 하는지를 보여주는 사례라고 할 수 있다. 20세기로 넘어가던 시기, 하인즈 사는 3천여 명의 정규 직원과 농작물을 수확하는 계절 노동자를 4만 명이나 고용하고 있었다. 피츠버그에 있는 제1공장은 25개의 벽돌 건물로 구성되어 있었고, 총면적은 20에이커에 달했다.

조리된 콩을 생산하는 부서는 매일 3만 6천 개의 통조림을 생산했는데, 캔에 콩을 채우고 중량을 달아 토마토 소스를 위에 얹어 밀봉하는 이 모든 공정을 자동화 시스템으로 처리했다. 하인즈 사에는 이 밖에도 절임 부서, 머스터드 부서, 토마토 수프 부서도 있었고 유리병 생산 공장과 마굿간도 있었다.

또한 하인즈는 제품을 전 세계로 유통하기 위해 유럽, 아시아, 아프리카, 오스트레일리아에 국제 물류 시스템을 구축했고, 미국과 영국 유수의 도시에 26개의 유통 지점을 두었다. 선적 부서는 자체적으로 냉장고와 탱크가 설치된 화물열차를 운용했는데 이 화물열차는 공장에서부터 피츠버그의 모든 주요 철도선과 지선을 통해 연결되었다.

하인즈 사의 포장 및 보틀링 공장의 모든 생산 공정이 이렇게 철저하게 관리되었고, 이와 마찬가지로 양식서를 철하고 감독자에게 보고를 하는 세일즈맨들도 세심하게 관리되었다. 하인즈는 사내 잡지인 〈피클스Pickles〉를 펴내 영업 인력을 격려하고 교육했다. 잡지에서 '여행가'라고 부르기도 했던 하인즈의 세일즈맨들은 식료 잡화상을 찾아가 상품의 진열 상태를 점검해 주거나, 하인즈 사의 상품을 보존하고 주문하는 방법에 대하여 소매상들에게 조언을 했다. 상점 진열대의 좋은 자리를 확보하는 것 또한 그들의 최대 관심사였다.

"담당 구역을 둘러볼 때 제품이 잘 팔릴 만한 곳에 위치하고 있는지를 점검하는 것은 세일즈맨의 의무였다. 식료품 상점 주인이 우리 회사의 병 제품을 가게 여기저기에 흩어놓는 것을 그대로 지나치지 말고, 선반의 한 단을 확보하여 나란히 진열해 두게 하라. 당신은 할 수 있다!"라고 〈피클스〉는 충고한다.

하인즈는 자사 세일즈맨들에게, 상점의 재고를 늘릴 만한 품목은 강요하지 말고 상점주들에게 신용을 얻어서 오래 지속할 수 있는 거래 관계를 쌓는 것에 열중하라고 강조한다. 잡지는 이렇게 썼다.

"세일즈맨이 상점주들과 일단 신뢰 관계를 쌓아두면 세일즈맨이 말하는 충고나 조언은 무엇이든 긍정적으로 받아들일 것이다. 그들은 세일즈맨이 양자 모두의 이익을 위해 일하는 것이라고 믿기 때문이다."

또 하인즈 사의 세일즈맨들은 전문적인 이미지를 심어주려고 노력했다. 1898년 각 지점에 소속된 세일즈맨들이 공식석상에 모여 기념사진을 찍었을 때 모두 검은 양복에 흰 셔츠를 입고 넥타이를 맸다. 유능한 세일즈 전문가가 되기 위해서는 소매상이나 상점 그리고 고객의 요구를 잘 이해하는 것이다. "물건을 팔지 말고 너라는 사람을 팔아라."라는 말은 19세기에서 20세기로

물건을 팔지 말고 너라는 사람을 팔아라.

넘어갈 즈음에 유행하던 영업사원들의 슬로건이었다.

하인즈는 공장 부지에 수영장과 강당을 지었다. 20세기가 된지 얼마 지나지 않아 하인즈가 1869년에 자신의 조미료 제국을 일으켜 세웠던 작은 벽돌집은 대형 범선에 실려 앨러게니 강을 따라 피츠버그에 있는 하인즈 사의 본부에 자리잡게 된다. 이 집은 창립자가 수집한 예술 작품을 소장하는 박물관으로 변모했다.

다른 기업가들도 중간 도매상을 건너뛰고 탄산음료나 껌, 아침식사 대용의 시리얼을 팔았다. 하지만 이 회사들 중의 대다수가 실제로는 판매원들이 주문을 받아오면 도매상으로 제품을 발송했다. 이들 중에서 아사 그릭스 캔들러Asa Griggs Candler(1851~1929)라는 사람은 복음주의자의 열정을 담아 코카콜라를 시장에 내놓았다. 그는 하인즈와 마찬가지로 대면 판매를 통하여 소규모의 사업체를 세계적인 기업으로 일궈냈다.

캔들러는 판매원들을 고용하여 사람들이 모이는 장소를 골라 코카콜라를 판촉하도록 했다. 그런 장소로는 소다수를 파는 상점, 호텔, 레스토랑, 정육점, 야채가게 등이었다. 판매원들은 시계, 유리컵, 쟁반, 초기에는 회사가 보유하고 있던 재고품까지 나눠주었다.

판매원들은 소매상에게 코카콜라를 최고의 상태로 손님에게 내놓는 방법을 가르쳐 주었다. 캔들러의 리더십에 힘입어 코카콜라의 매출은 1887년(회사 설립 1년 후) 1천 5백 달러에서 1897년에는 228,600달러, 1907년에는 3,363,100달러(현재 금액으로 약 6,400만 달러)로 늘어났다.

20세기가 시작될 무렵, 판매원들은 늦겨울과 초봄에 연수교육을 받기 위해 애틀랜타로 소집되었다. 이들은 회사의 경영 방침에 대한 교육을 받았고, 코카콜라의 생산 과정을 살펴보았고, 고객에게 어떤 식으로 접근해야 하는지를 배웠다. 그리고 판매원들은 각자에게 할당된 도시와 둘러보아야 할 업체의 명단을 들고 애틀랜타를 떠났다. 미국 성경모임의 부회장으로 활동하기도 했던 캔들러는 감리교의 신앙을 세일즈 기술에 접목시켰다. 그는 영감이 넘치는 연설가는 아니었지만 코카콜라 판매원들은 모임에서 '믿는 사람은 군병 같으니(찬송가 389장)'라는 찬송가를 함께 노래하곤 했다.

다른 가공식품 및 농산품 제조기업들도 영업 인력을 조직하여 식료 잡화상이나 소매상들에게 주문을 받아오도록 했다. 아메리칸 타바코 회사American Tobacco Company의 설립자인 제임스 뷰캐넌 듀크(1856~1925)는 공장에서 고속 궐련 제조기계를 돌리기 시작한 후부터 세일즈 조직을 만들었다. 그가 도입한 본색(Bonsack: 궐련 제조기계 발명가) 궐련기계는 하루에 수천 개의 궐련을 생산해낼 수 있었기 때문에 듀크에게 있어서 진정 어려운 문제는 판매였다. 즉 미국인들에게 흡연이라는 개념을 소개하고, 광범위한 영업 조직을 구축해야 했다. 1870년대만 하더라도 미국인들은 궐련에 대해서는 거의 문외한들이었기 때문에 상당히 어려운 문제였다. 듀크는 먼저 미 전역을 여행한 뒤 전 세계를 돌아다니며 판매원들과 계약을 맺었고, 또 수많은 담배가게를 방문했다. 그는 만나는 사람마다 자신의 명함과 판촉물을 건넸다.

1883년에는 한 갑에 10센트(업계 표준) 하던 담배 가격을 5센트로 낮추는 등 인정사정 볼 것 없이 시장을 개척해 나갔다. 또 판매원을 통하여 전단이나 판촉물을 담배가게와 잡화점에 배포했다. 그러는 동시에 전국에 걸친 대리점망을 구축해 나갔고 전 세계의 도매상과 상인들에게 자사의 궐련을 선전했다. 1889년경에 듀크는 매년 8억 3천 4백만 개피의 궐련을 생산했고, 4백 50만 달러(현재 금액으로 약 8천 7백만 달러)의 매출을 올렸다.

마지막으로, 츄잉 검 부호인 윌리엄 리글리 주니어 역시 19세기 말에 판매원 부대를 조직했다. 리글리는 공교육을 거의 받지 못했다. 처음에는 아버지가 경영하던 리글리 세탁 비누 Wrigley's Scouring Soap의 판매원으로 일을 시작했다. 그러던 1891년, 그는 숙부에게 돈을 빌려 사업에 뛰어들었는데 비누와 베이킹 파우더로 시작하여 나중에 츄잉 검으로 방향을 바꿨다. 그 당시 미국에는 츄잉 검을 생산하는 회사가 십여 곳 남짓 있었다. 리글리는 1893년에 쥬시 프루트, 1899년에는 스피어민트에 대한 아이디어를 떠올렸다. 그리고 1907년에는 284,000달러(당시로는 어마어마한 돈)라는 돈을 브랜드 광고에 쏟아 부었고, 무료 샘플 껌을 소비자들에게 제공했다.

리글리는 판매원들을 파견하여 식료 잡화상과 소다수 가게에 자사의 껌을 들여놓도록 권유하면서 판촉용 램프, 면도칼, 저울을 나눠주었다. 리글리 사는 미국 이외에 캐나다(1910년), 오스트레일리아(1915년), 영국(1927년), 뉴질랜드(1939년)에도 지점을 설치했다.

브랜드 식품, 담배, 사탕 업계에는 판매술에 열성을 보인 사람들이 많았다. 이들은 대면 판매, 전국 규모의 광고, 브랜드 상품을 조합하여 자신들의 목적을 달성했다. 이들 창업자들의 개성은 영업 인력의 문화와 경영을 구체화시켰다. 또 이들이 설립한 기업들은 광고와 판매(이 두 부문에 들어가는 비용이 회사 전체 매출의 약 15%에서 20%를 차지함)에 많은 비용을 사용했다. 그리하여 대부분의 회사들은 성공을 거두었고 브랜드는 오늘날까지 이어져 오고 있다. 어떻게 보면 이들의 장기적인 성공 요인은 상품을 유통한 세일즈맨들의 역할 때문이었다고 할 수 있다. 선반의 공간을 확보하고, 판촉물을 준비하고, 견본을 제공하고, 경쟁사를 물리치기 위한 방법을 고안해냈던 사람들은 다름 아닌 세일즈맨들이었다.

업무용 기기를 사무실과 상점에 팔다

브랜드 식품 생산기업들이 적극적으로 영업 조직을 구축하여 상점 주인들의 주문을 받으려고 노력하고 있을 때, 또 다른

제조기업들은 이제 막 확장 중인 두 분야의 미개척 사업 분야
에 판매원들을 투입하고 있었다. 이들이 판매원을 보낸 곳은
바로 공장과 기업체의 사무실이었다. 완제품 및 반제품 제조기
업들은 19세기 말부터 영업망을 구축하기 시작했다. 1880년대
카네기 철강Carnegie Steel은 생산 라인을 철도 건설용 레일 제작
에서 건축용 철강재 생산으로 바꾼 후 지점을 개설하기 시작했
다. 카네기 철강도 설립 초기에는 위탁 판매인을 통해 철강재
를 판매했다.

　그러나 1880년대 말이 되자 카네기 철강은 보스턴에 판매사
무소를 개설했고 19세기가 끝날 무렵에는 뉴욕, 필라델피아,
시카고, 몬트리올, 피츠버그, 클리블랜드, 세인트루이스, 뉴올
리언스, 애틀랜타, 덴버, 버팔로 등의 대도시에 지점을 보유하
게 되었다. 카네기 사의 판매 관리자는 매주 판매원들에게 편
지를 보내 잘 팔리지 않는 품목을 적극적으로 판촉하라고 압박
을 가했다.

　토마스 에디슨Thomas Edison 역시 1879년에 직접 전기회사를
설립한 후 영업 인력을 구축하기 시작했다. 에디슨 전기조명회
사에는 두 종류의 사용자가 있었는데, 하나는 전등을 만들어서
파는 센트럴 스테이션, 다른 하나는 기업체들이었다. 후자에
대해 설명하자면, 초창기의 고객으로는 섬유공장, 양조장, 탄
광, 인쇄소, 가구공장 등이었으며 이들 업체들은 아크등과 가
스등 보다 백열등을 훨씬 더 선호했다. 마침내는 개인 고객들
도 가정에 전기를 설치하기 시작했다. 그런데 에디슨과 그 경

1914년의 이 광고를 보면, 에디슨의 백열전구를 파는 한 판매원이 1년 내내 지속되는 전기 조명의 장점에 대해 집 주인에게 설명하고 있는데, 원하지 않는 방문자들로부터 보호해 준다는 내용도 포함되어 있다.

쟁자 중에서 가장 독보적인 회사였던 조지 웨스팅하우스George Westinghouse 사는 초창기에 전기의 안전성에 대해 소비자들의 의구심을 극복해야 했다. 1880년대와 1890년대에 수 차례 발생한 대형 화재의 원인이 전기 설치와 작동 부주의로 인한 것이었기 때문이다. 대부분 공학학위를 보유하고 있던 전기 세일즈맨들은 이 새로운 조명 양식의 다용도성을 설명하고 동시에 사람들의 두려움을 달래 줄 수 있도록 교육을 받았다.

계산기나 타자기, 금전등록기와 같은 새로운 사무기기를 생산한 업체들도 자사의 영업 인력을 구성하여 기기의 용도와 특징에 대하여 교육을 했다. 도매상에 소속된 출장 판매원들은 이 복잡한 기기의 특징을 설명하거나 직접 고칠 수 있을 만큼 기계에 대해 잘 알지는 못했다. 고가의 비용 또한 출장 판매원들이 제품을 팔기 어렵게 하는 요인이었다. 그러나 존 패터슨 John H. Patterson은 이런 유형의 상품 판매에 있어서 진정한 선구자였다. 패터슨의 회사인 내셔널 금전등록기는 시장을 장악하고 있었다. 20세기 초가 되자 다른 사무기기 제조기업들도 영업 인력을 육성했다.

버로우즈 계산기 회사(1905년까지는 미국 계수기 회사라고 했다)는 1886년에 설립되었다. 설립자 윌리엄 시워드 버로우즈 William Seward Burroughs는 중학교를 마친 뒤 뉴욕 주에 있는 오번의 한 은행에서 일했다. 이곳에서 그는 회계장부를 기록하는 지루한 업무를 하고 있었다. 그러던 중에 그는 간단한 덧셈과

뺄셈을 할 수 있을 뿐 아니라 단조로운 업무의 고통을 덜어주고 계산의 실수를 줄여주는 기계에 대해 생각하게 되었다. 버로우즈는 세인트루이스로 옮겨 기계 개발에 착수했다. 두 직물상인의 후원을 등에 업고, 다른 발명가인 조셉 보이어Joseph Boyer와 팀을 이루어 개발 계획을 진행해 나갔다.

1890년에 버로우즈는 마침내 기계적인 문제를 해결한 쓸 만한 계산기를 만들어냈다. 그러나 그는 건강이 매우 좋지 못해 회사가 상승 기류를 막 타기 시작하던 시점인 1898년에 결핵으로 숨을 거두었다.

그후 예전에 내셔널 금전등록기의 특허권 변호사로 일했던 앨번 매컬리Alvan Macauley가 버로우즈 사의 사장이 되었고 그는 회사를 디트로이트로 이전했다. 버로우즈 사는 먼저 도매상들을 통하여 계산기를 팔려고 했으나 결국에는 판매 대리인을 두었다. 대리인은 특정 지역 내에서 시간과 노력을 들여 버로우즈 사의 기기를 팔아야 한다는 교육을 받았다. 각종 기기나 공급품의 가격도 대리인이 정하는 것이 아니라, 회사가 정한 가격으로 현금 판매만 가능했고(외상은 안 됨), 대리인은 판매가의 3분의 1을 성과급으로 받았다.

1908년 당시, 버로우즈 사는 미 전역에 54개소의 사무소를 두었고 166명의 판매원, 39명의 하급 판매원, 24명의 사무소 책임자를 고용하고 있었다. 이들이 그 해에 판매한 계산기는 1만 3천 대 이상이었다.

계산기를 파는 일은 쉽지 않았다. 판매원들은 한 명의 고객에게 몇 번이고 전화를 해야 했다. "기계 하나를 팔려면 여섯 번은 전화를 해야 되는 것 같다."고 한 판매원은 말했다. "모든 계산기를 팔 때마다 여섯 번 전화를 해야 한다는 뜻은 아니다. 전화 여섯 번만에 물건을 팔 수 있을 것이라고 생각도 하지 않지만, 내 생각에는 평균적으로 봤을 때 모든 판매 건수는 전화한 횟수에 비례한다." 이렇게 전화를 걸었다고 해서 그날 아니면 나중에라도 판매할 수 있는 것은 아니었다. 시험 삼아 써 보게 한 뒤에 판매하는 비율도 매우 낮은 편이어서, 높을 때는 19%까지 올라갔다가 낮을 때는 8%까지 떨어졌다. 평균적으로 시험 사용 건수 중에서 14%가 판매로 이어졌다.

판매원들이 맞서야 할 또 하나의 장애물은 상점 점원들의 편견이었다. 이들은 새로 등장한 계산기에 반감을 가졌고 자신들의 일자리가 위협을 받는다고 생각했다. 이런 어려움은 금전등록기 판매원들이 직면했던 어려움과 비슷한 것으로, 금전등록기 판매원들은 등록기가 여러분의 거래 관리 능력이나 정직함에 대한 불신을 의미하는 것이 아니라고 설득해야 했다. 계산기가 처음 출시되었을 때 계산기 회사들은 많은 회사들에 회보를 보내, 새로운 도구의 특징에 대해 설명하고 가격이 비싼 만큼 실용적이라는 것을 납득시켜야 했다.

판매 대리인과 판매원들은 세일즈 대회에서 제품의 설계에 대한 의견을 제공했다. 이를테면 운송 도중에 기계 유리가 어떻게 깨졌고, 어떤 모델은 잠금 열쇠가 빠지지 않는다거나, 종이를 끼워 넣기가 어렵다거나, 디스플레이 판의 높이가 어정쩡하다는 등이었다. 이들은 기계를 판매하는 최선의 방법에 대해서도 의견을 나누었다. 한 세일즈맨은 장광설을 늘어놓는 방법에 대하여 자랑하기도 했다. 그는 전직 스탠더드 계산기 회사의 대표자였고, 예전에 185달러(현재 금액으로 약 3,800달러)라는 가격, 즉 버로우즈 사의 반 가격에 계산기를 판 적이 있었다.

"나는 상대방이 정신을 못 차릴 정도로 말을 하지. 나 혼자 전부 다 말을 하는 거야. 회오리바람처럼 말 폭풍을 일으키며 돌진하는 거지. 사실 나 혼자만 쉴 새 없이 말을 해. 나는 회사 따위는 신경도 안 써. 오로지 내 말솜씨만이 세상에서 유일하고, 세상에서 제일 멋지고, 정말 끝내 줬지. 다 괜찮으니까 이 물건을 185달러에 줄게! 이 기계랑 이런 입담, 사실은 합해서 375달러는 받아야 되는데 말야! 자세한 이야기는 하지도 않아. 이게 바로 내가 스탠더드 기계로 돈을 번 비결이지."

그는 버로우즈 계산기를 판매하는 판매원들에게 서커스 만담 수준의 회오리 말발을 구사하며 잠재 고객을 압도하라고 조언한다.

이와는 반대로 포스터C. A. Forster는 이성적인 논법에 근거를

둔 방법을 선호했다. 그는 자기 자신의 논리적 판매술을 '고객의 주위에 담을 쌓는 것'이라고 표현했다. 이와 관련하여 관리자인 프랭크 다지Frank H. Dodge라는 사람은 '색스턴'이라는 사람의 주위에 담을 쌓는 시연을 해 보였다. 다지는 이렇게 시작했다. "색스턴 씨, 이것이 최신 모델입니다. 당신이 이 기계를 써 보고 용도를 실감했을 때, 비로소 이 기계가 선사하는 완전한 이점을 누리시는 겁니다." 그런 다음 그는 계산기의 특징에 대하여 설명하면서 일을 진행해 나갔다.

소규모 은행과 농부들에게 계산기를 판매하던 또 다른 판매

1914년 버로우즈 사의 판매원들이 교육을 받고 있는 광경. 이 수업을 통해 판매원들은 계산기를 작동하는 법과 판매술의 기본을 배웠다.

SPECIAL ALL STAR CONVENTION ISSUE
of the
BURROUGHS SALES BULLETIN
NUMBER 1468—AUGUST 3, 1917

1917년, 1년 할당 판매량을 달성한 버로우즈 사의 판매원들이 모인 올스타 대회. 대회는 보통 야외극이나 애사심을 고취하는 행사, 긍정적인 사고를 장려하는 프로그램 등으로 꾸며졌다. 회사측에서는 이런 대회를 통해 영업사원들에게서 제품에 대한 의견을 수집하고 신제품을 소개할 수 있는 좋은 기회였다.

원은 기계의 크기가 작기 때문에 큰돈을 지불할 정도의 물건이 아닌 것 같다고 고객들이 생각한다는 사실을 알았다.

그는 "계산기가 헛간 한 쪽을 차지할 정도로 크다면 사람들이 가격에 대해 그렇게까지 불평하지는 않을 것이다."라고 말했다. 이 문제를 해결하기 위해 판매원은 이런 질문을 했다. "바인더는 얼마를 주고 사십니까?" 대개 100달러에서 140달러 정도라는 대답이 나왔다. "1년에 바인더를 며칠이나 쓰십니까?" 농부는 당연히 1년에 4주나 6주 정도라고 대답할 것이다. "바인더의 수명이 얼마나 되죠?" 5년 정도… "140달러를 주고 산 바인더는 1년에 6주밖에 못쓰고 그나마 5년이면 수명이 끝나는데 여기 이 계산기는 1년 내내 쓰고도, 20년 동안이나 사용하는데 375달러입니다. 그런데도 그만한 가치가 없다고 생각하십니까?" 세일즈 대회에서 이런 사례를 발표하자 우레와 같은 박수갈채가 나왔다.

사무기기 판매원은 미국 세일즈 역사의 발전에 결정적인 존재였다. 버로우즈 사, 내셔널 금전등록기 사, 기타 다른 회사들이 구축한 판매술의 방법론은 후대에 IBM과 다른 컴퓨터 회사들의 판매 방식에 큰 영향을 미쳤다. 판매원들은 새로운 판매의 유형을 만들어냈을 뿐 아니라 신용정비, 임대 개념, 사업을 시작하는 사람들을 위한 상담 등 매우 중요한 역할을 했다. 당대의 이러한 판매원들의 역할은 서비스업 분야의 영업사원들에게, 20세기 들어서는 컴퓨터 세일즈맨들에게 매우 소중한 교훈을 남겼다.

본격적인 판매 관리가 시작되다

20세기에 들어서면서 제조기업의 기업가들은 광고 게시판, 브랜드 홍보, 사은품과 같은 다양한 판촉용 유인 장치를 활용하게 된다. 대규모로 진행된 몇몇 선전 활동은 전국으로 배포되는 잡지에 광고를 실어서 판매원들의 영업 활동과 함께 동시에 진행되었다.

1911년경, 하인즈 사는 자사의 영업 인력을 활용하여 2만 5천여 군데의 상점에 설치된 광고판을 계절별로 바꾸며 잡지 광고와 보조를 맞춰나갔다. P&G는 크리스코라는 식용유를 시장에 출시하는 과정에서 판촉과 광고에 심혈을 기울였다. P&G는 이를 통해 다양한 판촉 계획을 사전에 시연하면서 전국의 식료품 잡화상들에게 무료 견본을 발송해 주었다.

이런 기업들이 성장함에 따라 판매에 대한 책임을 맡은 인물들은 판매 관리자가 되었다. 이들은 판매 방식을 가능한 한 획일적이고 예측 가능한 것으로 규정지어 신입 판매원들에게 가르칠 수 있는 방법을 체계화시켰다. 그 중에서도 특히 상품을 소비자에게 직접 판매하는 기업들은 판매원들에게 일회성 거래를 신속하게 마무리하라고 교육했다. 예를 들어, 집집마다 들어가서 빗을 파는 판매원들은 단 한 개라도 팔면 그 다음 집으로 넘어가는 것이었다.

이와는 달리 소매상이나 업체에 물건을 판매하는 회사들은 자사의 영업 인력들에게 고객과 장기적인 관계를 맺으라고 교육시켰다. 이를테면, 브랜드 식품 판매원들은 오랫동안 식료 잡화상과 상점 주인들과 거래를 하려고 노력했다.

판매 관리자들은 판매 전략을 전개함에 있어서, 판매의 공식적인 측면과 비공식적인 측면 모두를 따랐다. 공식적인 측면은 판매 할당량이나 구역 배정, 보상 비율과 같은 것들이었다. 판매원들은 주로 급료와 성과급이 혼합된 형태로 급여를 받았다. 성과급 비율은 판매 상품, 회사의 전략, 회사 내 판매원의 위상에 따라 달랐다. 각 기업은 최소한 신입 판매원들은 일단 급여를 지급하는 고용 방식을 선호했다. 그래야만 이들이 낙담해서 그만두는 일이 없을 것이기 때문이다. 그런 다음, 이들이 더 많이 배우고 판로를 확대해 나가면 그때부터 성과급 체제로 전환해 주었다.

성과급 비율은 매우 다양했지만 어떤 비율은 명확한 패턴을 갖고 있었다. 설명도 교육도 많이 해야 하고, 비교적 판매 건수가 적을 수밖에 없는 사무기기나 다른 복잡한 물건에는 성과급의 비율이 높게 책정되었다. 버로우즈 사의 판매 대리인에게 지급되는 성과급 비율은 판매가의 약 30% 정도였다. 하인즈 사의 피클과 같은 브랜드 식품 판매원들에게 적용된 성과급의 비율은 훨씬 더 낮았다. 하인즈 사의 경우 성과급은 총매출의 약 5% 정도에 지나지 않았다.

판매의 비공식적인 측면으로는 판매원의 자신감을 기르는 방법, 대화술을 향상시키는 방법, 직업에 대한 열정을 품게 하는 방법 등이 있다. 이렇듯 판매술은 여러 가지 측면에서 생산 공정을 표준화시키는 일보다 더 어려웠다. 관리자들은 고객의 욕구, 경쟁자의 위협, 판매원들의 심리 상태와도 싸워야했다. 관리자들은 판매원들이 항상 의욕적으로 일할 수 있도록 다양한 보상 계획을 만들었는데 경마나 자동차 경주대회를 개최하는 등 판매원들에게 긴박감을 주기 위한 여러 가지 전략들을 실행했다.

또한 관리자들은 판매원들의 남성다움과 경쟁 심리에 호소함으로써 동기를 자극했다. 거대 도매상들이 취했던 몇 가지의 젠더 정책도 펼쳐나갔다. 관리자들은 여성은 판매원보다는 점원이나 비서로 고용하고, 경영이나 관리직은 남성이 적합한 일로 생각했다. 관리자들이 특히 신경을 쓴 부분은 판매에 관한 의식 속에 남성다움을 배양하려고 한 것이다. 왜냐하면 판매라는 직종은 부드러운 말솜씨나 설득력, 배려하는 마음 등 전통적으로 여성다움을 대변하는 특성이 있기 때문이다. 그래서 관리자들은 판매대회를 개최하여 판매가 남성적인 활동이라는 생각을 고양시키려고 노력했다.

회사는 판매원들이 판매 활동을 하면서, 사슴 사냥을 하거나 나무를 베거나 터치다운을 성공하는 상상을 한다면 더욱 경쟁적으로 일을 할 것이라고 생각했다. 또 앞에서 언급한 그랜트 상군의 회고록 판매 캠페인에서 볼 수 있는 선생과 관련된 주제도 활용했다.

그러던 것이 20세기 초가 되자 그 방법이 더욱 정교해졌다. 예를 들어, 미국 소형윤전기 판매회사American Multigraph Sales

Company는 판매원과의 사이에 가상의 '대공황 상태'를 설정해 두고 모의전쟁을 하기도 했다. 석달 동안 계속된 이 전쟁 게임은 〈여분의 전쟁〉이라는 소식지에 특집으로 게재되었다. 그리고 주목할 만한 판매 서비스를 실행한 사람들에게는 금, 은, 동 십자가가 수여되었다. 지정된 금액의 최저액(5백 달러) 이하의 판매를 한 사람들은 부상 당하거나 불구가 되거나 그렇지 않으면 탈진 상태로 간주되어 회복 치료를 위해 '기지병원'으로 후송되었다.

　제조기업들은 판매원에게 더 많은 압박감을 주기 위해 판매 대회의 상세한 내용을 판매원의 가정으로 보냈다. 또 도자기 식기류나 가구 등 판매원의 아내들을 사로잡을 수 있는 물건들을 상품으로 내놓았다. 1920년대 말의 한 조사를 보면 모든 판매회사의 20% 정도가 자사 판매원의 아내에게 연락을 취했고, 반 이상이 그렇게 하는 것에 찬성했다. 판매원의 아내는 관리자의 공범이었는데 판매원이 많은 실적을 올릴 수 있도록 채찍질을 하여 협력해 주었다.

　관리자들은 판매원들이 성공을 거두기 위해서는 이들이 언제나 적극적이고 자신감에 넘치며 정신을 바짝 차리고 있어야 할 필요가 있다고 믿었다. 또 동기 부여를 위한 강연회, 기도회, 연극 모임을 개최했다. 이런 모든 행사는 판매 부서가 가장 아이디어가 넘치고 영적이고 창의적인 부서로 자리 매김할 수 있게 해 주었다. 또 관리자들은 적절한 수준의 복음주의자적 소명감을 부여했다.

20세기 초에는 판매원들에게 동기를 부여하기 위해 전문 강사들의 강연을 들려주었다. 그것은 훗날 데일 카네기가 〈친구를 얻고 사람들에게 영향을 미치는 방법How to Win Friends and Influence People〉(1936)이라는 책으로 대중화된 특정한 유형의 틀을 잡게 해 주었다.

여러 부서가 있는 거대 기업에서 판매원들이 일을 하게 되면서 이들이 하는 일의 성격도 바뀌어 갔다. 이 시기에 생산에 종사하는 사람들의 일도 같은 방식으로 변화가 찾아왔다. 판매 관리자들은 업무 속도를 높였고 사원들이 따라야 할 일련의 과정들을 상세하게 설명하고 작업 방식을 감독했다.

거대한 제조기업의 판매 부서에서 일하는 판매원들은 지위가 힘을 좌우한다는 사실을 깨달았다. 물론 이들 판매원은 이전보다는 더 중요한 위상을 갖게 되었고 광고나 사무실 직원들의 지원도 받을 수 있었다. 그러나 이들은 보고서에 기입을 하거나 회의에 참석하거나 업무 할당량을 배정 받는 등 하루 하루의 경험을 통해서 사내에서 자신들이 차지하는 위상이 낮다는 사실을 깨달았다.

한때 녹립적으로 여행을 하년서, 일을 하년서 새치에 칭송을 받던 직종이었지만 판매대회나 각본, 다른 각종의 틀에 박힌 절차들이 도입되면서 필연적으로 충돌이 일어났다. 판매원들은 경영진이 자신들의 손발을 묶고 있다며 적개심을 드러냈다. 세인트루이스의 어느 판매원은 회사가 강압적인 관리 시스템을 들이미는 것에 대해 불평을 했다. 그는 이전에는 자주적으로 일을 했는데 어느 날 갑자기 회사가 '특수 임무를 띤' 사람을 들여놓더라고 썼다. 이 신임 관리자는 "모든 것을 체계화하기 시작했고, 아무리 사소한 일이라도 찾아내려는 사냥개처럼, 매일 정오 12시까지 나를 책상에 묶어놓고 보고서나 다른 바보 같은 서류들을 작성케 했다. 나는 도무지 고객들을 찾아갈 수가 없었다. 모든 것을 회사를 통해서만 해결해야 했다. 그동안 나는 회사를 위해 신속하게 서비스를 함으로써 명성을 쌓아왔다. 그러나 이제는 모든 것이 느려터지게 되었다. 내 수입도 점점 줄어들기 시작했다."라고 했다.

판매원들은 특히, 사원들과 뚝 떨어져서 다른 사람들보다 더 뛰어나다고 생각하는 관리자들을 대할 때 몹시 불쾌하게 생각했다. 어떤 판매원은 "내가 처한 상황들 중에서 가장 최악의 경우는 뉴욕의 한 호텔에서 저녁식사를 하고 난 뒤였다."고 썼다. "우리와 함께 있던 판매 관리자는 회사의 다른 간부들과 한 테이블에 앉았고 우리는 다른 테이블에서 먹으라고 했다. 그는 아무 생각 없이 말했을지 모르지만 우리 모두는 이 때문에 상당히 분노했고, 결국 우리들 중의 한 사람이 우리 모두의 가슴속에 들어있던 불만을 전부 토해 버렸다. 그래서 다른 사람들도 모두 이에 가세했고 그 이후로 그 상사의 인생은 우리 때문에 딱하게 되어버렸다."

판매 관리자들은 판매원들의 이직에 따르는 고가의 비용 문제와도 씨름해야 했다. 한 보험회사의 경영자는 1915년 당시 미국 내 15만 명의 자격증을 보유한 보험판매원들 중의 절반이 그 해가 끝나기 전에 직장을 떠날 것이라고 말했다.

대기업에서 판매 부서가 만들어짐으로써 판매에 일대 변화가 일어났지만 새로운 문제들을 야기하기도 했다. 어떻게 하면 판매원들을 가장 잘 관리할 수 있을까? 판매원 개인의 성공을 어떻게 측정해야 하는가? 업무 할당량을 얼마나 배정해야 하는가? 담당 구역은 어떻게 결정하고 어떻게 배정해야 하는가? 판매원의 급여는 얼마나 지급해야 하는가? 판매원들을 교육하고 동기를 부여할 수 있는 가장 효과적인 방법은 무엇일까? 쉽게 말해 시스템을 어떤 식으로 세일즈 과정에 적용해야 하는가의 문제였다. 판매술을 신봉하는 사람들은 현대의 판매 관리는 과학적인 원리에 의해 이루어져야 한다고 주장한다. 그리고 그런 생각을 어느 누구보다도 열정적으로 실행한 사람은 바로 내셔널 금전등록기NCR의 존 패터슨이었다.

세일즈의 효율성 추구

대규모 제조업체에서 일하는 판매원들의 삶은 천국과 지옥을 오락가락 했다. 판매원 대회나 단합을 위한 집회 동안에는 천국이었고 할당량을 채우지 못할 경우는 지옥이었다. 이런 극단적인 상황은 존 패터슨이 판매원들에게 독자적인 관리 정책을 전개하면서부터 극에 달하기 시작했다. 패터슨은 글로벌 관리 체계를 만들어 판매원들에게 새로운 고객을 찾고(기존 고객에게는 대체 상품을 팔고) 경쟁자들을 제압하라고 압박을 가했다. 패터슨은 그런 조직을 구축하기 위해 많은 비용을 쏟아 부었으며 판매원들의 이익과 회사의 이익은 불가분의 관계라며 목표를 향해 밀고 나갔다.

하인즈, 캔들러, 버로우즈와 동세대인 패터슨(1844~1922)은 판매술에 대하여 큰 열정을 품고 있었다. 패터슨은 기지를 발휘하면서 판매에 기쁨을 느꼈던 행상인 제임스 길드와도 같았고, 지속적인 거래를 위한 결정적인 요소가 판매술이라고 여겼던 출장 판매원 손더스 노벨과도 유사했다. 패터슨도 대규모 제조업체의 다른 경영자들처럼 생산과 분배를 조절하는 판매 관리 체계를 구축하려고 노력했다. 한 발 더 나아가 패터슨은 모든 것을 포괄하는 판매의 과학을 확립하려고 했고, 그 결과 현대적 판매 관리의 등장에 큰 기여를 했다.

패터슨은 1880년대 중반부터 1922년에 세상을 떠날 때까지 어느 누구보다도 '과학적' 판매술을 촉진시키려고 노력했던 사람이다. 패터슨은 과학적 관리의 창시자인 테일러Frederick W. Taylor가 주장했던 것처럼, 거래 과정을 균등한 단계로 구분하여 판매원들에게 가르칠 수 있는 체계를 구축한 인물이다. 또한 테일러를 모델로 판매원들이 매달 할당받는 작업량을 완수토록 하기 위해 관리자의 통제 하에 두어 작업 속도를 조절했다.

그러나 패터슨은 판매를 개혁해 나가는 와중에 테일러가 겪었던 것과는 또 다른 어려움에 직면하게 된다. 회사 밖에서 일하는 판매원들에게 동기 부여를 해야 했고, 판매가 예측하기 어려운 것이라는 문제에 직면하게 된 것이다. 패터슨의 대규모 판매 캠페인은 의심할 것도 없이 군대시설의 경험에 의한 것이었다. 그는 체계적인 관리에 큰 관심을 가졌을 뿐 아니라 완전히 매료되어 있었다. 유행이나 사이비 과학에 대한 패터슨의 신념, 즉 일반인들은 이해하기 어려운 난해한 과학에 대한 그의 믿음은 선교사의 열정처럼 뜨거웠다. 그는 자신의 신념에 기반하여 때로는 잔인하다고 생각될 정도로 사람들을 NCR(내셔널 금전등록기)을 위한 판매대리인과 관리자로 개조하려고 했다.

그의 전반적인 관리 전략은 수요를 창출하고 경쟁자를 제압하는 판매원의 능력에 대한 자신의 신념을 바탕으로 수립되었다. 그래서 판매원들에게 이례적으로 높은 성과급을 지불했고, 많은 시간을 들여 사내 소식지나 집회를 열어 판매원들을 격려했으며, 동기 유발이라는 행위를 예측 가능하고 활용 가능한 방법으로 체계화하려고 노력했다.

패터슨은 판매와 광고를 생산의 원동력으로 보았다. 또한 NCR 브랜드를 구매하도록 잠재 고객을 설득하는 판매원들에게 무한한 신뢰를 보냈다. 이런 설득의 기술은 등록기의 특징을 설명하는 것에 머물지 않고, 언변술(긍정적인 반응을 이끌어내기 위한 질문을 한다든가)이나 동작(고객에게 펜을 건네면서 주문서에 서명하도록 무언의 압박을 한다든가)에도 도움을 주었다. NCR의 경우를 보면 그런 판매원 한 사람 한 사람의 노력이 결합되어 발생하는 가치가 얼마나 큰 것인지를 입증해 주었다. 이런 노력 덕분에 시장에 비슷한 다른 금전등록기 회사들이 있었지만 NCR은 팔고 또 팔 수 있었다.

한편 패터슨은 화이트 칼라 판매 대표자 집단을 만들었다. 보수적인 옷차림을 한 이 판매원들은 회사의 업무 절차를 숙지하고 있으면서 일일보고서를 본사에 제출했다. 패터슨은 개인에 의존하는 시스템이 아닌, 야심이 지나치거나 반항심이 커져서 해고할 수밖에 없는 기존의 사원을 대체하는 신입사원들을 교육할 수 있는 그런 체계를 만들려고 했다.

그가 발전시킨 관리 체계에는 회사 정책이나 상품에 대해 전 세계의 판매원을 교육할 수 있는 방법, 수많은 거래 속에서 발생하는 돈의 흐름을 추적하는 방법, 각 도시의 시장에서 발생하는 수요를 측정할 수 있는 방법 등이 포함되어 있었다. 그는 판매원들이 사업가와 상점주들과 지속적인 관계를 유지하도록 장려하면서, 판매원들이 따라야 할 세부적인 각본도 작성했다.

패터슨은 전형적인 스타일은 아니었지만 유능한 판매 관리자의 극단적인 면모를 보여준다. 그는 자신이 거둔 성공과 홍보 기술로 판매 관리가 막 형성되어 가던 그 시기에 가장 독보적인 인물 중의 하나였다. 그의 가장 충실했던 부하 중의 한 사람인 토마스 왓슨Thomas J. Watson은 나중에 IBM 사에서 NCR과 유사한 판매 조직을 만든 인물이다. 그러나 그런 그도 패터슨 밑에서 가르침을 받으며 다소 많은 월급을 받던 몇 사람의 경영진 중 한 명이었다.

금전등록기 업계를 일으켜 세운 존 패터슨

19세기 말에 시작되어 20세기 초에 이르기까지 타자기와 금전등록기, 계산기의 발명은 비서와 상점 점원, 회계원, 은행원의 일상 업무를 크게 바꾸어 놓았다. 정보를 신속하고 정확하게 처리해 주는 이런 사무기기들은 그 시대의 컴퓨터와 마찬가지였다. 이 기계들은 단순한 도구가 아니라 현대의 비즈니스 업무를 상징하기도 한다. 싱클레어 루이스Sinclair Lewis의 소설 제목이자 주인공인 조지 배비트George F. Babbitt는 시내를 거닐다가 사무용기기에 대한 꿈을 꾼다. 그는 "심플렉스 사무가구라는 상점에서 내셔널 금전등록기의 판매 대리인으로 일을 하면서, 과학자가 라듐을 갈망하는 것처럼 녹음기와 덧셈 곱셈을 할 수 있는 타자기를 갈망했다."

그러나 이들 기계를 제조하는 회사들은 기계가 항상 일을 쉽게 해 주는 것만은 아니라는 사실을 잘 알고 있었다. 사업가들도 예전에 전혀 필요하지 않던 이 비싼 기계에 돈을 쓰려 하지 않았다. 제조회사들은 이들에 대해 새로운 장비가 효율성을 높여주고 비용을 절약해 준다며 설득해야 했다. 유능한 판매원들이 제조회사의 성공에 결정적인 역할을 했으며, 사무기기 제조회사들도 자사의 판매 조직을 발전시킨 최초의 업계가 되었다.

패터슨이 금전등록기 사업에 뛰어든 것은 40세가 넘어서였다. 그는 1844년 오하이오 주에서 11남매 중의 일곱 째로 태어났다. 그는 남북전쟁 때 제131 오하이오 지원 보병사단에서 100일 지원병으로 잠시 복무를 했고, 다트머스 대학에 진학하여 1867년 졸업했다. 그는 효율적인 조직을 구축하는 문제에 큰 관심을 갖고 있었다. 판매를 작전으로 여기던 다른 사람들과 마찬가지로 패터슨도 판매 조직을 군대 조직처럼 생각했다.

패터슨의 첫 직업은 데이튼에 있는 운하에서 통행료를 받는 것이었다. 그러면서 석탄이나 목재를 파는 부업을 시작했고 결국 그 일을 전업으로 삼았다. 그러다가 1879년에 형제 중의 한 사람과 동업을 시작했는데 이 두 사람은 몇 개의 광산을 운영하면서 거기서 나오는 석탄으로 소매상을 꾸려나갔다.

　사업은 몇 년 후에 실패하지만 가장 초기에 금전등록기를 보유한 사람이 되었다. 그의 회상에 따르면 현금함의 돈이 자주 부족해지는 일이 일어나서 금전등록기를 구입했다고 한다. 그 후로 금전등록기 덕분에 하루의 수입에 대해 정확히 알 수 있게 되었다. 패터슨이 구입한 기계는 데이튼에 있는 내셔널 제조회사National Manufacturing Company가 만든 것으로, 제임스

내셔널 금전등록기 사(NCR)를 설립하기 2년 전인 1882년에 찍은 것으로 추정되는 존 패터슨.

리티James Ritty라는 전직 술집 주인이 보유한 특허를 이용하여 생산한 것이었다. 패터슨은 1883년에 이 회사 주식 8.5%를 1,250달러에 사 들였다. 이듬해 그는 석탄회사의 빚을 청산하고 남은 돈으로 6,500달러를 더 주고 내셔널 제조회사에 대한 지배적 권리를 갖게 되면서 곧바로 회사명을 내셔널 금전등록기 사National Cash Register Company(NCR)로 변경했다.

패터슨이 경영권을 쥐었을 때 NCR에는 13명의 종업원이 있었다. 그는 즉시 공장 종업원과 판매원의 수를 늘렸다. 시간제로 금전등록기를 팔던 사람들에게 NCR의 정식 판매 대리인이 되어 판매를 위해 전력을 다하라고 설득했다. 판매 대리인들은 당시에 많은 회사들이 표준 방식으로 활용하던 성과급제로 돈을 받고 있었다. 그러나 패터슨은 보험 설계사나 서적 출장 판매원, 기타 여러 외판원들이 연상되어 다른 방식을 채택했다. 1880년대에 판매 대리인들은 금전등록기를 판매한 돈의 절반 정도를 받았다.

사무엘 크라우더Samuel Crowther의 보고서에 의하면, 판매 대리인들은 위탁 방식으로 금전등록기를 제공받았고, 당시에 가장 인기가 있는 금전등록기 모델은 가격이 150달러에서 200달러 정도였다. 또 판매 대리인들은 최고 50%까지 할인된 가격으로 기계를 들여올 수 있었다. 이 때문에 NCR의 초창기 판매 대리인들 중에는 큰돈을 번 사람들도 있었다. 그러나 성과급은 계속해서 이렇게 높지 않았고 1919년에는 평균 31% 정도였다.

NCR의 초창기 성과급 비율이 높았던 것은 필요에 따른 조치였다. 패터슨이 월급을 줄 만한 충분한 돈도 없었지만 판매원들의 의욕을 높여주기 위해 획기적인 성과급을 지급한 것이다. 판매 대리인들이 소매점을 열면 NCR은 구역을 배정하여 그곳에서 이루어지는 모든 판매에 대해 성과급을 보장해 주었다. 패터슨은 판매원들이 이런 계획에 힘입어 판매의 노하우를 서로 공유할 것이라고 믿었다. 그러자 판매 대리인들은 자신의 영역을 소화하기 위해 더 많은 판매원들을 고용하는 효과가 나타났다. 판매 대리인들이 NCR에 직접 고용된 반면, 판매원들은 법적으로 판매 대리인에게 고용된 사람들이었다. 판매 대리인은 판매원들이 적절하게 성장했다고 판단되는 시점에서 급료와 함께 성과급을 지급했다.

1888년 5월 당시, NCR은 플로리다의 펜사콜라에서 오리건의 포트랜드에 이르기까지 34개의 도시에 판매 대리점을 보유하고 있었다. 당시 수익의 대부분을 거둬들인 곳은 뉴욕과 뉴잉글랜드 지역이었다. 1896년에 국내 총판매 대수는 9,600대였고 이 중 대부분이 북동부, 특히 뉴욕(총판매 대수의 11%)과 보스턴(7%)에 집중되었다.

패터슨은 회사를 설립했던 1884년부터 국제적인 판매 조직을 만들고 싶어했다. 앞서 설명했듯이 싱어 사는 해외 비즈니스를 실행한 미국 최초의 현대적 제조기업이었고 1880년대 경에는 해외 판매 경험이 이미 30년이나 된 회사였다. 그 후 맥코믹McCormick과 코닥, 그 밖의 다른 회사들도 해외 시장을 개척했다. 미라 윌킨스Mira Wilkins의 기록을 보면 해외로의 사업 확대는 예측할 수 있는 수순으로 진행되었다. 회사들은 가장 먼저 국제무역회사의 서비스를 이용했고 그 다음에는 월급을 주고 현지의 대표자를 고용하거나 해외 지사를 설립하며 마지막 단계로 해외에 제조공장을 설립하는 식이었다. NCR은 1886년경에 런던, 리버풀, 베를린에 판매 대리점을 두어 두 번째 단계에 올라 있었다.

1893년 사보 〈NCR〉은 "내셔널 금전등록기의 종소리가 전 세계에서 들린다."고 보고했다. 하지만 당시 NCR의 해외 사업은 대부분 유럽에 국한되어 있었다. 독일에서는 한 달에 백 대 정도의 판매를 기대하는 상황이었고, 영국에서는 독일의 두 배 정도를 기대하고 있었다. NCR은 노르웨이와 스웨덴, 덴마크에도 판매 대리점을 두었고, 프랑스와 오스트리아, 이탈리아에서도 판매를 개시했다. 1896년까지 총판매의 23%는 북미 이외의 지역에서 이루어졌다.

당시 NCR의 금전등록기는 비싼 편이었기 때문에 판매 대리점들은 기계가 제값을 한다는 것을 고객들에게 확신시켜 주어야 했다. NCR의 초기 광고들은 생명보험회사의 광고 전단과 비슷했다. 목적은 둘 다 고객에게 공포와 불확실성을 부각시키는 것이었는데 도둑맞은 수입에 대한 공포심을 자극하는 것이었다. 패터슨의 광고 중의 하나는 "새어 나가는 돈을 막아라!"였으며 현금 서랍에서 돈을 훔친 점원 때문에 파산한 상점 주인을 묘사하고 있었다. 이러한 마케팅 전략은 NCR에 또 다른 문제를 초래했다. 이 '도둑 잡는 기계'의 광고에 점원들과 바텐더들이 분개했기 때문이다. 일부 사람들은 금전등록기를 배척하기 위한 모임을 결성하기도 했다. 새롭게 설치된 금전등록기에 점원들이 강력하게 반발하는 일이 발생하자 패터슨은 탐정들을 보내 그들을 감시하도록 했다. 1888년 6월 사보 〈NCR〉에는, NCR이 고용한 탐정의 감시를 받던 디트로이트의 한 상점 주인이 보낸 편지가 실렸다.

"지금 여기 내 손에는 등록기에 돈을 등록하지 않은 우리 종업원에 대한 탐정의 첩보 보고서가 있습니다. 하고많은 사람들 중에서 카운터만이 아니라 상점의 다른 모든 문제에 대해 내가 의지하던 바로 그 사람이 도둑이었다니..."

금전등록기가 점점 보편화되자 회사는 새로운 마케팅 단계에 돌입했다. 세련된 외장을 추가하고 현대적이고 효율적인 회계 및 재고관리에 금전등록기가 필수적인 기계라고 소개한 것이다. NCR의 광고도 종업원들의 도둑질에 대한 주인의 두려움을 강조하기보다는 느슨한 기록 보관이나 부정확한 데이터 때문에 손실을 입을 수 있다는 두려움을 부각시켰다. 동시에 NCR은 더욱 폭넓은 고객을 목표로 판매를 전개해 나갔다. 1896년 말까지도 여전히 전체 금전등록기 판매의 24%는 술집이 차지했는데 일반 상인들(17%), 약국(11%), 식료 잡화점(9%)들도 서서히 금전등록기를 들여놓고 있었다.

패터슨은 판매원들이 고객에게 금전등록기의 모든 장점을 명쾌하게 전달할 수 있도록 대본을 만들어 외우도록 했다. NCR의 첫 번째 세일즈 각본은 패터슨의 처남인 조지프 크레인 Joseph H. Crane이 1887년에 만들었다. 이 세일즈 입문서는 나중에 〈내셔널 금전등록기를 어떻게 팔 것인가How I Sell National Cash Registers〉라는 이름으로 개정되었으며 이 각본에는 판매원들이 고객에게 반드시 알려주어야 할 내용뿐 아니라 말하면서 어떻게 행동해야 하는지에 대해서도 지시하고 있다.

"사장님. 이 모델*은 내셔널 금전등록기 중에서도 가장 인기가 있는 모델입니다. 이 등록기가 사장님께 어떤 도움을 주는지 충분히 이해하시려면, 이 상점 안에서 사장님께서 어떤 일을 하는지 저희가 좀 알아야 필요가 있지요! 제 생각에는, 사장님께서 매일 손님과 하시는 거래는 통상적으로 다음 다섯 가지로 정리할 수 있을 것 같습니다.

1. 현금을 받고 물건을 판다.
2. 외상으로 물건을 판다.
3. 수표를 받는다.
4. 현금을 지불한다.
5. 동전이나 지폐로 거슬러 준다.

맞습니까? 자, 사장님, 이 등록기는* 기입을 할 수 있습니다. 거래 표시는* 이 유리판을* 통해 보실 수 있습니다. 최근에 기록된 거래량을 항상 보실 수 있고, 기록은 버튼을 눌러서 하시면 됩니다."
(입문서 내의 별표는 판매원이 고객에게 말하면서 물품을 가리키라
는 뜻이다.)

입문서는 판매를 접근, 제안, 시연, 마무리의 네 단계로 나
누고 있다. 접근 단계에서는 금전등록기에 대해 아무런 언급을
하지 않는다. 대신 사업자가 이익을 늘릴 수 있는 방법을 찾도
록 도와주고 싶다고 설명한다. 요컨대 상담역을 자청하는 것이
다. 제안 단계에서는 처음으로 금전등록기에 대해 언급을 하
고, 이 기계가 이렇게 도둑질을 예방하는지, 어떻게 ㄱ 날 들
어온 돈을 정확하게 계산하는지를 설명한다. 이 단계에서는 전
시실로 미리 꾸며둔 근처의 호텔이나, 부근의 NCR 지점에 가

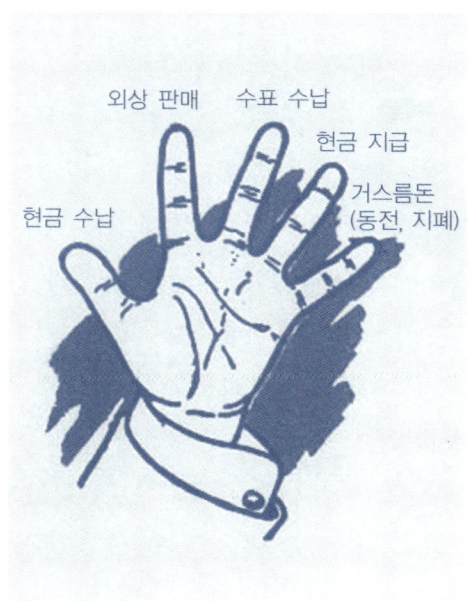

1887년에 발간된 NCR의 오리지널
세일즈 입문서에서 발췌. 금전 등록
기 사용자와 고객 간의 통상적인 다
섯가지 거래 유형을 판매원들에게
소개하고 있다.

서 시연하는 스케줄을 잡는다. 시연하는 동안 판매원은 조심스럽게 고객을 구매 관점으로 유도한다. 그리고 때가 되었다고 생각되면 판매원은 거래를 마무리시켜야 한다. 이것이 판매에서 가장 어려운 부분이다. 입문서는 다음과 같은 내용을 포함하여 여러 가지 기술들을 제안하고 있다.

"당신이 딱 부러지게 제안을 하고 나서 상인이 금전등록기의 가치를 깨달았다는 확신이 서더라도 당연히 사줄 것이라고 생각하며 주문을 요구하지 마라. 대신 이렇게 말하라. '자, 블랙 씨! 어떤 색깔로 해 드릴까요?' 또는 '언제쯤 배달해 드릴까요?' 빈 주문서를 꺼내서 기입하고 당신의 펜을 그에게 건네며 말하라. '제가 십자로 표시한 곳에 사인만 하시면 됩니다.' 라고."

"고객이 거절하면 왜 그러는지 묻고, 거절에 대한 답변을 해 준 뒤 다시 서명할 수 있게 준비하라.… 이 때 자신이 잘 판단해서 물건을 사는 것처럼 느끼도록 해야 한다.… 동시에 왜 거절을 했는지 진짜 이유를 알아낸다. 그가 물건을 사야만 하는 그 이유가 바로 기회가 된다.… 당신의 모든 능력을 가장 강력한 하나의 장점에 집중하여 설명하고 그의 판단력에 호소하여 당신이 말하는 모든 것이 사실이라고 받아들이도록 하라. 그런 다음 그에게 펜을 건네주면서 하던 이야기를 계속하라. 이렇게 하면 서명은 반드시 해야만 하는 논리적이고 결정적인 일이 되어버린다!"

판매원이 자신감과 정직함을 발산하는 것도 매우 중요했다. NCR의 판매술 중에서 가장 핵심적인 사항은 잠재 고객의 비즈니스와 이익에 대한 공감대를, 잠재 고객에게 기계를 내놓을 때는 진실성을 보여주는 능력이었다. 물론 갈고 닦을 수 있는 기술들이었다.

존 왓슨이라는 판매원이 1895년에 개최된 판매 대회에서 시연을 했는데, 청중석에 있던 한 동료가 왓슨의 진실성에 대해 칭찬을 했다. 또 어떤 동료는 "내가 이 시연회를 보고 깨달은 사실 중에서 최고의 것은 왓슨 씨가 진실만을 말하고 있다는 것을 왓슨 씨의 행동을 보면서 알 수 있었다."라고 평가했다. 물론 입문서를 잘 만들어도 언제나 물건을 잘 팔 수 있는 것은 아니다. 판매 과정은 고양이와 쥐의 게임과도 같은 것이다.

입문서는 수년 동안에 걸쳐 여러 번 수정되었으며 자주 묻는 질문에 대한 답을 실은 〈판매의 논법에 관한 책Book of Argument〉으로 개정되었다. 그리고 NCR은 1894년 1월에 두 종류의 책자를 합쳐서 〈판매 안내서Sales manual〉라는 책으로 펴냈다. 이 책은 1904년 판에 이르러서는 200페이지에 가까운 두꺼운 책이 되었다.

판매 입문서가 고객에 대한 판매원의 접근법을 표준화하는 방법을 제시하는 동안 패터슨은 판매원들의 활동을 매일 통제하고 감시하기 위한 새로운 방법을 모색했다. 그는 판매원들에게 일일보고서를 작성하여 데이튼으로 보내도록 했다. 이 보고서를 통해 판매원들이 어떤 식으로 담당한 구역을 관리하고 있는지, 어떻게 경쟁자를 제압하고 있는지에 관한 밑그림이 그려졌다.

패터슨은 각 판매 대리점에 할당량을 배분했는데, 처음에 이 할당량은 해당 지역의 인구에 따라 정해졌다. 패터슨은 4백 명당 한 명 꼴로 금전등록기를 구매할 것이라고 생각하여 구역을 배정했다. 그러나 이런 방법으로 정해지던 할당량은 얼마 안 되어 전년도의 판매량에 기초하여 결정되었으며 포인트 시스템이 도입되었다.

할당량은 1892년 4월부터 배정되었는데 달성하기가 쉽지 않았다. 할당량은 일단 배정되면 절대로 하향 조정되는 일은 없었다. 그 이유는 시장이 포화 상태가 되는 일이 없을 것이며 고객에게 새로운 기계로 교체하도록 유도할 수 있다는 패터슨의 믿음 때문이었다. NCR 사는 판매원에 대해 더욱 압박을 가하기 위해 판매 경연대회를 개최했는데 판매원들도 경품을 받으려고 경쟁을 벌였다. 〈NCR〉지에는 판매대리점의 판매 기록뿐만 아니라 납입금의 수금에 관한 기록도 실렸다.

제때에 정기적으로 수금하는 것은 NCR에 있어서는 매우 중요한 일이었다. 판매원들은 체납액을 지불하라고 고객들에게 독촉하는 일도 많아졌다. 1893년 4월의 법무부서의 보고서를 살펴보면, 당시 511개 계좌에 53,000달러(지금의 약 1백만 달러)에 이르는 미수금이 남아있다는 사실을 알 수 있다. 회사는 미수금이 쌓이는 것이 판매 대리인들의 잘못 때문이라고 비판했다. 이 점에 대해 〈NCR〉지는 다음과 같이 충고한다.

"여러분 중의 일부는 여러분이 해야 할 일은 주문을 받아오는 것이 전부이고 나머지는 우리가 다 할 것이라고 생각하고 있다. 판매 대리인들은 판매원들에게 주문을 받아오는 것과 같은 열정으로 수금도 하도록 교육해야 한다."

카리스마 넘치는 경영자의 리더십

NCR의 기업문화에서 가장 핵심적인 존재는 패터슨 그 자신이었다. 그는 기질적으로 포악한 편이었고 언제나 경영진들을 초조하게 만들었다. 그런 한편으로 판매에 대한 이야기나 개인적인 이야기 등의 다양한 주제로 사원들에게 강의를 하기도 했다. 사회학자 니콜 울시 비거트Nicole Woolsey Biggart는 1989년에 발표한 직접 판매 조직에 관한 연구 논문에서 카리스마 넘치는 지도자의 역할에 대해 흥미로운 견해를 제시했다. 이런 유형의 지도자들은 판매 대리인들에게 사명감을 북돋아 주고, 회사 조직 내의 개인들에게는 독창성을 길러준다는 것이다.

1906년에 풀러 빗 회사Fuller Brush Company를 설립한 알프레드 풀러Alfred C. Fuller와 1963년에 화장품 회사를 설립한 메리 케이 애쉬Marry Kay Ash는 회사 조직의 리더십이라는 측면에서 사원들을 독려하는 편지를 보내거나 개인적인 문제에 대하여 많은 충고를 해 준 인물이다. 비거트는 연구를 통해, 리더십이 발휘되는 기업

리더십이 빛휘되는 기업에서 일하는 사원들은 자신의 일을 삶의 방식으로 이해하고, 회사의 다양한 공적 행사에 열심히 참여한다.

〈NCR〉 지의 1893년 9월호 표지였던 이 그림은 고객에게 기계를 만지게 하거나, 손가락질을 하거나, 멱살을 잡거나, 지나친 제스처를 취하는 등 판매원이 절대로 해서는 안될 행동을 보여준다.

에서 일하는 사원들은 자신들의 일을 삶의 방식으로 이해하고, 회사의 다양한 공적 행사에 열심히 참여한다는 사실을 알게 되었다.

패터슨은 풀러나 애쉬처럼 판매원들에게 집집마다 돌아다니며 판매를 권유하도록 유도하지는 않았다. 그러나 NCR에서 그의 리더십만큼은 굳건했다. 패터슨은 단순히 기업을 경영하는 사람 이상이 되려고 했다. 그는 또 데이튼 공장의 근무 여건을 개선하여 모델이 될 만한 기업 환경을 만들어내려고 노력했다. 카페나 병원, 도서관, 오락시설을 지어 불을 환히 밝혔고, 종업원들을 위해 영화를 상영하거나 점심시간에는 강연을 하기도 했다. 그리고 이런 혁신적인 조치들을 홍보하기 위해 공장을 일반인들에게 공개했다.

패터슨은 소식지나 저널, 연설을 통하여 NCR의 판매대리점과 공장 노동자들에게 끊임없이 일과 삶에 대한 자신의 이론을 설파했다. 또 1905년에 패터슨은 골상학과 관상학에 지대한 관심을 갖고 있던 찰스 파를 고용했다. 1913년에 대학을 졸업하고 NCR에 입사하여 대표의 직위까지 오른 스탠리 앨린Stanley Allyn은, "패터슨이 숫자 5에 집착하여 우리는 숫자 5와 관련된 다양한 내용들을 준비해야 했다. 이를테면 판매원들이 해야 할 다섯 가지 행동과 피해야 할 다섯 가지 행동을 생각해 내는 식이었다."고 회상한다.

전통적 관료주의적 조직에 소속된 노동자들은 카리스마가

"Ready for the Road."

1900년 10월호 〈NCR〉 지. 판매원은 옷을 잘 입고 체격이 건장하며 언제든 길을 떠날 준비가 되어있는 사람으로 묘사되어 있다.

넘치는 지도자가 이끄는 판매조직에 고용된 사람들과는 다른 유형의 환경을 경험한다. 전통적 관료주의적 조직에서 일하는 노동자들은 월급이라는 형태로 대가를 받았다. 그러나 카리스마 리더가 이끄는 조직은 사명감과, 기업가 정신에 기반한 도적적 우월감에 대한 믿음을 갖고 있었다.

사원들은 그 보상으로 물질적인 장려금뿐 아니라 의미 있는 (또는 상징적인) 장려금도 받았다. 또한 카리스마 리더의 지도 하에서 일하는 사람들은 개인의 성공을 위해 스스로가 변화하도록 장려되었다. 비거트는 (직접) 판매조직에서 일하는 사람들은 긍정적인 사고(성공을 꿈꾸면 성공이 뒤따르고, 실패는 부정적인 사고 습관에 따르는 결과라는 믿음)를 한다고 주장했다. 조직에서 리더의 존재는 이념의 구심점 역할을 했던 것이다.

1890년대 초에 패터슨은 현대정신과 사이비 과학의 상징이던 피라미드에 심취하게 되는데, 그가 그린 회사의 조직표는 피라미드 형태를 취하고 있었다. 앨린에 의하면 "패터슨은 자신이 그린 복잡한 조직 피라미드를 매우 좋아했다."고 한다. 회사는 이사회가 있는 한 개의 피라미드와, 세 개의 '원천 피라미드'(법률, 출판, 작업 부서), 또 다른 세 개의 '운영 피라미드'(제작, 기록, 판매 부서)로 세분되었다. 가장 중요한 것은 이 조직 형태가 제일 꼭대기에 있는 패터슨의 지위를 강조했다는 점이다.

"내셔널 금전등록기의 사업 전반은 이 피라미드 계획을 통

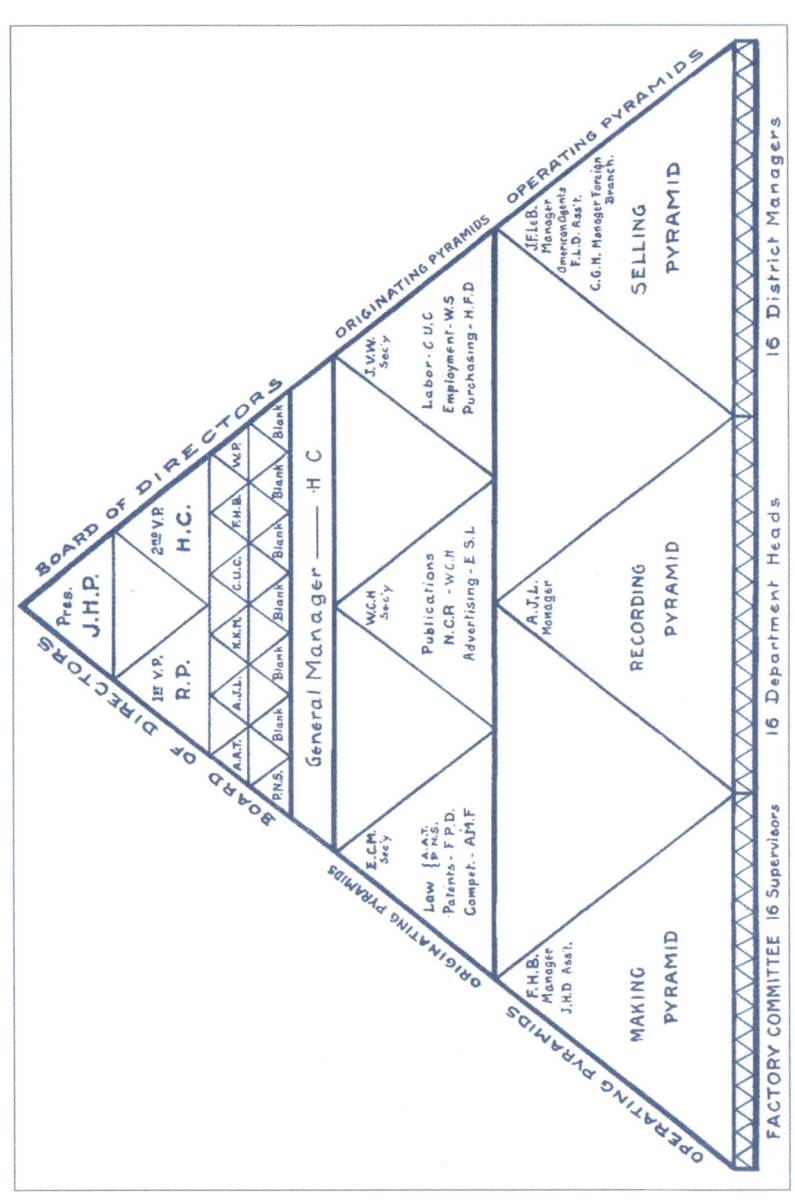

NCR의 1903년도 조직표는 피라미드에 대한 패터슨의 열정을 잘 나타내준다. 자연스럽게 패터슨은 피라미드의 가장 꼭대기에 위치한다.

해 행해졌다."고, 부사장이자 총 책임자였던 휴 차머스 Hugh Chalmers가 설명했다.

패터슨은 거의 모든 전략이나 교육 차트를 피라미드 형상 안에 밀접하게 적용했다. '판매의 과학'으로 명명한 피라미드 플랜은 성공하는 세일즈맨의 다섯 가지 자질로 건강, 정직, 능력, 근면, 비즈니스 지식으로 묘사했다.

이 플랜은 "병약하거나 신경질적인 사람은 인간의 매력을 발산하지 못한다."고 설명한다. 모든 대기업의 판매 관리자들뿐만 아니라 판매의 심리학에 관한 글을 쓰는 학자들도 판매원이 성공을 위해 갖춰야 할 가장 중요한 자질로 건강과 동물적 감각을 손꼽았다.

패터슨이 판매 대리인들과 소통하는 가장 직접적인 방법은 동기 부여를 목적으로 개최하는 판매 집회를 통해서였다. 1886년 패터슨은 데이튼에 있는 필립스 호텔에서 이런 성격의 첫 모임을 개최했다. 19세기 무렵에 이미 NCR의 집회는 공장 견학, 판매훈련 워크샵, 기술자와 발명가의 강의, 모든 영업사무소에서 올라온 보고회 등과 같은 프로그램으로 구성되었다. 회사를 활성화시키기 위한 거대한 행사로 자리를 잡은 것이다.

회사는 집회를 기회로 삼아 데이튼에서 멀리 떨어져서 일하는 많은 대리인들에게 회사의 문화를 주입시켰다. 판매원들은 집회를 통해 전략적 논의를 위한 공개

토론을 할 수도 있었다.

세인트루이스에서 올라온 한 판매원은 전국 곳곳에서 올라온 판매 대리인들을 만날 수 있었는데 "판매술에 대한 노하우나 제품을 구매했던 상인들에 대한 이야기를 나눌 수 있었다. 예를 들어 담당 구역의 어떤 상인에게 거절을 당했을 때, 그것을 극복할 수 있는 참고가 될만한 경험담을 공유할 수 있었다."고 회상한다.

NCR의 어떤 집회에서 판매원 존 윌슨(패터슨이 직접 심어놓았을 가능성이 높은)은 다음과 같이 연설했다.

> "나는 패터슨 씨 당신에게, 나를 위해 하시는 모든 훌륭한 일에 대해 감사를 드리고 싶습니다. 쌓여 있는 내 물건들은 회사에서 위탁으로 제공받은 것이며 나는 아무런 비용도 들지 않습니다. 나에게는 광고 관리자가 필요하지도 않습니다. 왜냐하면 패터슨 씨 당신이 광고 부서와 공장 인쇄소에서 일하면서 나를 위해 광고 관리자의 역할까지 맡아주셨기 때문이죠."

한편 패터슨은 긍정적인 사고와 단호한 노력의 힘에 대하여 거듭 강조를 했다. 1899년에 기술자로 고용되어 후에 회사의 대표가 된 에드워드 디즈Edward Deeds는, NCR의 부지에 서 있는 한 건물을 하룻밤 사이에 전부 헐어버리고 그 자리에 잔디를 심으라는 패터슨의 지시를 받았던 집회를 회상한다.

디즈는 사람들과 함께 죽을 고생을 하여 판매원들이 자는 동안에 그 일을 완수했다. 다음 날, 패터슨은 이렇게 마술처럼 건물이 사라진 것을 이용하여, 사람이 마음만 먹으면 못할 일이 없다고 설교했다. 패터슨에게 있어서 성공을 가로막는 가장 큰 원인은 두려움과 낙담, 자신감의 결여였다. 이는 집회에서 패터슨이 매년 할당량을 늘릴 때마다 대리인들에게 강조하던 단골 메시지였다. 판매원들이 마음을 먹고 잠재 고객을 설득하고 경쟁자를 확실하게 제압한다면, 담당하는 구역의 시장이 결코 포화 상태가 되는 일은 없다는 것이었다.

패터슨은 "만족하지 말라!"고 〈NCR〉 지에 썼다. 그런 한편 NCR의 공장 벽에는 "우리는 변화를 통해 발전한다." 또는 "이만하면 됐다는 생각은 최고를 추구함에 있어 가장 큰 적이다!"와 같은 여러 표어들을 새겨 놓았다.

패터슨은 자기 자신이 NCR뿐만 아니라 금전등록기 업계 전체를 일으켜 세운 것으로 인식했다. 그의 경영 방식은 판매 대리인들 역시 자발적으로 대리점을 발전시키는 노력을 하고, 스스로를 능력에 따라 보상을 받는 입지전적인 인물로 인식하도록 확신시켜 주는 것이었다. 그러나 동시에 패터슨은 대리인들이 훨씬 더 큰 의미의 일부라는 사실도 상기시켜 주었다.

데이튼의 본부에서 언제나 당신을 지켜보는 피라미드의 일부라는 사실을!

NCR 학교를 열다

NCR은 금전등록기 사업의 선구자였고 초기에는 압도적 우위를 점하고 있었다. 그러나 1890년대 중반 경제 불황을 비롯하여 온갖 새로운 문제에 직면하자 패터슨은 마케팅에 더욱 신경을 썼다.

1893년에 시작된 불황은 농업에서 비즈니스에 이르기까지 경제 분야 전반에 걸쳐 매우 심각했다. 이때는 저가의 상품을 생산할 시점이 아니라 가격이 하락하는 시기였다. 사업가들은 경제 여건에 대해 몇 가지의 반응을 보였다. 숙련공에 대한 의존도를 줄일 수 있는 새로운 관리 정책을 도입했고, 해외에서 고객을 찾으려는 마케팅 전략을 생각해 냈다.

패터슨도 수많은 혁신적인 작업에 착수하였다. 더욱 강화된 판매관리법을 도입하고 국내외의 판매원 수를 늘렸으며, 경쟁회사를 망하게 하거나 완전히 매수하는 방법으로 경쟁자를 압도해 나갔다. 동시에 어려운 시기를 극복하는 방법은 두 배로 노력하는 것이라고 말했다. 그는 "경제 상황이 좋지 않을 때, 우리는 더 많이 광고하고 더 열심히 일했다."고 그때를 회상한다. 그는 사무엘 베너Samuel Benner의 예언서를 읽으면서 침체기를 가장 먼저 대비한 사람이었다.

패터슨은 1893년 초에 판매 인력을 감시하고 훈련하는 것에 더욱 역점을 두었다. 그 일환으로 패터슨과 광고관리자인 깁스는 1893년 3월부터 6월까지 미국 내 판매대리점들을 방문했다.

두 사람은 미국의 모든 주요 도시를 들러 특별 집회를 열었다. 이들은 판매대리인들의 판매 방법과 상점 주인들에게 접근하는 방법, 판매를 마무리하는 방법, 판매원들의 외모, 잠재 고객에 대한 태도를 조사했다.

또 전시실을 둘러보고 금전등록기가 어떻게 전시되어 있으며, 판매가 어떻게 이루어지는지를 살폈다. 패터슨은 이 여행 동안 대리인들과 판매원들을 위한 새로운 규칙을 만들었다. 매일 아침 8시 15분에 점호를 했고 이때 전날의 보고서를 제출하도록 한 것이다. 또 모든 판매 대리인들에게 9시까지 담당 구역으로 나가서 하루종일 일을 하도록 했다. 매주 월요일 아침 8시에는 모든 판매 대리점 대표들이 모여 그 주의 목표에 관한 회의를 하도록 했다.

또 패터슨은 입문서를 암기하지 못하는 판매 대리인들에게 〈NCR〉지를 통해 경고를 보냈다. "우리는 지금부터 그 어떤 변명도 받아들이지 않을 것이다. 우리는 이번 여행을 통하여, 회사의 지시 사항을 수행하기 위해 입문서를 활용하는 것에 어떤 이점이 있는지를 살펴보았다. 그렇게 하지 않는 판매 대리인들은 이유가 어찌 되었건 간에, 이유 여하를 막론하고 계약을 취소할 것이다." NCR이 제공한 금전등록기의 모델이 다양해짐에 따라 판매원들도 기종에 대해 이전보다 훨씬 더 많은 것들을 알아야 했기 때문이다. NCR은 20세기로 접어들 무렵에 100여 종의 금전등록기 모델을 출시하고 있었다.

1894년에 패터슨은 데이튼에 판매원 양성학교를 열었다. 첫 과정은 6주 동안으로, 기본적인 소매 회계기술, 금전등록기 조작(시연) 방법, 건강과 예절에 관한 교육을 실시했다. 최초의 'NCR 학교'는 오래된 패터슨 가의 농장 부지에 세워진 작은 건물이었지만 NCR은 곧 미 전역과 해외에도 학교를 세웠다. 1896년, 데이튼 학교에는 7개 반에 106명의 학생이 수강하고 있었다. 이들 중의 70명은 그 해가 끝날 무렵까지 회사에 남아 있었다.

미주리 주의 NCR 판매 대리인인 스테이시J. H. Stacey는 당시 해당 지역 판매소에 개설된 NCR 학교에서 1907년도에 겪었던 경험에 대하여 이렇게 회상한다.

"나는 열두 서너 명의 사람들과 함께 세인트루이스에 있는 학교로 가서 30일 정도 그곳에서 교육을 받았다. 학교에는 강사가 있었고 그는 매일 아침 9시부터 저녁 5시 반에서 6시까지 강의를 했다. 그는 다른 강사들과 마찬가지로 우리보다 일찍 일어났고, 새롭게 전시될 기계에 대해 설명해 주었다. 그런 다음 시험지를 나눠주고 답안을 작성하게 했다. 우리는 밤에 답안을 작성하여 다음 날 제출했다. 그는 우리에게 매일 문제를 내고 시험지를 채점한 다음, 우리가 수업 내용을 얼마나 잘 이해했는지 보여주었다."

그러나 일부 판매원들은 무자비하게 논쟁 연습을 하는 것에 대해 문제를 제기했다. 전직 판매원이었던 헨리T. C. Henry는 자신이 쓴 통렬한 책 〈금전등록기의 신뢰에 대한 속임수Tricks of the Cash Register Trust〉(1913)라는 책을 통해 NCR 학교에서 겪었던 일들을 설명한다. "NCR의 집회나 학교에서 공부한 것을 통해 금전등록기의 사용을 반대하는 상인의 어떤 주장도 해결해 본 일이 없다!" 또 헨리는 NCR을 상어에 비유했다. "NCR은 판매원들을 훈련시켜서 교묘한 말솜씨로 상점 주인들과 경쟁자들을 갉아먹게 했다."고 주장하면서 "어떤 상인도 상어를 대적할 수 없으며, 상어가 원하는 것은 상인들을 압박하기 위한 화술이었다."고 주장했다.

20세기로 바뀌면서 NCR의 판매에 대한 요구 사항은 늘어만 갔다. 판매원들에 대한 압박은 근무시간에만 국한되지 않았고 가정에까지 손을 뻗쳤다. 대부분의 판매 대리인들은 행상인이나 방문 판매원들과는 달리 결혼을 했고, 패터슨은 성과를 더 올리기 위해 아내들의 지지를 얻으려 했다. 즉, 아내들의 관심사를 남편의 성공 쪽으로 돌려 지지를 얻어낸 것이다. 앞에서도 언급했던 것처럼 판매 경진대회의 경품으로 테이블이나 도자기 식기를 제공했을 뿐 아니라 때로는 아내들만 초대하여 데이튼에서 집회를 열었다. 언젠가 이 집회에서는 아내들이 남편의 성공을 돕기 위해 할 수 있는 열 가지를 안내하는 현수막을 내걸었다.

1. 간소하고 잘 요리한 음식을 내놓자.
2. 남편을 기분 좋게 해 주자.
3. 남편에게 신선한 공기를 많이 쏘이게 해 주자.

4. 충분히 수면을 취할 수 있게 해 주자.

5. 적절하게 격려를 해 주자.

6. 규칙적인 운동을 하는지 관찰하자.

7. 만약의 경우를 대비해 아끼고 절약하자.

8. 남편의 판매 기록에 관심을 갖자.

9. NCR 광고지를 읽자.

10. 자기 자신도 명랑하게 살자.

회사가 판매원의 아내들과 관계를 맺는다는 것은 보기 드문 일이 아니다. 1921년의 조사를 보면 "판매 관리자들은 판매원의 성과를 올리기 위해 그들의 가족과도 유대 관계를 모색한다."고 했다. 10년 후에 실시된 또 다른 조사에 의하면, 모든 판매회사의 약 20%가 특정한 시점에 판매원들의 아내와 접촉을 했다고 한다. 이런 노력은 판매원들의 아내를 관리 차원의 공범자로 끌어들이기 위한 것이었다. 여기서 아내의 역할은 남편의 성과를 점검하고 남편이 더 많은 실적을 올리도록 채찍질해 주는 것이었다.

1906년부터 할당량을 달성한 NCR의 판매원은 새로 조직된 100 포인트 클럽One Hundred Point Club에 가입할 수 있었는데 이 클럽은 연례 행사를 개최했다. 구성원들에게는 150달러에 상당하는 순금이 상금으로 수여되었다. 이 클럽의 회원 자격은 1년 동안 매월 1백 점 이상을 판매한 사람으로 제한되었다. 집회는 1주일 동안 열리며 패터슨과 간부들이 참석하여 담화를 나누는 특별 행사도 있었다. 이 모임에 관한 어떤 기사에 따르면 "1백 점 이상을 달성한 사람들이 공장에 오면 거대한 공장 구석구석에 깃발이 휘날리고 이들의 영광을 축하하기 위한 판매 실적이 온 게시판을 통해 6천 명의 직원들에게 알려진다."고 되어 있다.

20세기로 넘어갈 즈음, NCR은 확장일로에 있으면서 규모의 경제를 실현하고 있었다. 1902년 1월부터 1903년 4월까지 4동의 새로운 공장 건물이 세워졌고 다른 두 공장 건물은 확장했다. 판매 인력은 1890년에 128명에서 1910년에는 750명으로 증가했고, 동기간의 금전등록기 판매대수는 9,091대에서 83,333대로 껑충 뛰었다. 판매 대리점의 수가 약 6배로 증가하는 동안에 판매대수는 9배 이상 뛴 것이다.

패터슨은 국내의 엄격한 훈련 방법에 따라 해외의 판매 조직도 관리했다. 패터슨은 1893년에 미국 내에서와 마찬가지로 1897년 6월에 유럽 출장길에 올라 3개월 동안 여러 지점을 방문했다. 그는 이 1897년의 출장에서 리버풀, 런던, 파리, 베를린, 상테페테르스부르크, 모스크바, 오데사, 비엔나를 방문한다. 패터슨은 지구를 의미하는 큰 원을 그려 NCR의 식원들에게 자신의 글로벌 전략을 제시하면서 한 쪽의 손실은 다른 한 쪽에서 이익이 나야만 보충할 수 있다고 말했다.

NCR의 국제적인 확장은 이 회사의 기업문화의 일부였고 회사의 많은 출판물을 통해 칭송되었다. 20세기를 맞이한 데이튼 공장의 외벽에는 전 세계 여러 나라의 이름이 새겨졌다. 1903년에 NCR은 영국, 프랑스, 독일, 이탈리아, 네덜란드, 러시아, 오스트리아, 덴마크, 포르투갈, 오스트레일리아, 뉴질랜드, 필리핀, 남아프리카 공화국, 멕시코, 쿠바, 아르헨티나, 칠레 등 27개국에 금전등록기를 판매하고 있었다. 3년 후에 해외 매출은 전체 매출의 약 38%를 차지했고 독일은 전체 매출의 14%를 차지했다.

1895년에는 자회사인 런던 NCR 주식회사가 설립되었고, NCR m.b.H.는 1896년에 독일에 설립되었다. 1902년에는 금전등록기의 외부 틀을 생산하는 공장이 베를린에 세워졌는데 이로써 독일의 수입관세에 대응할 수 있게 되어 미국에서보다 더 저렴한 가격에 생산할 수 있었다.

NCR은 스페인과 미국 전쟁의 여파로 아시아와 태평양 지역의 섬에도 그 존재를 일깨우게 되었다. 하와이에 있는 샌드위치 섬의 판매 대리인은 다음과 같이 안타까워했다. "일본인과 중국인 상인들이 소매업의 5/6를 장악하고 있지만 그들은 아직 금전등록기를 사용하지 않고 있다. 그러나 악착같이 요청을 하면 그들도 사용하게 될 것이다."

1890년대에 판매 대리인 교육의 질을 높이고 해외에서 일하는 판매원의 숫자를 늘리면서 패터슨은 경쟁사에 대한 대처 활동을 강화하여 경쟁에 맞설 판매원을 확충하려고 했다. 물론 시간이 흐르면서 경쟁이 치열해지기는 했지만 1888년에는 그다지 절박한 상황은 아니었다. 그러나 패터슨은 일찍부터 등록기 업계를 장악하려는 결심을 하고 있었다.

같은 해 그는 〈NCR〉지에 이렇게 썼다. "우리에게는 아직 심각하게 생각할 만한 경쟁자도 없고, 우리가 잘 대처하기만 한다면 그 어떤 상대도 우리와 대적하지 못할 것이다. 그러나 약자가 강해지기 전에 우리는 그들을 뭉개버려야 한다." 이 시기에 그의 관심을 끈 회사는 켄터키 주의 루이스빌에 있던 홉킨스 앤드 로빈슨 사Hopkins and Robinson Company였다.

패터슨은 이들을 물리치기 위해 '녹커스'라는 모델을 시장에 내놓았다. 이 제품은 홉킨스 앤드 로빈슨 사의 기계를 아주 비슷하게 모방한 것이었는데, 특허권 침해의 소지를 피할 수 있도록 만들었으며 가격은 더 싸게 매겼다. 패터슨은 "이 등록기를 내놓는 이유는 팔기 위함이 아니라 단지 홉킨스 앤드 로빈슨 사의 금전등록기가 팔리는 것을 막기 위함이다."라고 말했다.

1890년대 초반, 경쟁은 점점 더 부담이 되고 비용도 많이 들었다. 램슨 사Lamson Company는 신시내티와 톨레도, 클리블랜드, 디트로이트에 사무소를 두었고 썬 심플렉스Sun−Simplex 사는 미 전역의 도매상들을 통하여 단순한 기종을 팔았다. 유니언 사Union Company도 가격이 저렴한 기종을 내놓았다. 이런 식으로 NCR은 모두 합쳐 63개 사와 경쟁하였다. 그 결과 1891년에는 대항 부서를 만들기에 이른다. 이 부서는 경쟁사에 대한 NCR의 공격적인 특허권 행사를 지휘했다. 또 이 부서에는 정식 판매원을 두고 경쟁자가 출현하는 지역에서 활동하도록 했다. 이 사람들은 월급을 받고 고용되었는데 '회사 사람'이나 '전문가'로 불렸다. 이들 업무 중의 하나는 경쟁사의 판매원을 따라 다니며 이들이 이미 받아둔 주문을 취소시키기 위해 공작하는 것이었다. 콜로라도의 한 상점 주인은 NCR의 한 판매원에 대해 이렇게 회상하고 있다.

"나는 신상품과 과자류를 팔고 있었다. 1919년 5월 20일, 덴버의 알드리지 판매회사Aldridge Selling Company와 계약을 하고 미국 금전등록기 회사American Cash Resister Company(ACR)의 금전등록기를 사기로 했다. 가격은 120달러였다. 나는 구매계약서에 서명은 했지만 대금을 완불하지는 않았다. 1차 지불액으로 합의된 금액은 20달러였다. 계약서를 작성하고 난 후, 볼더에 있는 NCR의 판매 대리인이 찾아왔다. 그는 그 기계가 별로 좋지 않다면서 나에게 너무 비싼 가격에 계약했다고 말했다. 나는 그 사람에게 거의 말을 하지 않았다. 그는 다시 찾아와서 콜로라도에 있는 다른 사람의 편지, 미국 곳곳의 다른 상인들의 편지를 보여 주었는데, 그 편지에는 ACR 금전등록기가 절대로 좋은 물건이 아니다, 계산이 정확하지 않을 때가 많다는 글이 쓰여져 있었다. 그는 나중에 또 와서 나를 오코너 호텔로 데려가더니, 뚜껑을 벗겨낸 두 대의 금전등록기를 보여주면서 기능을 설명했다."

소위 이 전문가들은 경쟁사의 제품을 물리치는 방법에 대해 훈련을 받았다. 제임스 월러James R. Waller는 1900년 LA에서 NCR을 위해 전문가로 일했던 사람이다. 그는 금전등록기를 열고 닫으면서 동시에 여러 버튼을 누르는 복잡한 술책을 부려 할우드Hallwood 금전등록기가 부정확한 합계를 내도록 보여주는 야간 강좌를 들었다. 이 대부분의 전문가들의 행위는 공정한 판매의 도를 넘어선 것이었다. 그러나 NCR만이 이런 불공정한 활동을 한 것은 아니었다.

1892년 11월, 보스턴 금전등록기 회사Boston Cash Register Company는 자사 판매대리인들에게 얇은 쇠 조각으로 NCR의 금전등록기를 여는 방법을 가르쳤다. 이렇게 경쟁자를 전멸시키기 위해 애쓰다보니 다른 산업 분야에서도 비도적덕인 행동들이 만연하게 되었다.

몇몇 회사를 거론하자면, 유나이티드 프루트United Fruit, 스탠더드 오일Standard Oil, 버로우즈 계산기Burroughs Adding Machine 사는 판매원을 이용하여 경쟁사의 정보를 수집하고, 그들의 판매 활동을 무력화시켰다. 이 회사들은 경쟁사의 판매원에게 겁을 주거나, 제품을 헐값에 팔았으며, 고객들을 위협하기도 했다. 일례를 살펴보자. 당시 버로우즈의 판매부 관리자는 고속 덧셈 연산기를 생산하는 펠트 앤드 태런트 회사Felt and Tarrant Manufacturing Company의 판매부장에게서 자주 편지를 받았다. 펠트 앤드 태런트 사의 관리자는, 버로우즈 사의 판매원들이 고속 연산기의 기어에 모래를 집어넣거나 다른 속임수를 쓰고 있다는 것이었다. 1919년 10월 그는 이렇게 썼다.

"당신네 회사의 수리공인지 판매원인지는 모르겠지만, 여하튼 당신네 회사 사람들이 필라델피아의 조지 블라본 사를 찾아갔다고 합니다. 그들은 이 회사가 최근에 구매한 우리 회사의 고속 연산기가 가볍게 흔들기만 해도 고장이 난다는 걸 보여주려 했고, 그런 다음 당신네 회사의 계산기 두 대를 시험적으로 써 보라며 놓고 갔다고 합니다. 당신네 부하들은 기계가 고장이 났다고 그곳 사람들을 설득하는 데 확실히 성공했을 겁니다. 조지 블라본 사가 고속 연산기 두 대를 수리해 달라고 우리에게 되돌려 보냈으니까요. 그러나 우리는 기계들이 완벽하게 작동한다는 것을 재차 확인했습니다."

몇몇 기업들은 이런 술책을 부려서 물건을 더 많이 팔았다. NCR은 1893년과 1906년 사이에 19개의 제조업자나 판매점

1920년, 데이튼에서 개최된 판매 집회. 주변을 둘러싼 깃발들은 NCR의 지사가 있는 나라를 나타낸다.

들을 아예 인수해 버렸다. 이때 인수한 회사들로는 크러쉬 금전등록기, 램슨 금전등록기, 보스턴 현금 표시 및 기록기, 오스본 현금등록, 톨레도 현금등록기 등등이었다. 이 회사들의 인수 작업은 대부분 1900년과 1906년 사이에 이루어졌다.

NCR의 엄청난 시장점유율(1892년에 80%, 이후 10년 뒤에는 95%로 추정됨)을 수반한 이러한 기업 인수 행위들은 몇 가지 법률적인 측면에서 회사에 어려움을 초래하게 된다. NCR은 1890년의 셔먼 법Sherman Act 하의 독점금지법에 두 번이나 저촉되었는데, 이는 회사를 설립하고 6년이 지난 후에 통과된 법이었다. 최초의 연방 송사였던 미합중국 대 패터슨 건(1893년)은 NCR에 공정거래를 방해한 공모 혐의가 있다는 것이었다. 이는 계약이나 담합에 의한 공모가 아니라 "다른 사람들을 업계에서 내쫓음으로써 독점하기 위해", "다른 회사들의 거래를 방해하거나 파괴하기 위한" 공모로 규정되었다. 그러나 이 사건은 법정까지 가지는 않았다. 고소한 회사들 중의 하나인 램슨 사가 NCR에게 합병되어 흐지부지 넘어가 버렸기 때문이다.

패터슨이 세일즈맨십에 남긴 유산

패터슨은 유능한 경영진(대부분은 NCR에서 육성되었다)에 둘러싸여 있었지만 언제나 피라미드의 정점에 있었다. 경영진들이 어떤 식으로든 그에게 도전하면 결국은 해고를 당했다. 패터슨은 회사의 고위 경영진들을 불필요한 사람들이라고 생각했으며 그들 때문에 회사가 어려움에 빠졌다고 비난했다. 그리하여 이들 중의 일부는 다른 회사로 옮겨 최고경영자의 자리에 앉기도 했다.

1917년에 패터슨은 매일 회사에 나와 운영해야 하는 자리에서 물러났다. 그의 나이 73세였고 1년의 대부분을 여행을 다니며 보냈다. 수 년 동안 회계 보고서를 작성했던 스탠리 앨린은, 패터슨은 회사가 제1차 대전 중에 항공기 부품과 권총 생산을 위해 재편되었을 때, 군수산업에서 부당한 이득을 취했다는 비난을 받고 싶지 않아서 물러났다고 주장한다. 그가 없는 동안 회사는 총책임자인 존 배링거John H. Barringer와 보좌역이었던 앨린이 꾸려나갔다. 1921년에는 자신이 평소에 족벌주의를 열성적으로 반대했음에도 불구하고 결국 회사의 대표에 아들 프레데릭을 앉히고 자신은 이사회의 대표 자리에 앉았다. 그러나 프레데릭은 일상적인 회사 운영을 주로 배링거와 앨린에게 맡겼다.

존 패터슨의 경영 방식은 패터슨 본인의 개성과 매우 밀접하게 관계되어 있어서, 어떤 의미에서는 다른 사람이 흉내도낼 수 없을 정도로 독특했다. 패터슨은 직접 강연을 하거나 스스로 자기 계발을 이뤄냄으로써 판매술에 관한 방법론과 판매의 관리 영역에 큰 영향을 미쳤다. 패터슨의 경영 방식은 그에 관한 기사나 책을 통해서도 잘 묘사되고 있는데, 대부분은 지나칠 정도로 칭찬 일색이다.

더욱 의미가 있는 것은 패터슨 밑에서 일했던 경영진들이

(대개 NCR에서 해고된 뒤) 다른 회사에서 일하게 되었을 때 패터슨의 경영 방식을 전파했다는 점이다. 패터슨의 특허 변호사였던 앨번 맥컬리Alvan McCauley는 훗날 버로우즈 사의 대표가 되었고 NCR의 판매 조직과 유사한 조직을 만들어 계산기를 팔았다. 버로우즈 사의 판매원들도 금전등록기 업계의 판매원들처럼 단순히 물건을 파는 사람이 아니라 상담원과 분석가로서 잠재 고객에게 접근하는 교육을 받았다. 이들은 유망 구매자가 아니라 잠재 구매자를 뒤쫓았다.

실제로 상당수의 NCR 출신 경영자들이 자동차나 사무기기 분야 등의 대량 생산 기업의 대표가 된다. NCR 출신 중에는 제너럴 모터스 사의 찰스 케터링, 차머스 자동차 회사의 휴 차머스, 시보레 사의 리처드 그랜트도 있다. 내셔날 자동도구 사의 윌리엄 보크호프도 NCR에서 일했고, 주소인쇄 윤전기 사의 조지프 라저스, 톨레도 저울 사의 헨리 테오볼드, 스탠다드 등록기의 윌리엄 셔먼, IBM의 토마스 왓슨 Thomas J. Watson도 NCR 출신이었다. 파란 제복을 입은 IBM의 판매원은 NCR에서 만든 판매 전략과 아주 직접적인 방식으로 연결되어 있다. IBM의 유명한 표어인 "생각하라!"는 명백하게 왓슨의 제안으로 NCR의 기래용 명함에 처음 등장했던 문구다.

20세기 초의 판매술 분석가들도 패터슨의 영향을 받았음을 보여준다. NCR과 버로우즈 사에서 일했던 엘모 루이스E. St. Elmo Lewis의 세일즈맨십에 관한 가장 유명한 저서 〈창조적인

관심을 끌어라, 흥미를 유지하라, 욕구를 이끌어내라. 세일즈맨은 혁신적인 의식을 가지고 고객을 리드해야 하며, 관심에서 시작된 흥미를 욕구로 끝나게 해야 한다.

세일즈맨십Creative Salesmanship〉(1911)에서는 패터슨을 칭송하면서, 입문서에 제시된 접근, 제안, 시연, 마무리와 같은 수순에 따른 단계별 판매 과정을 설명했다. 그리고 루이스는, NCR의 입문서는 "물건을 최대한 효율적으로 판매하려고 했던 과학적 접근 자세의 결실이었다."고 주장했다.

루이스는 다음과 같은 표어를 공식화했다. "관심을 끌어라. 흥미를 유지하라. 욕구를 이끌어내라." 이 표어를 염두에 두고 만든 루이스의 이론은, 판매의 프로세스에서 판매원은 혁신적인 의식 상태에서 고객을 리드해야 하며, 관심에서 시작된 흥미를 계속 유지하여 욕구로 끝나게 하라고 한다. 이런 상태는 잠재 고객의 구매 행동을 순차적으로 자극할 것이다.

루이스의 모델은 다른 저자들도 자주 인용하곤 했는데, 산업 심리학자인 에드워드 켈로그 스트롱Edward Kellogg Strong은 판매의 과정에서 가장 뛰어난 전개 방법을 제공했다며 매우 의미심장한 이론이라고 주장했다. 패터슨과 루이스의 노력은 판매술에 과학적 자세와 전문가적 식견을 부여한 것으로 20세기 초의 커다란 변화의 일부였다. 판매술에 관한 분석이 더욱 활발해지자 마침내 판매는 더 이상 한 회사의 영역에 머무르지 않고 더욱 강력한 전문가들로 구성된 연구가 이루어지게 되었다.

6장

판매를 넘은 '판매학'이 시작되다

판매에 대한 심리학자, 경제학자의 관심

현대의 판매 관리를 구성하는 많은 요소들은 이미 20세기 초에 자리를 잡고 있었다. 존 패터슨은 판매를 체계화한 대표 주자였다. 하지만 다른 기업가들과 경영자들은 효율적이고 효과적인 판매 인력을 구축하는 것에 야망을 갖고 있었다. 켈로그W. K. Kellogg는 경쟁자인 포스트C. W. Post의 시리얼 '그레이프 넛'에 맞서 '콘플레이크 운동'을 벌였다.

부친이 1919년에 회사를 인수한 후 사장으로 취임한 로버트 우드러프Robert W. Woodruff는 제품에 변화를 주지 않고 광고를 통해 미국적 주제와 연결하는 탁월한 판매술을 보여주었다. 프록터 앤 갬블P&G의 윌리엄 프록터William C. Procter는 크리스코 Crisco 등의 신제품을 1911년에 출시하여 대규모 방문 판촉 캠페인과 경품, 광고를 통해 판매했다. 그는 도매업자들을 건너뛰고 소매업자들에게 직판하는 방식으로 기업의 판매 구조를 개편했다.

패터슨과 같은 과학적인 판매 촉진자와 그들의 경험에 자극을 받은 경영자들은 판매술을 다른 방식, 즉 기존의 시장에 판매할 뿐만 아니라 새로운 시장을 개척하는 기회로 보았다. 많은 거대 제조기업들에게 문제가 되는 것은 높은 생산성을 어떻게 유지하느냐가 아니라 대량으로 생산한 제품들에 대한 수요를 어떻게 자극할 것인가였다. 다른 업계의 기업가들도 제품의 유통을 다양화하거나 해외시장의 판매 비율을 높이는 등의 새로운 시장을 찾고 있었다.

판매의 경제적 역할이 더욱 커지면서 회계나 금융과 같은 다른 사업에 이미 정착된 전문가 협회나 무역 저널, 학술 서적, 경영대학원 등이 생기기 시작했다. 비즈니스 서적의 저자들과 출판업자들, 경제학자들, 심리학자들도 세기가 바뀌면서 판매에 대한 새로운 분석들을 내놓았다. 이런 전문가들은 서적 외판원, 도매상, 대규모 제조업자들의 뒤를 이어 판매에 대한 신봉자로서 제2의 물결로 등장했다.

대학 교수나 분석가들은 판매술이 어떻게 작용하는지, 즉 판매가 어떻게 완결되는지를 이해하려고 했다. 이들도 판매 관리자들이 직면했던 문제인 할당량을 배정하고, 판매 인력을 조직하고, 적절한 보상 비율을 결정하고, 이직률을 낮추고, 사기를 진작하는 방법들에 많은 관심을 기울였다.

세기의 전환기에 비즈니스맨들은 판매를 보다 효율적으로 하려고 했을 뿐만 아니라, 자신들을 전문 직업인이나 전문가와 동류로 생각함으로써 자신들의 이미지가 개선되기를 원했다. 1894년부터 1904년까지의 대 합병 바람이 미국에서 심각한 문제를 야기시킨 후, 대기업에 대한 대중의 신뢰는 낮은 수준으로 떨어졌다. 비평가들은 독점 기업들을 이끄는 '도둑 귀족(존 록펠러, 제임스 듀크, J. P. 모건)'들 뿐만 아니라, 스탠다드 오일Standard Oil 사와 아메리칸 타바코American Tobacco 사와 같은 기존의 기업들, US스틸 사와 같은 새로운 거대 독점 기업들을 비난했다. 비록 이런 우려가 몇몇 업계에서만 나타난 것으로 드러났지만 어떤 사람은 진입 장벽이 높은 거대 기업들이 곧 모든 산업을 지배하게 될 것이라고 주장했다.

설상가상으로 20세기 초에 기업가들과 경영자들에 대한 몇 가지 사건들이 있었는데 그 중에는 판매원들이 관련된 사건들도 있었다. 뉴욕 주는 보험업계에 대한 철저한 수사에 착수했다. 부장검사인 찰스 에반스 휴즈Charles Evans Hughes는 리베이팅(구매를 유도하는 차원에서 판매원이 잠재 고객에게 자신의 수당의 일부를 나눠 가지는 것)과 생명보험 부당 계약(판매원들이 보험 가입자에게 경쟁사와 맺은 기존의 보험 계약을 해지하도록 강요할 때) 등의 비윤리적인 행위를 폭로했다.

휴즈는 그처럼 공격적인 판매술로 사람들에게 구매를 설득하고 요구하는 제품은 사회적으로 필요가 없는 물건일 것이라고 주장했다. 기업의 반독점 소송이 진행되는 동안 NCR과 소속 판매원들의 활동은 자주 뉴스의 1면을 장식했다.

1912년 2월 법원은 셔먼 반독점법에 따라 거래 방해를 불법 공모한 혐의와 독점기업을 형성하려고 시도한 혐의에 대해 패터슨과 21명의 경영진들을 기소했다. 혐의 중의 일부는 NCR의 판매원이었던 토마스 왓슨에 집중되었다. 나중에 IBM의 총수가 된 그는 경쟁업체들보다 물건을 싸게 팔기 위해 중고 금전 등록기를 파는 유령 상점을 차렸었다.

새로운 전문가들은 낮은 효율성과 높은 이직률, 대중의 의구심이라는 문제에 대처할 수 있도록 기업가와 판매 관리자들을 돕기로 했다. 전문가들은 사업가들에게 해답을 구하려면 자신들에게 의지하라고 권유했다. 이들은 '과학적 관리법'의 창시자인 프레데릭 테일러가 개척한 성과의 도움을 받았다.

테일러는 비즈니스의 과정, 특히 생산 능력은 실험과 관찰을 통해 향상시킬 수 있다는 생각을 갖고 있었다. 테일러는 생산직 노동자들의 작업을 분석하기 위해 '시간과 동작 연구'를 주창했다. 그는 작업자들이 업무를 수행하는 것을 주의 깊게 관찰하고 육체적 움직임을 분석해 작업을 최고로 수행하는 방법을 얻을 수 있다고 주장했다.

또한 그는 '시간과 동작 연구'와 더불어 원가 계산, 인센티브에 기반한 임금률, 재고, 구매에 대한 체계적 접근을 포함한 포괄적인 관리 체계를 주창한 대표적 인물이었다. 테일러가 주장하는 과학적 관리법의 전반적인 사상은 과거에는 '사람이 우선'이었지만 미래에는 '체계가 우선'이라는 것이었다.

테일러의 모든 권장 사항들을 따르는 기업은 거의 없었지만 많은 기업들이 생산 관리에 대한 체계적인 접근법을 개발했다. 그로 인하여 통제권은 노동자에서 관리자와 효율적인 비즈니스 과정으로 옮겨갔다. 또한 20세기 초 일부 사업가들과 저술가들은 테일러의 사상을 유통에 적용했다.

경제정책 저널을 통해 아마사 워커Amasa Walker는 "과학적 관리법에 따라 생산 공장에서 거의 모든 불필요한 동작이 제거되었다."고 주장했다. 찰스 윌슨 호이트Charles Wilson Hoyt는 저서 〈과학적 판매관리Scientific Sales Management〉(1913)에서 테일러의 사상을 판매에 직접 적용하라며 "판매원에게 적절한 교육을 실시해야 한다."고 주장했다. 그러면서 교육은 심지어 개인의 동작이나 판매원들의 업무에 대해서도 이루어져야 하며, 분산된 노력을 판매원들의 정확한 업무 방식으로 대체하라고 주장한다. 이는 표준화에 관한 문제, 판매원의 언변, 판매에 있어서 판매원의 접근 방식 등을 포함하여 교육을 실시하라는 것이다.

하지만 20세기 초의 판매 전문가들이 체계의 구축과 효율성의 향상이라는 테일러의 목표를 따랐던 반면, 대부분의 기업가들은 판매를 과학으로 전환하는 방법에 있어서 자신들만의 아이디어를 실행해 나갔다. 출판업자들은 판매 관리자들에 대한 조사를 실시하고 성공한 기업의 경영자들에 대한 이야기를 담았다. 경제학자들과 대학 교수들은 새로 설립된 경영대학원에서 판매원들의 경제적 역할을 분석하고 유통 비용에 관한 경험적 데이터를 수집했다.

심리학자들은 판매 각본의 효과를 검증하려 했고, 판매를 이해하기 위해 인간 행동에 대한 자신들의 이론들을 적용했다. 또 그들은 성공한 판매원들의 기술과 지식, 성격에 대한 연구를 통하여 판매원들의 특징들을 알아내려고 했다.

전문가 집단의 등장도 이 분야에 많은 영향을 미쳤다. 이로 인해 판매가 더욱 체계적이고 심지어 더 과학적으로 이루어질 수 있다는 사상이 확산되었다. 그것은 이 분야에 정통성을 더해 주었고 경제학자, 심리학자, 기타 엘리트 집단이 이 주제에 관하여 글을 쓰거나 강연을 하면서 '판매'와 '판매 관리'를 학문의 분야로 격상시켰다.

마지막으로 판매 전문가들(더 구체적으로 판매 전문가들을 고용하는 출판사, 대학, 심지어 정부 기관들)의 등장은 대기업을 힘있는 동맹자들과 광범위하게 연결하여 어떤 역사가의 표현처럼 연구의 기반을 마련하는데 기여를 했다. 많은 전문가와 연구소들은 노동자에 대한 동기 부여, 소비자 행위, 현대적 판매술의 핵심 요소들뿐만 아니라 생산과 무역, 광고, 판매를 비롯한 광범위한 경제 활동에 관한 정보와 이론을 공유했다.

이들은 판매술에 관한 사상을 완전한 믿음의 체계로 바꾸어 놓았고, 동시에 신뢰가 떨어지는 연구소들뿐 아니라 정통성을 가진 연구소들까지 더욱 발전할 수 있게 길을 열어 주었다.

쏟아지는 비즈니스 서적과 저술가들

1888년에 창간된 〈프린터스 잉크Printers' Ink〉는 판매와 광고 전문가들을 위한 최초의 저널이었는데 거의 1세기 동안 발행되었다. 수십 년 동안 포목, 가죽, 식료품, 약품 분야를 지켜온 이전의 거래 전문 저널과 달리 〈프린터스 잉크〉는 특정한 비즈니스에 목적을 두었다. 많은 경쟁지들이 뒤따라 등장했는데 1900년에서 1909년까지 판매, 광고 주제를 다룬 잡지가 약 15개 정도 있었고, 1910년에서 1919년까지는 19개가 있었다.

몇몇 책과 잡지는 표지에 '과학'이라는 단어를 게재했다. 1903년에 처음 등장한 〈세일즈맨십〉지는 펜실베이니아 미즈빌에서 전직 판매원인 프랭크 듀크스미스Frank H. Dukesmith에 의해 출판되었는데 판매의 기술과 관련된 판매술의 과학을 발전시키는 데 기여했다. 아서 프레데릭 쉘든Arthur Frederick Sheldon이 TMCA 과정을 위해 쓴 〈성공적인 판매술의 과학The Science of Successful Salesmanship〉(1904)은 제목에 과학이라는 단어를 사용한 최초의 판매 관련 서적이었다. 이들은 판매술의 기초를 가르치려고 한 것들이었다. 20세기의 이런 저서들은 19세기 말에 쓰여진 방문 판매원들의 자서전과는 달랐다.

최고 인기 서적 |
찰스 로렌스 허프Charles Lawrence Huff의 〈허프의 실전 판매술 강의Huff's Talks on Real Salesmanship〉(1912), 버트 클리포드 빈Burt Clifford Bean의 〈설득법How to Persuade and Convince〉(1913), 토마스 러스트Thomas D. Rust의 〈판매술의 입문The ABC of Salesmanship〉(1914) 등이 있었다.

〈판매학 – 판매에서 효율성을 높이기 위한 헌신〉(2월호: 20센트)
숨겨진 거부 의사의 위험성
고객의 상상력이 도전을 받을 때
"무엇이 상대방으로 하여금 당신에게 주문하게 만드는가" – 경쟁

1910년대와 1920년대에 출판돼 인기를 끈 판매 관련 잡지 중에서 〈판매학Salesology〉은 독자들에게 판매술의 완벽한 습득을 통한 성공을 약속했다. 1923년 2월호 표지 '영리한 아이는 원했다'는 결코 지금 시작해도 늦지 않았다는 것을 선전했다.

찰스 풀머Charles S. Plummer의 〈출장 판매원의 일기 이야기 Leaves from a Drummer's Diary〉 또는 〈25년 동안의 외판생활Twenty-five Years on the Road〉(1889) 등의 새로운 작품들은 판매를 일련의 원리와 전술로 그려냈다.

이 작품들은 제조나 농업 관련 분야에서 일을 하던 예비 판매원들에게 특히 도움이 되는 비즈니스 에티켓을 가르쳤다. 점점 더 많은 노동 인력들이 생산보다는 상품의 유통과 서비스에 종사하게 되면서 이 책들도 점점 더 필요해졌다. 노동 인력 중에서 유통과 서비스에 종사하는 종업원들의 수는 1870년의 24%에서 1930년에는 46%로 증가했다. 샌프란시스코의 자동과학연구소가 발간한 〈현대 판매술에 관한 고급 원리와 비결 Principles and Secrets of Advanced Modern Salesmanship〉(1926)은 인사하는 방법, 악수하는 방법(올바른 자세, 손을 잡는 방법, 지속 시간)을 상세하게 설명하고 있다.

이 입문서들의 목적은 비즈니스 상의 에티켓에 관한 법칙들을 알려주는 것 이상이었다. 독자들을 판매원으로 재탄생시켜 자신감을 얻고 열정과 야망을 갖는 방법을 가르쳐 주려고 했다. 인기 작가인 오리슨 스웨트 마든은 〈물건 판매〉라는 책에서 판매원들을 경제 분야의 역동성이자(밖으로 나가서 일을 찾아내는 사람), 판매술의 과학을 이해하는 적극적인 수완가들로 묘사했다(정력적으로 솔선수범하고 담력과 용기로 충만한 사람들). 판매술에 필요한 기술들은 눈을 뜨고 있는 모든 시간에 실천해야 했다. 마든은 자신의 책에 이렇게 썼다.

"우리가 일을 떠나서 보낸 시간은 이제 모두 일에 투입해야 한다. 거기에는 효율성을 높여주는 몇 가지의 오락들도 있다... 그럴 시간에 자기 계발을 하지 않는다면 당신은 뒤로 후퇴하거나 여러 상황들이 당신을 뒤쳐지게 만들 것이다... 모든 오락시간을 육체적으로, 정신적으로 그리고 심리적으로 당신을 개조하는 데 사용하라."

정신요법 이론의 영향을 받은 동시대의 다른 책들과 마찬가지로 마든의 책은 새로운 경제에서 기술이나 지식의 부족보다는 낙담이 가장 큰 실패의 요인이라고 가르쳤다. 이처럼 판매술에 관한 책들은 판매 과정의 특징(그것이 어떻게 작동하고 어떻게 하면 더 효과적으로 이루어질 수 있을지)에 관해서도 깊이 있게 서술했다. 앞에서 언급한 것처럼, 엘모 루이스E. St. Elmo, Lewis는 NCR에서 일하는 동안 얻은 영감을 내세워 훌륭한 판매술이 다음과 같은 공식을 따른다고 주장했다.

"관심을 끌어라, 흥미를 유지하라, 욕구를 이끌어내라."

이런 이론 혹은 슬로건들은 실제로 영향력이 있는 것으로 입증되었다. 왜냐하면 1910년대와 1920년대의 다수의 판매 서적에 대한 청사진을 제공했기 때문이다. 판매란 판매원이 잠재 고객에게 구매 결정을 내리도록 이끌어 가는 간단한 단계들로 이루어진 과정이라는 것이다. 이 단계들의 순서는 바뀔 수는 없고 한 단계에서 다음 단계로 이어져야 한다. 과학적 판매술에 관한 학교를 직접 설립한 아서 쉘든Arthur Sheldon은 일반적인 판매 과정이 좀더 윤리적으로 보일 수 있도록 루이스의 세 가지 단계에 "만족을 보장하라!"라는 네 번째의 단계를 추가했다. 루이스와 쉘든의 슬로건들은 판매의 세계에 깊은 영향을 미쳤다.

실제로 세기의 전환기부터 1920년대까지 비즈니스 서적의 저자들은 판매에 대한 주제에 다양성을 제공했다. 포드 사의 판매부서 책임자였던 노발 호킨스Norval Hawkins가 이에 대해 가장 완전하고 정교함을 제공했다.

호킨스는 〈판매의 진행 과정The Selling Process〉(1918)에서 성공적인 판매의 단계에 대해 다음과 같이 주장했다.

예비 단계 - 준비, 예측, 접근, 대상
설명 단계 - 구매자 평가, 관심 끌기, 흥미의 유발
설득 단계 - 설득하여 욕구를 이끌어내고 거부 의사에 대처
마무리 단계 - 구매 결정의 획득, 서명을 받는 것

그러나 이들 단계들도 더욱 세분화되있다. 예를 들어, 적절한 유형의 관심을 끌기 위해서는 잠재 고객이 세 단계(강제적 관심, 어느 정도의 호기심, 의도적 무의식적 관심)를 거치도록 했다. 이것은 동일한 방법으로 관심에도 적용되었는데 주의 깊은 관심, 관련된 관심, 개인적 관심으로 나누었다.

판매술의 전문화를 위해 더 중요한 것은 판매의 원리들을 널리 알린 출판물들이었다. 관리자들을 위해 만들어진 저널들에는 경쟁 방법, 보상, 할당량, 가격 책정, 판매 경진대회, 판매 캠페인, 판매원 선택 등에 관한 기사들이 실려있다.

시카고의 사업가 아치 쇼Arch W. Shaw는 당시에 판매 관리에 관한 잡지와 서적 출판업자로서 가장 영향력있는 인물이었다. 사업 초창기에 쇼와 그의 동업자인 루이스 워커Louis Walker는 사무용 장비와 명함철을 제조하여 판매하는 일을 했다. 쇼-워커 사The Shaw-Walker Company는 제품들을 고객들 중에서도 시리얼 제조업자였던 윌리엄 켈로그William K. Kellogg와 NCR의 패터슨에게 판매하였다.

쇼는 이 분야에서 경험을 쌓은 덕분에 컨설턴트이자 출판업자가 될 수 있었다. 그는 "우리가 금전등록기 회사를 통해 알게된 여러 아이디어들을 취하면 매달 잡지를 발행할 수 있을 것."이라고 자신했다. 마침내 쇼의 회사는 〈판매: 판매술이라는 과학의 원리Selling: The Principles of the Science of Salesmanship〉(1905)를 비롯하여 다양한 비즈니스 서적들을 출판하는 회사로 유명해졌다.

관리자들을 위해 만들어진 저널과 서적 |
저널: 〈판매술〉, 〈세계 세일즈맨십 대회 저널〉(1916), 〈판매관리Sales Management〉(1918), 〈판매관리자 잡지: 판매의 효율성을 높이기 위한 헌신Sales Manager's Magazine: Devoted to Increasing Efficiency in Selling〉(1919) 등.
서적: 월터 코팅햄Waler H. Cottingham의 전집인 〈판매에 관한 책Book on Selling〉(1907), 실렉맨E. H. Selecman의 〈총판업자The General Agent〉 존 존스John G. Jones의 〈판매술과 판매 관리Salesmanship and Sales Management〉(1918) 등.

시카고의 또 다른 출판업자인 존 카메론 애스플리John Cameron Aspley도 판매 관리 분야를 전문으로 했는데, 판매 관리와 판매 전략의 동향에 관하여 스프링으로 제본한 보고서를 출판했다. 그는 1917년에 다트넬 코퍼레이션Dartnell Corporation을 설립했으며 이 회사는 판매 경진대회의 주제에서부터 할당량에 관한 아이디어에 이르기까지 다양한 이야깃거리들에 관한 조사를 판매 관리자들을 대상으로 실시했다. 예를 들어 '성공한 유명 300개 기업들의 효과적인 할당량 계획'은 관리자들이 연간 판매 할당량을 계산하기 위해 사용했던 방정식의 목록을 담고 있다. 이 회사는 관리자들에게 판매원이 자신들의 구역에 관한 정보를 수집하도록 지시했고, 관리자들은 양식과 질문지 그리고 다른 도구들을 제공했다.

비즈니스 서적 저자들은 무역 저널들과 서적들을 통하여 판매와 판매 관리에 대한 새로운 사상들을 전파하는 데 기여했다. 출판업자들은 1916년의 세계 세일즈맨십 대회와 같은 집회와 상업적인 쇼를 개최하였으며 이를 통해 전국의 비즈니스맨들과 정치인들을 한 자리에 모을 수 있었다. 그들은 이 자리에서 판매가 표준화되었고 효율적으로 이루어지는 시대에 접어들었다는 자신들의 생각을 널리 알렸다. 또한 판매와 관련된 출판물들은 판매를 고유의 비즈니스로 변모시키고, 판매 관리역시 고유한 수단이자 전문용어를 가진 분야로 간주했다.

대학에서 판매학을 가르치다

19세기 말에는 경영대학원이 거의 없었고 그나마 대부분이 부기와 비서 기술만을 가르쳤다. 펜실베이니아 대학의 학부 과정인 와튼 상업금융대학Warton School of Commerce and Finance은 1881년에 설립되었는데, 이곳은 예외적으로 상업회계와 법률 분야에 관한 과정을 개설해 놓고 있었다. 세기가 바뀔 무렵에 몇 개의 학교들이 더 설립되었는데 시카고 대학(1889), 캘리포니아 대학(1899), 뉴욕 대학(1900), 다트머스 대학(1900), 하버드 대학(1908)이 이에 해당된다.

그리고 일부 대학에서는 유통과 마케팅, 판매 관리에 관한 과정들이 개설되기 시작했다. 1902년에 미시건 대학은 '미국의 유통과 규제 산업'이라는 과정을 개설했으며 수업에서는 마케팅, 브랜드 네임, 도매와 소매에 관하여 강의를 했다. 다음 해에 캘리포니아 대학은 '무역과 상업 기술: 상업 조직과 제도에 관한 연구, 상업 형태와 관행'이라는 과정을 실시했고, 오하이오 주립대학은 '상품의 유통' 과정을 개설했다. 하지만 마케팅과 판매관리 연구에 가장 크게 기여한 대학은 위스콘신과 하버드였다.

제도 경제학의 발생지인 위스콘신 대학은 판매와 유통을 연구하는 방식을 창안했다. 이곳에서 이루어진 초기 연구의 상당 부분은 농산물의 유통에 관한 것이었는데, 농부들이 도매업자들, 소매업자들에 대한 판매에서 얻는 수익이 낮은 데 대한 우려에서 비롯되었다. 헨리 테일러Henry C. Taylor는 농산물이 어디에서 재배되고 소비되는지 그리고 한 중개상으로부터 다음 중개상으로 어떻게 운송되는지를 연구하며 경제지리학을 가르쳤다. 그와 학생들은 지도와 통계, 차트 등으로 이루어진 위스콘신 지방의 치즈와 우유의 판매, 유통에 관한 연구물을 출판했다.

위스콘신 대학이 농업 마케팅 분야에서 두드러진 반면 1908년에 설립된 하버드 경영대학원은 공산품 마케팅 연구의 중심지가 되었다. 프레데릭 테일러가 제조 과정의 분석 분야에 진출해 있었기 때문에 하버드는 초기에 생산보다는 유통에 관한 연구를 강조했다. 경제 역사가인 딘 에드윈 게이Dean Edwin Gay 는 과학적 관리에 관한 테일러의 이론들을 대학 교과에 통합하기로 결정하고 일반관리, 유통, 마케팅을 포함한 다른 주제들에 대한 조사에도 자원을 투입했다. 판매와 마케팅 연구에 있어서 하버드에서 가장 중요한 인물 중의 하나는 경제학자가 아닌 출판업자이자 사업가였던 아치 쇼Arch W. Shaw였다. 컨설턴트로서의 쇼의 경험은 브랜딩과 마케팅의 중요성을 강조하게 만들었다.

쇼는 시카고에 있는 회사의 경영에서 1년 간 손을 떼고 있던 시절, 하버드에 다니며 저명한 경제학지인 프랭크 토시그Frank W. Taussig와 경영대학원의 교수들 밑에서 공부를 했다. 그는 1911년에 이곳에서 강사가 되었고 딘 게이Dean Gay와 함께 연구를 하면서 학교의 조사 의제들을 계획했다.

쇼가 하버드에 있는 동안 지적인 측면에서 가장 크게 기여한 점은 〈계간 경제 저널Quarterly Journal of Economic〉(1912)에 실린 그의 기사 '시장 유통에서 나타나는 문제들'이었다. 여기서 쇼는 시간이 경과함에 따라 달라지는 중간 상인들과 유통업자들의 역할(위험 공유, 제품 운송, 자금 마련, 제품의 재포장과 분류, 제품 판촉)에 관하여 기술했다. 그는 시간이 지나면서 역할이 어떻게 바뀌는지에 주목하였고, 제조업자들이 예전에 도매상들이 수행하던 활동의 일부를 전유하는 방식을 도표로 보여주었다.

아치 쇼는 '시장 유통에서 나타나는 문제들'을 통해 각 그림에서 왼쪽 곡선으로 표시된 판매원들과 오른쪽 곡선으로 표시된 광고와 함께, 공산품이 공장에서 소비자에게로 이동하는 다양한 방식들을 보여 주었다. 첫 그림에서, 생산자는 제품을 도

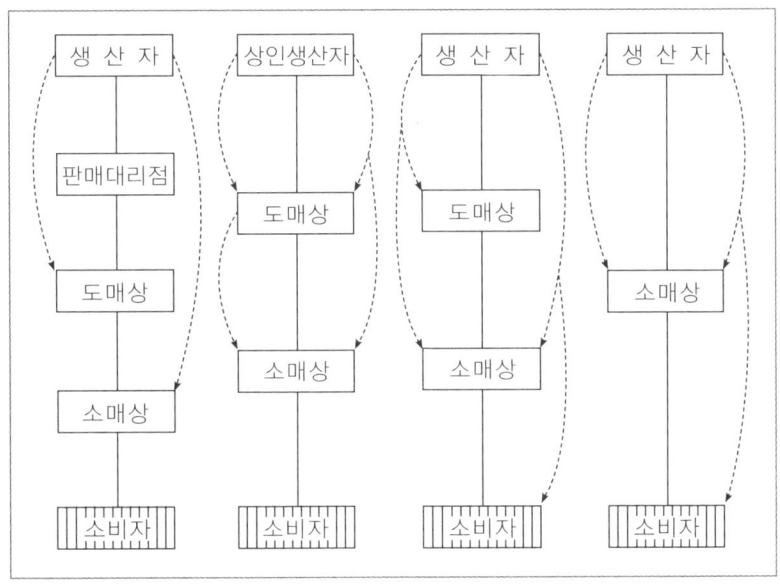

매상에 팔기 위해 판매원들을 고용하지만 도매상에는 대해서는 광고를 이용한다. 네 번째 그림에서, 생산자는 소매상에게 판매하면서 상점 점원들과 소비자 모두에게 닿기 위해 광고를 이용하고 있다.

여기서 그는 현재의 유통 방식이 부적절하고 심지어 혼란스러우며 더 많은 연구와 발전이 필요하다며 다음과 같이 주장했다. "역사적으로 사업가들은 생산과 효율의 향상에만 집중했고 유통에는 거의 관심을 기울이지 않았다. 사업가들은 성공의 비결로 저비용으로 더 많은 제품들을 생산하는 것이라고 생각했다. 또한 사업가들은 더 저렴한 에너지원을 이용하고 생산을 표준화하는 방법을 연구했으며, 생산된 상품을 팔기 위해 시장을 찾아냈다." 그 결과 "비교적 효율적인 생산 조직을 구축할 수 있었다."고 적었다.

그러나 이렇게 함으로써 생산능력이 급속도로 향상되고 새로운 범주의 상품들이 생산되었지만 유통 분야에서의 그런 발전은 등한시되었다. 이런 비효율적인 유통 상황은 생산 능력이 발전하는 데 방해가 되었을 뿐 아니라 엄청난 사회적 낭비를 초래했다.

쇼는 각 정부의 수집은 개개 회사들의 성과를 위해서가 아니라 경제 전체를 개선하기 위해 필요하다고 생각했다. 마케팅을 연구한 다른 사람들과 마찬가지로 쇼는 신규기업들의 규모와 운송, 통신 시스템의 효율성이 자유방임주의 원칙을 고수하는 것은 비생산적이라고 믿었다. 산업계와 정부 차원의 양방에

의해 이루어지는 개선된 관리가 경제의 효율성을 높인다는 것
이었다.

정보를 수집하고 실제적인 비즈니스 문제들을 분석하기 위
해 쇼는 하버드 비즈니스 연구소Harvard's Bureau of Business
Research의 설립에 2,200달러를 기부했다. 가장 먼저 이루어진
것은 소매 신발 상점의 비용을 아주 상세하게 연구하는 것이었
다. 1913년에 이 연구소는 첫 번째의 보고서인 〈신발 소매업
분야에 관한 초창기의 형태와 연구소의 목적과 역사〉를 발간
했으며 여기에는 수천 명의 소매상인들에게서 수집한 자료가
인용되었다.

다음 해 연구원들은 식료품 업계의 비용(1918년), 백화점과
특제품 상점에 대한 비용(1920) 그리고 다른 업계의 비용 연구
로 옮겨갔다. 이런 보고서들은 비즈니스를 추상적인 모델이나
이론보다는 일련의 실용적이고 개별적인 문제로 다루기 위해
오늘날 전 세계의 경영대학원들에 팔고 있는 사례 연구에서
가장 특징적인 하버드의 경향을 보여주는 초기의 연구 사례들
이다.

쇼와 함께, 하버드는 판매와 광고에 관한 다른 중요한 학자
들을 임용하였다. 사회학자 폴 체링톤Paul T. Cherington은 〈영업
력으로서의 광고Advertising as a Business Force〉(1912)와 〈마케팅
의 요소들The Elements of Marketing〉(1920)을 저술했다.

경영대학원 교수들은 관리의 관점에서 판매 분야를 정의했
고, 최초로 변화의 역사에 대한 밑그림을 그렸다. 1920년대까
지 처음 그들의 주된 목표는 정보를 수집하여 분류하고, 판매

의 측면들을 기술하기 위한 용어와 분류법을 만드는 것이었다. '과학'에 관한 그들의 관점은 주로 경험적인 것(자료 수집과 조직, 관찰)이었다. 경제학자들과 경영대학원의 다른 학자들이 판매관리, 비용, 조직 문제에 관심을 기울인 반면, 심리학자들은 판매 과정의 역학(판매자와 구매자 사이의 협상)과 판매원들의 동기 부여에 집중했다.

세일즈맨십에 심리학을 적용하다

심리학자들은 20세기 초에 판매와 광고 분야에 많은 기여를 했다. 경영대학원의 교수들과 마찬가지로 심리학자들도 연구 조사에서 질문들을 결정할 때 관리자의 관점을 택했다. 즉 효율성의 향상이 그들의 전반적인 목표였다. 이는 애초부터 테일러의 목적이었는데 테일러의 사상을 따르는 컨설턴트들과 분석가들이 수행하던 연구의 방향과 범위를 결정했다. 결국 심리학자들이 수행했던 연구의 상당 부분은 관리자들이 활용하는 데 별로 실용적이지 않은 것으로 드러났다. 그럼에도 불구하고 심리학자들은 판매가 전문적으로 발달하는 데 많은 기여를 했다.

심리학자들은 객관적이고 실험적인 의미를 가진 '제안', '본능적인 욕구', '인식'과 같은 새로운 용어들을 추가하여 판매술에 관한 어휘들을 변화시켰다. 심리학자들은 인력을 채용하는 절차와 소비자 행동을 연구하기 위한 방법들도 고안했다. 또한 판매의 지위를 격상시키고 판매술의 효율과 윤리성이 더욱 높아지고 있다는 생각들을 장려했다.

심리학자들이 직면한 최초의(그리고 가장 지속적인) 도전은 판매술에 관한 책으로서 대중의 인기를 끌던 사이비 과학적인 '성격 분석'과 거리를 두는 것이었다. 고다드F. B. Goddard가 쓴 〈판매의 기술: 성격을 읽는 방법으로The Art of Selling: With How to Read Character〉(1889)는 판매의 원리를 가르치기 위해 골상학과 관상학을 연결시킨 많은 책들 중에서 초창기의 것이었다.

이와 유사한 저서들이 1910년대와 1920년대에 놀라운 인기를 끌었으며 이는 응용심리학 등장의 전조가 되었다. 녹스 판매술 학교Knox School of Salesmanship의 강사였던 에드윈 모렐 Edwin Morrell의 〈사람을 판단하는 과학The Science of Judging Men〉(1917)이라는 저서도 관상학에 기초한 것인데 우드로 윌슨, 제인 아담스, 존 록펠러와 같은 유명 인사들의 사진과 함께, 이들에게 어떻게 판매할 것인가에 대한 방법을 담고 있다. 예를 들어 록펠러는 머리 둘레가 23인치 이상이었기 때문에 "통계, 사실이나 수익가치... 등에서 자신감과 냉정함을 유지하여 사

심리학자들이 쓴 영향력 있는 저서들 |
해피 홀링워스Harry L. Hollingworth의 〈광고와 판매: 호소와 반응의 원리Advertising and Selling: Principles of Appeal and Response〉, 에드워드 켈로그 스트롱Edward Kellogg Strong의 〈생명보험 판매의 심리학The Psychology of Selling Life Insurance〉(1922), 메릴 제이 림Merrill Jay Ream의 〈판매능력: 개성과 경험이라는 특정한 측면에 대한 관계 Ability to Sell: Its Relation to Certain Aspects of Personality and Experience〉(1924) 등이 있다.

람들을 설득할 수 있었다."고 주장했다.

심리학자들을 골치 아프게 만든 것은 6권 짜리의 〈포드 제품과 판매Ford Products and Their Sale〉라는 1923년도 책이었다. 이 책은 잠재 고객들의 이마 크기와 외모에 따라 차를 판매하는 방법이 설명되었는데 "이마가 넓으면 사장 이상으로 더 발전할 여지가 있다."는 식이었다. 심리학자들은 그런 기술을 인정하지 않고 외면의 육체적인 자질에 대한 조사에서 내면의 능력을 조사하는 쪽으로 방향을 바꾸었다.

심리학자들은 사람을 육체적인 특징이 아니라 본능과 욕구, 충동, 지적 능력에 따라 분류함으로써 사람들이 구매 결정을 내리는 방식을 이해하려고 했다. 경영대학원의 교수들이 경제에서 판매원들이 차지하는 역할에 대한 목록을 작성했던 것처럼, 심리학자들도 인간의 욕구에 대한 밑그림을 그려 욕구가 어떻게 형성되는지를 연구했다.

판매와 광고에 관한 연구들은 1879년에 라이프치히에서 심리 실험연구소를 설립한 독일의 과학자 빌헬름 분트Wilhelm Wundt의 연구에서 영향을 받았다. 19세기 말 이전에는 심리학이 자기 성찰, 형이상학, 윤리철학과 많은 관련이 있었다. 분트는 이 분야를 과학적인 방법, 양적인 척도, 실험을 이용하는 분야로 이동시키는 데 크게 기여한 심리학자 중의 한 사람이었다.

큰 영향을 미친 또 다른 심리학자이자 철학자로는 윌리엄 제임스William James가 있는데, 그는 하버드에 연구실험실을 설립하여 심리학의 연구에 과학적 실험을 도입했다. 분트와 마찬가지로 제임스 역시 의학적 배경을 갖고 있었다. 그의 방대한 저서인 〈심리학의 원리Principles of Psychology〉에는 습관, 주의력, 기억, 상상, 감각, 지각 그리고 기타 두뇌의 여러 기능들을 설명하고 있다. 제임스는 심리학을 비즈니스에 적용하는 데는 관심이 없었지만 그의 저서 중의 일부는 새로운 무역잡지나 비즈니스 서적들로 다시 출판되었다. 분트와 제임스는 비즈니스를 분석하지는 않았지만 산업 심리학이라는 분야를 개척하는 데 도움을 주었다.

뮌스터베르크Münsterberg(1863~1916)는 산업 심리학의 창시자로 여겨진다. 그는 분트 아래서 1885년에 박사과정을 마치고 프라이베르크에 연구소를 설립했다. 제임스는 1892년에 그를 초청하여 하버드에서 심리학 연구실을 운영하도록 했다. 그는 미국에서 가장 저명한 심리학자로 알려지면서 엄청난 인기를 누렸는데 앤드류 카네기, 시어도어 루스벨트, 버트랜드 러셀Bertrand Russell 그리고 다른 유명 인사들과도 친분을 쌓았다.

뮌스터베르크는 범죄, 교육, 비즈니스 연구를 지원함에 있어서 심리학자들에게 실용적인 역할을 기대했었다. 그는 특히 심리학자들이 작업장의 효율성과 인력 채용 방식을 개선할 수 있을 것이라고 믿었다. 〈심리학과 산업의 효율성Psychology and Industrial Efficiency〉(1913)에서 개선된 업무 지침이 조화와 효율성을 증진할 것이라고 강조했다.

다른 심리학자들도 판매와 광고에 관한 연구에 착수했다. 해리 홀링워스Harry L. Hollingworth(1880~1956)는 교육 평가의 주요 제안자인 제임스 맥킨 캐텔James Makeen Cattell의 지도 하에 콜롬비아 대학에서 심리학을 연구했다. 홀링워스는 버나드 대학의 교수로 뉴욕의 사업단체들과 지속적인 유대 관계를 유지했다. 그는 1911년에 코카콜라에 고용되어 카페인이 인간의 정신과 신체에 미치는 영향에 대해 연구했는데 그는 이 연구를 통해 카페인이 지속적으로 해로운 영향을 미치지 않는 가벼운 흥분제임을 밝혀냈다.

존 브로더스 왓슨John Broadus Watson(1878~1958)도 판매와 광고를 연구한(주로 광고를 연구하긴 했지만) 심리학자였다. 그는 시카고 대학에서 존 듀이John Dewey 교수 밑에서 공부를 했으며 행동주의의 창시자라고 할 수 있다. 왓슨은 동물을 이용한 자신의 연구가 학습 과정과 습관의 형성을 이해하는 데 유용할 것이라며 업무상의 지침에 대해 관심을 가졌다.

학계에서 크게 성공한 후, 왓슨은 월터 톰슨 사J. Walter Thompson Company(JWT)에 들어갔다. 그는 이 회사에서 판매술의 기본을 직접 배우기 위해 먼저 방문 판매원으로 일을 한 뒤다시 메이시 백화점에서 점원으로 일했다. 그는 나중에 부사장과 회계 책임자의 지위에 올랐고 이곳에서 비빌 비교 평가의 개념을 도입했다.

하지만 판매라는 주제에 가장 지속적인 관심을 가졌던 심리학자는 월터 딜 스캇Walter Dill Scott이었다. 그는 1901년에 광고와 판매를 주제로 강연을 했고, 판매와 광고라는 접근 방식의 서로 다른 효과를 측정하기 위해 여러 가지 실험을 했다. 그는 인간의 경제적 행동이 흔히 이성이나 논리보다 감성이 우선한 다는 생각을 널리 알리는 등 심리학 자체의 수준과 심리학을 비즈니스에 적용하는 수준을 한 단계 높인 사람이었다.

7장

소비자의 본능과 세일즈맨십

 손더스 노벨, 아사 캔들러, 존 패터슨과 같이 현대 세일즈맨
십을 신봉했던 사람들과 마찬가지로 월터 딜 스캇도 현대 세일
즈맨십의 발전에 큰 기여를 했다. 스캇의 경험은 판매의 전문
성을 구성하는 많은 요소들(다량의 샘플 자료를 수집하고 분석
하는 것에 대한 관심, 유명 경영대학원과의 제휴, 과학적 통찰
력이 사업가들로 하여금 더 나은 결정을 하도록 도와준다는 믿
음, 자신의 생각을 널리 알리기 위해 비즈니스 잡지에 의지하
려는 경향)을 연결시킨다. 그의 이런 연구는 사업가들에게 심
리학을 받아들이도록 하는데 큰 영향을 미쳤다.

 경영대학원의 경제학자들과는 달리 그는 유통과 소비가 아
니라 남성과 여성의 개성이나 동기 부여, 능력에 초점을 맞추
었다. 스캇은 판매가 더욱 효과적이고 호소력을 가질 수 있도

록 인간 정신의 작용에 대한 자신의 연구를 활용했다. 또한 기업이 가장 유능한 판매원들을 채용하고 긍정적인 정신 자세를 가질 수 있도록 교육할 수 있는 여러 가지 방법들을 만들어냈다. 그는 산업 심리학이 발달하던 당시에 이루어진 다수의 논쟁에도 참여했다.

논쟁은, 무엇이 인간의 욕구를 형성하고 자극하는가? 그것은 본능적인 것인가, 아니면 환경에 의한 것인가? 판매와 광고를 통해 인간의 욕구를 바꿀 수 있는가? 무엇이 판매원들에게 일하고 성공하도록 동기를 부여하는가? 등이었다.

광고와 세일즈에 심리학이 적용되다

스캇은 1869년 일리노이 주의 남서부 시카고에 있는 쿡스빌Cooksville이라는 마을에서 태어났다. 젊은 시절에는 가족농장에서 일을 하며 학교를 다닌 후, 노스웨스턴 대학에 들어갔다. 그는 대학에서 종교 교육자이며 심리학자인 조지 코George A. Coe와 함께 공부를 했는데, 코는 스캇에게 인간 정신과 최면학의 원리를 연구하는 윌리엄 제임스William James의 연구 주제를 소개해 주었다.

스캇은 발전하고 있던 심리학 분야에 관심을 갖고 독일로 가 라이프치히의 빌헬름 분트 아래서 연구를 시작했다. 그는 이곳에서 인간의 충동, 본능, 욕망의 본질을 분석한 〈역사적으로, 비판적으로 고찰한 충동의 심리학〉이라는 제목의 학위 논문을 발표했다. 그는 1900년에 미국으로 돌아와 코넬 대학에서 분트의 또 다른 제자이자, 미국 실험 심리학의 핵심 주창자인 에드워드 티체너Edward B. Titchener의 지도 하에 괄목할만한 성과를 낸다.

그는 1901년부터 상업에 관한 연구를 시작했는데 당시 시카고의 한 사업가가 아게이트 클럽에서 광고를 담당하는 임원들을 상대로 강연해 달라는 부탁을 해 왔다. 당시 두 명의 다른 심리학자인 손다이크E. L. Thorndike와 뮌스터베르크는 자신들이 광고 산업에 관여하는 것처럼 보이는 것을 꺼리며 초청을 거절했다. 스캇도 의구심은 있었지만 강연을 수락하였다. 그의 강연은 '광고에 응용되는 무의식적 관심의 심리학'이라는 제목

1895년경의 월터 딜 스캇으로 노스웨스턴 대학을 졸업할 무렵이다. 몇 년 후에는 독일로 가서 빌헬름 분트Wilhelm Wundt와 함께 심리학을 연구했다.

이었으며 현대의 심리학적 통찰력을 관심과 지각, 감각으로 나누어 설명했다. 즉, '습관의 법칙(의식에 들어오는 어떤 생각은 현재 의식 속에 들어있는 생각과 습관적으로 결합되는 것이다)'과 '새로움의 법칙(두 가지가 마음 속에서 연결되었을 때, 하나의 생각이 떠오르면 그것은 또 다른 것을 암시한다)' 등에 관한 이야기였다.

스캇은 광고주가 논리보다는 소비자의 감성과 열정에 호소해야 한다고 주장했다. 그는 잠재 고객에게 영향을 미치고 싶을 때 이성적인 주장을 하기보다는 암시를 이용하는 편이 효과적이라고 했다. 암시는 직접 선전하지 않으면서 다른 사람에게 무언가를 떠올리게 하기 때문이다. 예를 들어 가구에 윤을 내려고 잽에이랙 제품을 사용하는 여성의 밝은 모습을 보여주거나, 자신감이 넘치는 모습으로 밝은 흰색 화살표 셔츠를 입고 있는 남성의 사진을 보여주는 광고는 이유를 설명하는 광고 문구보다 직접적이지 않은 방법으로 보는 사람들에게 상품을 암시할 수 있다.

그는 또 광고주는 소비자를 설득하려고 애를 써서는 안 되며 올바른 방식으로 암시를 해 주면 소비자는 거의 생각조차 하지 않고 반사적으로 구매할 것이라고 말했다. 즉 "생각은 광고의 암시에 의해 떠오르며, 인간 본성의 충동적인 성향을 암시하는 그 생각을 강요함으로써 구매자에게서 기대했던 결과를 이끌어낼 수 있다."는 것이다. 또한 스캇은 인간의 기억이 어떻게 작용하는지에 대하여 논의를 하고, 광고를 더 잘 기억하도록 하는 세 가지의 요소인 반복, 강렬, 암시를 열거했다. 기업은 동일한 이미지와 표어 등을 사용한 광고를 자주 반복할 필요가 있다. 그리고 그 호소는 극적이고 강렬해야 한다. 마지막으로 기업들은 그 호소를 구매자의 생활과 관련시킬 필요가 있다. 이렇게 함으로써 광고주들은 공감을 통한 암시의 틀을 완성할 수 있다.

스캇은 청중들에 대해서는 걱정할 필요가 없었다. 비즈니스 신문은 스캇의 이야기를 긍정적으로 받아들였다. 비즈니스 신문의 시카고 광고 책임자인 존 리 마힌은 스캇이 정기적으로 원고를 보내 준다면 월간지를 창간하겠다고 제안했다. 결국 스캇은 제안에 동의하여 마힌의 잡지에 26개의 원고를 기고했고, 원고 중에서 몇몇은 그의 저서 〈광고의 이론과 실제The Theory and Practice of Advertising〉(1903)와 〈광고 심리학Psychology of Advertising〉(1908)으로 펴냈다.

인간 욕구의 본질과 그것의 형성 과정에 관한 스캇의 관점은 판매의 프로세스를 이해하는 데 결정적인 역할을 했다. 스캇은 처음에 지각, 감정, 행동이 주로 타고난 특성, 즉 본성에 기초한다는 사상의 영향을 받았다. 사람들은 원시적인 본능을 갖고 있는데 그 본능들은 감정을 수반한다. 예를 들어, 도망치려는 본능은 두려움이라는 감정을 동반하고, 싸우려는 본능은 분노를 동반한다.

스캇은 〈광고의 심리학〉에서 "본능이란, 결과에 대한 전망을 하지 않고, 수행에 대하여 사전에 배우지 않고 결과를 만들어내는 능력이다."고 썼다. 물질을 보존하거나 축적하고, 음식을 얻고, 옷을 입고, 물건을 저장하고 소유하고, 사냥하는 본능에 대해서도 논의를 했다. 잘 알려진 것처럼 사람과 벌, 비버는 집을 지으려는 본능을 갖고 있다. 스캇은 이런 본능에 대한 지식이 실용적인 용도로 활용될 수 있다고 생각했다. 예를 들어, 광고주들과 판매원들은 실로 스웨터를 짤 수 있는 것처럼 무언가를 짓거나 만드는 데 쓰이는 제품을 묘사함으로써 건설 본능에 호소할 수 있다고 했다.

본능 심리학의 영향은 판매술에 관한 많은 책들에서 두드러졌다. 하버드 경영대학원 교수 해리 토스달은 〈개인 판매의 원리Principles of Personal Selling〉에서 다음을 포함하여 14가지 본능과 거기에 따르는 감정상의 특징들을 제시했다.

도피의 본능(두려움과 관련)
전투의 본능(분노와 연결)
호기심(신비감, 이상함, 미지, 경이와 관련)
복종(종속감과 연결)
주장(의기양양함을 수반)

또한 스캇과 다른 심리학자들은 어떤 종류의 시각적, 언어적 호소가 가장 성공적인지를 판단하기 위해 실험을 했다. 예를 들어 인쇄된 광고에서 사람들은 정사각형보다 직사각형에 더 매력을 느낀다는 사실을 밝혔다. 또한 그의 실험에서는 피뢰침 판매원들이 했던 것처럼 잠재 고객에게 두려움을 심어줌으로써 판매를 할 수 있다는 것을 보여주었다. 그러나 스캇은 그런 방법들을 비판했고 긍정적인 호소가 효과가 있음을 제시했다.

심리학자들은 비록 구매자들이 비이성적으로 선택하기는 하지만 소비자 습관은 이성적인 실험을 통해서 연구할 수 있다고 주장했다. 심리학자들은 많은 연구를 통해 판매 관리자들에 의해 이미 활용되고 있는 방법들을 확인해 주었다. 즉 판매 관리자들이 사용한 판매 각본이 사람들에게 구매를 충동하도록 자극한다는 것을 확인해 준 것이다.

서적 외판원들은 기대를 파는 것이 실제 물건을 파는 것보다 훨씬 낫다는 것, 사람들이 대개 위험(특히 많은 돈을 투자하는 것에 관한)을 싫어한다는 것, 사기를 당하거나 속는 것을 두려워한다는 것을 잘 알고 있었다. 훌륭한 판매원들은 이러한 경향을 파악하고 있어야 했다.

〈프린터스 잉크〉 지의 편집자들은 스캇이 광고인들이 이미 개척해 놓은 길을 걷고 있으며 "광고주들은 상식이라 불리는 매우 편리한 심리학을 통해 이미 대학 교수들의 기초적인 이론에 도달해 있었고, 스캇의 법칙들은 실제로 광고에서 얻어진 것이다."라고 주장했다. 실제로 스캇이 글을 쓰기 시작했을 때 그가 주장했던 기초적인 전환(설명 식으로 정보를 알려주는 광고에서 감성에 호소하는 광고로)은 이미 일어나고 있었다. 1880년대 말에서 1900년대 초까지 대부분의 광고주들은 광고를 제품과 용도에 대해서 알려주는 방법이라고 생각했다. 그러나 세기가 바뀐 후 광고주들은 더욱 자주 이성적, 비이성적인 (혹은 감성적인) 광고 문구나 사진 그리고 삽화를 사용해서 독자들에게 호소하기 시작했다.

스캇은 자신이 광고 전략을 위한 무기를 늘려주지 못했다는 점을 인정했다. 그러나 그의 연구와 다른 산업 심리학자들의 연구는 사업가들에게 광고와 판매를 논할 수 있도록 새로운 용어를 제공해 주었고, 혁신적이고 박식하게 보이려는 사람들에게 과학적으로 광고 캠페인을 하고 있다고 주장할 수 있게 해 주었다.

또한 스캇의 연구는 판매술의 윤리에 대한 '증거'를 제공했다. 스캇에게 있어서 판매와 광고는 대중을 조작하기 위한 것이 아니라 동기 유발에 관한 것이었다. 스캇은 〈비즈니스에서 사람들에게 영향을 미치는 것Influencing Men in Business〉(1913)이라는 책을 통해 통속적인 책들이 띄우는 적극적인 광고와 구매 권유가 구매자들에게 최면을 거는 것이라고 폭로하면서 이는 미신, 마술, 마법, 점성술에 대한 믿음에서 기인한다고 보았다. 스캇은 오스트리아의 과학자인 프란츠 안톤 메스머Franz Anton Mesmer의 연구가 그런 주장들을 계속하게 하는 것으로 생각했다.

그는 메스머의 연구는 체내에서 발견할 수 있는 내면의 자기적 유동성을 조작함으로써 다른 사람에 대한 통제력을 얻을 수 있다고 믿는 초자연적 전통에 뿌리를 두고 있다고 설명했다. 스캇은 그런 이론들이 시대착오적이라고 했다. 저항적인 의식을 통제하는 것은 불가능하다는 것이었다. 광고에 대해서도 마찬가지였다.

그는 "비판적인 고객은 암시로 인해 흔들리지 않는다."고 하면서 "확신이 가장 먼저 확보되어야 한다."고 덧붙였다. 또한 설득하고 판매를 하기 위해서는 광고주와 판매원이 자신의 욕구를 충족하려 하기보다 먼저 고객의 욕구를 일라고 주장했다.

스캇은 자신의 접근법을 골상학자들, 정신치료 전문가들 기타 다양한 성격 분석가들의 접근 방식과 차별화하기 위해 많은 노력을 했다. 그러나 이런 신비주의 상담자들은 1910년대와 1920년대에 걸쳐 많은 인기를 끌었다. 이들의 생각이 폭넓게 수용된 이유는 신속한 해결을 위해 과학이라는 지각 변동을 이끌어낸 관리자와 판매원들의 갈망 때문이었다.

매디슨 그랜트Madison Grant의 〈위대한 인종의 통행 Passing of the Great Race〉이 출판되고 나서 이민에 제한이 가해지던 시기에 골상학과 유사한 믿음들이 부활했다. 이는 사업가들이 비즈니스 세계를 민족과 인종으로 차별한다는 경향을 명확히 해 주었다.

아마도 당시의 관상학 분야에서 가장 유명했던 대표

주자는 캐서린 블랙포드Catherine Blackford라고 할 수 있을 것이다. 그녀는 북 유럽계의 금발과 브루넷(거무스름한 피부, 머리칼, 눈을 가진 사람들), 남부 유럽의 차이에 대해서 분석했다. 그녀의 이론에 따르면 백인이나 북 유럽계의 사람들은 지적인 설명을 듣고 물건을 구매하는 반면, 흑인들은 만지거나 시험해 보기를 원하는 특징이 있다고 주장했다.

한편 성격 분석의 성공은 스캇의 연구와 그들의 주장 사이에 있는 불명확한 선을 명확하게 해주었다. 새로운 사고와 동부의 사상들을 대중화시켰고, 때때로 요기 라마차라카라는 필명을 사용하기도 했던 윌리엄 워커 아트킨슨William Walker Atkinson(1862~1932)은 1913년에 〈정력 문화Vim Culture〉라는 책을 출간했다. 이 책에서는 활동적인 삶의 중요성이 강조되었다. 그는 윌리엄 제임스William James와 다른 심리학자들의 연구를 인용하여 〈판매술의 심리학〉이라는 책을 저술했다.

인기작가 오리슨 스웨트 마든은 자신의 저서 〈물건 판매Selling Things〉에서 암시에 관하여 한 장을 할애하면서, 판매원들이 심리학적 방법을 활용할 때는 신중해야 한다고 주장했다. 왜냐하면 지나치게 강력하게 작용할 경우 의도적이지 않게 잠재 고객의 의지를 꺾어놓거나 없애버릴 수 있기 때문이라는 것이다.

전형적인 사업가
는 낙천주의자이다. 사업가에게 있어 미래는 과거에 실현하지 못했던 수많은 가능성들로 가득하다.

조작과 동기 부여에 관한 문제들도 스캇을 고민하게 했다. 경제적 사회적으로 판매술의 역할에 대한 표면적인 문제가 불거졌기 때문이다. 전직 미식축구 선수였던 스캇에게 있어서 판매원이란, 물건을 구매하고 신제품을 구매할 때의 미적거림, 심지어 두려운 감정을 극복하도록 격려해 주는 운동 코치와 같았다.

일반적인 사업가들과 마찬가지로 판매원들도 진취적이었다. "전형적인 사업가는 낙천주의자이다. 사업가에게 있어서 미래는 과거에 실현하지 못했던 수많은 가능성들로 가득하다." 그들은 소비자들에게 행동하도록 격려했다. 구매 결정이 합의에 의해 자발적으로 이루어진 행동인 것처럼 그런 판매 행위 역시 의지에 의한 것이었다.

세일즈맨십의 연구소가 출현하다

스캇은 설득의 비밀을 밝혀내려고 연구를 시작했다. 그런 한편 순차적으로 설득자들 즉 판매원들의 심리를 실험하는 쪽으로 나아갔다. 그는 성공한 판매원들의 정신적, 신체적 특징에도 관심을 가졌다. 1914년에 스캇은 NCR, GE, 뉴욕 에디슨을 비롯하여 여러 기업에서 판매원 그리고 다른 직종의 직원들을 고용하기 위한 직원 채용 과정에 대한 조사에 착수했다.

다음 해, 그는 휴고 뮌스터베르크가 이전에 했던 것처럼 아메리칸 타바코American Tobacco 사에 채용 방법에 대한 조언을 시작했다. 스캇은 6명의 관리자와 36명의 판매직 지원자들을 노스웨스턴 대학으로 데려갔다. 그는 이곳에서 관리자들이 지원자들을 인터뷰하고 평가하는 것을 관찰했다. 관리자들이 아주 폭넓은 선택을 했기 때문에 스캇은 더욱 체계적이고 객관적인 채용 방법이 필요하다고 생각했다.

그는 신체검사, 인터뷰, 수학적·언어적 능력 테스트를 포함한 일련의 채용 방법을 고안해 냈다. 그가 창조한 뛰어난 혁신은 개개인의 점수에만 의존하는 것이 아니라, 지원자들을 서로(또는 기존의 성공한 판매원들과) 비교할 수 있게 해 주었다. 스캇은 관리자들이 유능한 판매원들과 유사한 특성을 가진 지원자들을 선발할 수 있도록, 유능한 판매원들을 옆에 두고 판매 지원자들을 평가하도록 했다.

스캇은 1916년에 카네기 공과대학(현재 카네기 멜론대)의 세일즈맨십 연구소의 소장이 되었고, 성공한 판매원들의 특징을 추출해 내기 위해 엄청난 노력을 기울였다. 미국 생명보험협회의 회장이었던 에드워드 우즈Edward Woods는 이 연구소의 설립을 이끈 핵심 인물이다. 우즈는 생명보험 업계에서 엄청난 영향력을 갖고 있었다. 피츠버그에 있는 자신의 에퀴터블 생명보험 회사Equitable Life Assurance Society의 사무실은 세계에서 가장 큰 보험 판매소였다. 그는 10년 전에 보험사들의 부정을 폭로한 암스트롱의 조사 때문에 그때까지 어려움을 겪고 있던 생명보험 업계를 혁신하고 생명보험 판매의 이미지를 쇄신해야 한다는 생각을 하게 된다.

우즈는 카네기 공과대학에서 교편을 잡고 있는 응용 심리학자인 월터 밴 다이크 빙햄Walter Van Dyke Bingham을 만났다. 그는 '설문지 조사, 또는 광고를 비롯한 모든 판매술을 포괄하기' 위한 세일즈맨십 연구소를 설립하고자 제안했다. 첫 번째 작업은 데이터(판매 경진대회, 광고 계획, 집회, 훈련 방법, 양식, 특히 판매원들의 개인적인 특징들)를 수집하는 것이었다. 우즈가 기대했던 결과는 차별화된 더 나은 유형의 판매원이었다. 초기의 기부자들은 존 핸콕 생명, 메트로폴리탄 생명, 푸르덴셜 생명을 비롯한 보험회사들과 버로우스, 포드, 웨스팅하우스와 같은 기술적으로 복잡한 제품들을 생산하는 기업들이 압도적으로 많았다.

1916년 빙햄은 스캇을 연구소의 소장으로 임명했다. 스캇은 광고에 대한 연구와 더불어 자신의 책 〈비즈니스에서 인간 효율성의 향상: 비즈니스 심리학에 대한 기여Increasing Human Efficiency in Business: A Contribution to the Psychology of Business〉 (1911)를 통해 관리 분야에서도 두각을 나타냈다. 스캇은 이 책에서 관리자들이 불필요한 사고를 제거함으로써 직원들의 효율성을 높일 수 있고, 정신적으로 특정 업무에 가장 적합한 직원을 고용하고, 효율적인 습관을 심어줌으로써 성과를 올릴 수 있다고 설명했다. 그는 노동 업무의 단순화에 대한 프레데릭 테일러의 믿음과 윌리엄 제임스의 습관 형성 이론(개인들이 바람직한 사고와 행동을 반복해 좋은 습관을 들일 수 있다는 사상)을 결합시켰다.

소비자들의 구매 동기를 유발시키는 방법을 분석했던 것처럼, 스캇은 이제 직원들의 노동의 동기를 유발하는 것에 관한 글을 썼다. 그는 조직 운동에 기초한 유추를 활용했다.

"선수가 운동장에 서면 자신이 최선을 다할 수 있을까 하는 두려움을 종종 느낀다. 이런 상태에서 코치의 정력적이고 열정적인 호소는 자극을 주고 분발하도록 하여 갑자기 모든 힘을 보여줄 수 있게 만든다."

즉 정신 자세는, 생산직이든 사무직이든 뛰어난 성과를 올리기 위해서는 필수적이라는 것이다. 스캇은 대부분의 사람들은 실제로 그들이 더 많은 것을 할 수 있음에도 불구하고 피곤하다고 느끼면 중단하려는 습관을 갖고 있다고 지적했다. 그는 적절한 동기 부여와 격려가 주어지면 보통 사람도 50%나 효율성을 향상시킬 수 있다고 주장했다.

스캇은 연구소의 판매원 사무국에 대한 5가지의 명확한 목표를 설계했다.

① 판매직 신입사원들의 채용과 훈련 방식을 체계화하는 것
② 성공한 판매원들의 정신적 신체적 특징들을 파악하기 위한 실험적·통계적 심리학 방법들을 이용하는 것
③ 판매원들의 채용과 교육, 동기 부여를 위한 실험을 하는 것
④ 연구소의 연구 결과를 학계의 저널이나 서적으로 출판하는 것

⑤ 연구소의 연구 결과를 이용하게 될 판매 관리자들을 위한 공 개 강좌를 하는 것

그의 첫 번째 목표는 인력 채용 방법을 체계화하는 것이었 다. 스캇은 7명으로 이루어진 대학원생 그룹과 함께 기업이 판 매직에 가장 적합한 지원자들을 찾는 데 이용할 수 있는 일련 의 평가 방법을 개발했다. 채용은 특히 판매 분야에서 중요한 문제였다.

풀러 브러시 사Fuller Brush Company에서 외판원들은 현장에서 1년 간 일을 하고 나면 경력사원으로 인정을 받았다. 보험업계 의 한 인사는 미국에서 1915년에 면허를 가진 150,000명의 보 험 대리점들 가운데 절반 정도는 연말까지 폐업할 것이라고 예 측했다. 관리자들은 문제가 자신들의 관리 방법보다는 판매원 들에게 있다고 믿는 경향이 있었다. 이직률에 관한 문제에 대 해 다트넬 코퍼레이션Dartnell Corporation이 실시한 조사에 따르 면 관리자들은 판매원들이 실패하거나 사직하는 이유를 다음 과 같이 열거했다.

◆ 판매원들의 근면성 부족 37%

◆ 의욕 상실 37%

◆ 지시 사항 불이행 12%

◆ 상품 지식 결여 8%

◆ 정직성 결여 4%

◆ 건강 문제 2%

판매 관리자들은 일을 그만 둔 판매원들의 약 4분의 3이 노력 부족 또는 의욕 상실 때문이었다고 생각했다. 관리자들은 그렇게 생각함으로써 더 나은 사람들을 채용해야 한다고 믿었다.

스캇의 저서 〈판매원 채용 길잡이Aids in Selecting Salesman〉는 4개의 부분으로 나뉘어져 있다.

1. 지원 용지

지원자의 이름, 생년월일, 기혼 여부, 사용 언어, 부양가족 수, 생명보험 수혜 범위, 교회나 클럽 가입 여부 그리고 이전 직장에서의 경력 등의 개인 정보를 기록하고 '왜 당신이 이 회사에서 판매원으로 성공할 것이라고 생각하는지' 최소 50단어로 쓰도록 했다.

2. 전(前) 고용주의 추천서

이전의 고용주들에게 이 지원자의 근면성, 개인적인 습관, 행동, 판매직에 대한 적합성을 '아주 좋음'에서 '아주 나쁨'까지의 척도로 평가해 달라고 요청하는 편지였다.

3과 4. 면접관의 평가 용지

면접관들에게 지원자의 외모(체격, 표정, 옷차림, 목소리, 명랑함, 자신감, 예의), 설득력, 근면성, 성격(충실성, 정직성, 진실성, 절제 - 습관적인 음주, 도박 등의 경제적 측면에서), 그 회사에 대한 가치관에 대하여 수치로 평가하도록 했다.

스캇의 평가 방법은 지원자의 지적 능력을 측정하는 데 집중하기보다는 인상과 관찰에 의존한다는 측면에서 당시의 다른 많은 평가 방법들과 차별성을 보였다. 즉 그는 수치에 의한 분석을 보완하기 위해 노련한 관리자들의 판단을 신뢰했던 것이다.

또한 지원자들은 '지적 순발력' 평가(지원자들에게 단어의 동의어와 반의어를 열거하고, 간단한 덧셈을 수행하게 하고, 속담을 이해하도록 요구하는 테스트)와 '선견지명' 평가(지원자들에게 가정적 질문에 대답하도록 요구하는 테스트)를 비롯하여 5가지 심리 테스트를 받았다. 이것은 지원자의 창의성을 보여주도록 고안된 것이었다.

테스트

"1년 전 기후 변화 때문에 당신의 주거지가 아침 6시에서 밤 12시까지 하루종일 폭우가 쏟아지는 지역으로 예보되었다면, 당신은 이 상황에 대처하기 위해 무엇을 할 것인가?", "각 개인이 원할 때마다 소형 비행기구를 타고 날아다닐 수 있다면 개인의 일상에 어떤 변화가 생길까?"

스캇은 지원자들에게 일반 상식에 관한 테스트도 했다. 즉 판매원들에게 "모든 테니스 챔피언들은 가슴 쪽에서 스트로크를 한다."와 같이 진술이 참인지, 거짓인지 판단하도록 요구했다.

이러한 테스트는 업계가 널리 이용할 수 있게 개발된 최초의 테스트였다. 이 테스트를 통해 다양한 지적 능력이 평가되었다. 선견지명과 언어적 순발력에 대한 질문들은 예상치 못한 질문에 판매원들이 어떻게 재빠르게 대답하는가를 평가했다.

일단 모든 테스트를 지원자에게 실시하면 스캇은 다양한 분야에 대한 지원자의 점수와 면접관들로부터 받은 평가를 결합해 1에서 10까지의 척도에 따라 지원자가 판매원으로서 적합한지를 평가했다.

스캇은 〈판매원 채용 길잡이〉를 여러 회의에서 제시하고, 우즈의 도움을 받아 실적이 알려진 수 천명의 생명보험 판매원들과 다른 판매원들에게 실행하는 등(자신의 방법이 '성공자'와 '실패자'를 가려낼 수 있는지를 알아보기 위해), 다양한 방법으로 테스트를 장려했다.

또한 스캇은 자신의 테스트를 세계 세일즈맨십 대회에서 실행했다. 1916년, 그는 디트로이트의 스타틀러 호텔Startler Hotel에서 20명의 판매 관리자를 만나 판매원으로서의 능력이 알려져 있는 한 그룹을 테스트해 달라고 부탁했다. 관리자들은 분리된 방에 들어갔고, 판매원들은 그 방에 들어가 뭔가를 '팔기 위해 시도'하라는 지시를 받았다. 4일 뒤, 스캇은 테스트 결과를 많은 청중들에게 공개했고 성공했음을 선언했다(심지어 자신을 속이기 위해 숨어들어 온 위장 참가자까지 골라냈다).

하지만 스캇의 테스트가 항상 성공한 것은 아니었다. 어떤 집회에서 한 관리자가 스캇을 비난했다. "우리는 세일즈맨십 연구소에서 고안한 테스트들 중의 하나를 택했고, 그것을 유능한 우리 직원들 중 몇몇에게 주었다. 그리고 우리는 그 상관 관계가 생산성과 100% 반비례한다는 사실을 알았다. 가장 유능한 직원들이 가장 낮은 평가를 받았고, 가장 떨어지는 직원들이 가장 높은 평가를 받았다." 스캇은 그 테스트가 잘못 적용되었을지도 모른다고 말했다.

그런 문제들에도 불구하고 표준화된 인력 채용 정책에 관한 스캇의 연구와 방법들은 인기를 끌었다. 그의 테스트는 노동시장을 특정한 교육과 기술에서 벗어나 개성, 교육, 자신을 표현하는 능력으로 눈을 돌리도록 전환시키는 데 기여했다. 성공한 판매원들에 대한 스캇의 조사는 특히 스캇이 군대와 관련을 맺게 된 후 많은 사무직 그리고 심지어 경영자들의 직무에까지 적용되었다.

소비자 욕구를 이해하라

제1차 세계대전은 스캇과 다른 심리학자들에게 도움이 되었는데, 전쟁에 참여하려는 그들의 노력이 신뢰를 얻었기 때문이다. 하버드의 심리학자 로버트 여키스Robert Yerkes는 군인들을 상대로 한 '군대 알파 테스트Army Alpha Test'라는 지능검사를 개발했으며 이것은 175만 명의 군인들에게 실시되었다. 이 연구는 여키스에게 명성을 안겨주었지만 각각 다른 인종과 민족 집단에 대한 단편적인 자료에서 얻어낸 편견에 치우친 결론 때문에 이후 악평을 듣게 된다.

스캇은 군대를 위한 또 다른 일련의 테스트를 고안해 냈는데 그 테스트 결과는 장교를 선출하기 위한 등급 평가 시스템으로 변형되었다. 국방성의 협조 아래 스캇은 재빨리 〈판매원 채용 길잡이〉를 육군 대위를 선출하기 위한 평가 방법으로 전환했다. 판매원 '개인의 경력 기록'은 '군인의 자질 카드'가 되었고, '면접관의 평가 용지'는 '군대 평가 용지'가 되었다. 스캇의 방식에 따라 수천 명의 군인들이 외모, 군대 경험, 사람들에 대한 영향력, 권위에 대한 존중, 정력, 안정성, 판단력, 부대에 대한 가치관에 따라 평가를 받았다. 그리고 스캇은 자신의 노력에 대하여 공로훈장을 받았다.

1917년에 백화점 업계의 거물인 에드거 카우프만Edgar A. Kaufmann은 여섯명의 다른 사업가들을 설득하여 카네기 공과대학에 소매교육연구소Research Bureau for Retail Training를 설립하는 데 참여하도록 했다. 이 새로운 조직은 교육과 판촉 안내서, 채용 테스트, 기타 관리수단들을 고안해 냈다. 이후 10년 사이에 이 연구소는 명칭과 범위를 확대하여 인사통계 연구소 Bureau of Personnel Research로 탈바꿈했다.

스캇이 판매원들 사이의 차이점(그리고 판매직 지원자들 사이의 차이점)을 알아내고자 노력하며 연구소에서 시간을 보내는 동안 심리학자들 중의 한 사람은 성공한 판매원들의 특징에 기초하여 이상적인 판매원에 대한 밑그림을 그려가고 있었다. 스캇 아래에서 연구했던 메릴 림에 따르면 이상적인 판매원은 하찮은 일에도 주의를 기울였고, 성공하지 못한 다른 판매원들보다 세부적인 것에 더 관심을 기울였다.

또한 융통성이 더 있고, 사회적인 상황에 즉각적으로 대응했다. 그들은 그다지 독서를 좋아하지 않았고, 확립된 질서에 대한 신념을 가진 안정적 보수 시민이었다. 그들은 기혼이고, 쉽게 이혼하는 데 반대했으며 개개인의 검약, 자기 자신과 부양 가족들을 위한 책임에 확신을 갖고 있었다. 또 이들 이상적인 판매원은 대학을 졸업하고 석·박사 학위를 받은 사람보다는 전문대학의 교육을 받은 고교 졸업자였다. 그들은 은행가나 다른 안정된 위치를 차지한 사람들의 협력자들이었다. 그들은 미국 출신의 백인이있고 남성이었다.

1919년 스캇은 필라델피아에 스캇 사Scott Company라는 산업 컨설팅 회사를 설립했으며 고객으로 스페리 자이로스코프, 스탠다드 오일, 웨스팅하우스, 스트로브릿지 앤 클로시어 사와 계약을 맺었다. 그는 자신의 1:1 인력평가 방식을 널리 알리기 위해 회사를 이용했다. 다른 저명한 심리학자들 또한 컨설팅 회사를 설립했다. 스캇의 회사와 심리 컨설팅 회사 모두 관리자들이 직원을 채용하는 데 도움을 주기 위한 평가 방법을 개발했다. 그런 한편 심리학의 원리들을 직장의 효율성 향상과 동기 부여를 위해 적용했다.

1920년대에 그와 다른 심리학자들은 본능을 강조하는 기존의 입장에서 벗어나기 시작했다. 이들은 본능에 대한 숫자나 구성에 대하여 거의 동의하지 않았다. 심리학자들은 점점 더 인간의 욕구가 고정적이라기보다는 역동적이라는 인식을 같이 했고, 남성과 여성이 타고난 본능뿐만 아니라(아마도 전혀 그렇지 않을 것이다) 주로 환경과의 상호작용을 통하여 동기가 부여된다고 강조했다.

판매술은 소비자들에게 구매를 위한 동기를 자극하고, 구매에 대한 망설임을 극복하려는 것이다.

출판업자이자 하버드 경영대학원의 교수인 아치 쇼는, '국가란 복잡하고 변하기 쉽고 영향을 받기 쉬운 욕구를 가진 소비자의 덩어리'라고 묘사했다.

"오늘날 진보적인 기업가들은 소비자의 무의식적인 요구를 탐색하고, 소비자의 요구를 충족시켜 줄 수 있는 상품들을 생산하고, 소비자의 관심을 끌기 위해 상품의 존재를 알리고, 분출된 요구에 대한 대응으로써 상품을 소비자에게 전달한다."고 말했다.

심리학자들의 연구는 소비자들이 단지 조금 논리적일 뿐이며 대부분은 몹시 비논리적인 방식으로 영향을 받는다는 것을 입증하는 데 큰 기여를 했다. 1920년대에 P&G와 GM과 같은 기업체들이 심리학자나 교수들과 동일한 방식으로 소비자들과 그들의 습관에 관한 조사를 실시했다는 점이다.

8장

주 고객은 '그녀들'이다

자동차와 소비재 판매

1920년대가 되자 미국 기업들은 판매술을 현대적 전략의 필수 요소로 인식하기 시작했다. 1917년 기준으로 상위 200개 기업체의 경영자들 가운데 4분의 1이 판매직에 종사한 적이 있거나, 평생 동안 판매를 해 왔던 사람들이다. 바로 이 점이 기업에서 판매의 중요성이 높아졌음을 보여준다.

각종 냄비류와 기타 많은 상품의 형태로 알루미늄을 소비자들에게 팔았던 아서 바이닝 데이비스Arthur Vining Davis는 알로카Aloca 사의 회장이 되었다. 1918년에 바쿰 오일Vacuum Oil 사의 회장이 된 에드워드 프라이저는 자사의 국내 및 해외 영업 업무를 조직화하여 명성을 얻었다.

1902년부터 1924년까지 미국 라디에이터 사Radiator Company의 사장이었던 클라렌스 모트 울리 역시 이들과 마찬가지로 영업 분야에서 성공했다. 한 대중 잡지는 울리를 타고난 판매원이라 평했다. 그는 방열기와 수도관 부설 공급품의 판촉에서 크게 성공하여 1935년에 잡지 편집장들이 "물 한 잔을 마시거나 변기 물을 내릴 때마다 울리 씨의 회사 제품을 이용하고 있을 확률이 50%다."라고 말할 정도였다. 그 당시나 그보다 훨씬 이전이나 판매술의 재주는 일반 대중들에게 오락거리로 여겨졌다.

학계는 판매를 무미건조하고 수량적인 용어로 묘사하고 있었다. 그러나 〈토요 이브닝 포스트Saturday Evening Post〉에 실린, 껌을 팔기 위해 중국에 행진 악대를 보낸 윌리엄 리글리 주니어나 남아메리카에서 판매되던 코카콜라에 관한 기사를 보면 판매술을 극적으로 묘사하고 있다. 판매술은 당시 10여 년 동안 미국 경제의 성공을 상징하는 듯 공격적이고 확대 지향적이었으며, 극히 미국적인 비즈니스 방식을 단적으로 보여주었다.

한 역사학자에 따르면, 세기의 전환기에 대중잡지들은 이전보다 더 노골적이고 직설적으로 판매술에 대한 찬양 일색의 기사를 내보냈다. 〈토요 이브닝 포스트〉에 실린 한 기사는 다음과 같이 주장했다.

"미국 역사는 사실상 판매술에 관한 전설이다."
"대서양 연안에 정착하던 생활에서 벗어난 초기의 개척자들은 지역을 순회하던 세일즈맨들이었다."

그들은 앨리게니 산맥, 미시시피 강, 로키 산맥을 넘나들면서 서부 지역을 세상에 내다 팔았다. 이전까지 절대로 이루어질 수 없었던 일로 단기간에 한 대륙이 문명화된 것이다.

대중 서적이나 잡지에 게재된 대로, 판매원의 모습은 자주 풍자되었다. 싱클레어 루이스가 전형적인 부동산 판매원인 조지 폴랜스비 바비트에 관해 쓴 기사가 가장 인상적이었다. 바비트는 판매기술에 관한 한 신화였다. 그는 얇은 금줄이 있는 안경다리에 최고급 렌즈가 들어간 안경을 쓰고 직원들에게 지시를 내리고, 자가용을 몰고, 때때로 골프를 치고, 판매기술에 박식한 현대적 사업가였다. 그는 비즈니스의 가치에 신념을 갖고 있었기 때문에 세일즈를 하겠다는 신념을 가진 직원들을 찾는 일이 얼마나 어려운 일인가를 잘 알고 있었다.

또한 그는 "정신 차려! 마음을 바로 잡아! 남자다운 사나이!"와 같은 표현을 써가며 판매원의 정신에 대해 적극적이고 남성적인 단어들로 자신을 표현했다.

바비트는 수십 년 전에 멜빌과 트웨인의 소설 속에 등장했던 행상인과 판매원의 모습과는 완전히 달랐다. 19세기 소설 속에 등장하던 행상인과 판매원들은 대개 평범한 시민들을 속이기 위해 사기를 치는 주변 인물이었시만 바비트는 미국 사회와 문화에서 중심적인 위치를 차지하고 있었다. 그는 선량한 시민들의 모임, 사슴을 위한 모임 그리고 공화당의 일원으로 활동했다. 바비트는 자동차, 고층 빌딩, 면도칼, 알람시계와 같은 새로운 소비사회의 상품들을 팔았다. 그는 비즈니스와 이익에 흥미를 느꼈고 비즈니스의 논리가 최고이며 신성한 것이라 여겼다.

루이스는 기차를 타고 중서부 도시들을 방문하는 동안에 판매 관련 서적들을 읽으면서 바비트에 관하여 조사를 했다. 그는 일상 생활에서 판매술이 자주 등장하는 것에 대해 비판적이었고, 학문적인 연구에 기초하여 판매술이 주장하는 정당성에 대해서도 회의적이었다. 모든 판매의 목적, 혹은 목표가 무엇인지를 단정할 수가 없었다. 바비트와 사업 동료들은 판매(특정한 무언가를 특정한 누군가에게 판매하는 것이 아니라 순수한 판매)에 관한 보편적인 목적을 갖고 있었다. 루이스 혼자 이러한 비판적인 입장을 하고 있었던 것은 아니다. 경제학자 톨스타인 베블런Thorstein Veblen은 판매술을 공짜로 무언가의 차익을 얻는 기술이라고 불렀고, 현대의 판매를 과학이라기보다는 복음주의적 맥락으로 보았다.

이제 소비재의 주체는 여성이다

교수들과 인기 작가들 사이에서 일어난 판매원의 정신에 대한 관심은 제1차 대전 이후 소비재 거래의 증가에 기여한 판매원들의 역할 때문에 자극을 받았다. 1921년에서 1922년 사이의 경기 침체 이후 미국 경제는 전반적으로 호황을 맞았다. 제조업 생산량은 전체적으로 60% 증가했다. 그리고 GE와 웨스팅하우스와 같이 주로 산업재 생산에 주력했던 여러 거대 기업들도 관심을 소비자 시장으로 돌리고 대중들을 위한 제품 생산에 뛰어들었다. 19세기 후반에 미국 가정들은 내구재(몇 가지의 가구, 마차 또는 아마도 피아노)를 거의 소유하지 않았던 반면, 1920년대의 가정에서는 자동차, 진공 청소기, 다리미, 전기 토스터, 세탁기와 같은 가전제품을 비롯한 다양한 제품들을 구매하기 시작했다. 그리고 이 모든 것들을 판매원들이 판매했다.

소비재의 판매에 있어서 두 종류의 판매원이 특히 눈에 띄었다. 바로 자동차 딜러와 가정용품과 가전제품을 파는 방문 판매원이었다. 자동차 업계는 윌리엄 듀란트William C. Durant, 노발 호킨스Norval Hawkins, 리차드 그랜트Richard H. Grant와 같은 뛰어난 판매원들 때문에 금방 유명해졌다. 한 소식통에 따르면, 제너럴 모터스GM의 창립자인 듀란트는 경 마차, 자동차, 주식, 인간의 절대 확실성에 대한 믿음까지 팔 수 있는 아마도 미국 역사상 가장 뛰어난 판매원이었을 것이다.

1908년부터 1917까지 포드 사에서 판매부를 이끌었던 호킨스는, 디트로이트 주의 한 변호사의 말을 빌리자면 "아마도 세계 역사상 가장 훌륭한 판매원으로 아이디어가 독창적이고, 또 그런 아이디어를 설득력 있게 제시하고, 일에 대한 완벽한 활력가이자 내가 아는 한 가장 빨리 일을 실행하는 사람."이었다. 1924년에 시보레에서 일을 시작한 그랜트는 자동차 업계의 달변가였다. 그의 웅변술은 35,000명 판매원들의 모임을 눈물바다로 만들었다가 다시 웃음바다로 만들고 분노로 흥분시키고 격분시켜 자동차와 트럭의 판매고를 올리도록 내모는 것으로 유명했다.

자동차 업계에서 판매술이 발전함으로써 NCR의 존 패터슨의 성공도 가능했다. 찰머즈 모터 사의 창립자인 휴 찰머즈, 팩커드 사의 사장인(버로우즈 사를 떠난 후) 앨번 맥컬리, 맥스웰 사와 크라이슬러에서 판매 관리자와 부사장을 역임했던 조셉 필즈 그리고 리차드 그랜트를 비롯한 여러 업계의 경영자들이 NCR의 패터슨 밑에서 일을 했었다. 그랜트는 델코, 프리지데어, 그 뒤 시보레로 옮기기 전까지 NCR의 판매원이었다. 그의 특별한 재능은 신입사원들을 훈련시키고 동기를 부여하여 탁월한 판매원으로 변모시켰다.

그는 패터슨의 가르침을 다음의 7가지 법칙으로 요약했다.

1. 적절한 상품을 선택하라.
2. 각 지역 시장의 잠재력을 파악하라.
3. 판매원들에게 상품에 대하여 미리 설명을 들려주고, 판매 대화를 마음에 새기도록 교육을 끊임없이 하라.
4. 판매원들을 끊임없이 자극하고, 판매 경진대회 등을 열어 경쟁을 촉진하라.
5. 모든 설명은 간결하게 하라.
6. 모든 종류의 광고를 이용하라(패터슨은 104가지를 제시했다).
7. 끊임없이 당신의 판매원들을 점검하되, 사리에 맞게 그들을 대하고 지킬 수 없는 약속은 하지마라.

그랜트는 패터슨에게서 이런 7가지 사항들을 배웠지만 자동차 판매에서 그것들이 갖는 의미는 금전등록기와는 달랐다. 자동차는 더욱 폭넓고 다양한 고객들과 시장을 대상으로 했기 때문에 자동차 판매 담당자들은 새로운 방향으로 판매를 추진해 나갔다. 특히 GM은 제조 일정을 예상 매출액과 연결하기 위해 정부의 통계와 현장의 정보에 근거한 정교한 예측 기술을 고안해 냈다.

또한 GM은 연도별 모델 판매 방식을 개발하였고, 엄청난 광고와 공격적인 캠페인을 동원하여 판촉에 나섰다. GM은 소비자의 관심을 끌 수 있는 스타일, 색상, 디자인 특징들에 집중함으로써 판매술을 생산 과정까지 개입하게 했다. 어떤 의미에서 판매의 프로세스를 신형 모델의 최초 디자인과 함께 시작한 것이다.

GM은 잘 알려진 대로 판매되는 브랜드에 따라 개별적인 사업부로 나누어 자체 내의 판매술 향상에도 많은 노력을 기울였다. 캐딜락, 뷰익, 오클랜드(이후 폰티악으로 변경), 시보레와 같은 각각의 자동차 사업부들은 서로 다른 판매 시장을 목표로 운영되었다. 이들은 자체적인 사보, 자체적인 딜러 조직, 자체적인 판매 프로그램을 갖고 있었다.

1920년대에 더욱 많은 기업들이 그들의 제품을 소비자들에게 직접 판매하기 시작하면서 방문 판매원들 역시 대중적으로 관심을 끌었다. 주얼 티Jewel Tea, 후버 배큠Hoover vacuum, 풀러 브러시Fuller Brush, 캘리포니아 퍼퓸 사California Perfume Company

(이후 에이본 프로덕츠Avon Products로 변경)의 판매원들은 모두 친근한 인물들이 되었다. 또 방문 판매원들은 영리하고 끈질기게 판매하는 것으로도 유명했다. 그 예로 〈토요 이브닝 포스트〉는 풀러 브러시의 판매원이 긴 손잡이가 달린 브러시를 잡은 채 나뭇가지에 매달려서 사나운 개가 다가오지 못하게 하는 만화를 실었다. 이 판매원은 개 주인에게 "브러시가 개의 등을 얼마나 잘 닦아주는지 보세요."라고 외치고 있었다.

여러 가지 측면에서 방문 판매원들은 19세기의 정기 구독용 서적 외판원과 비슷했다. 서적 외판원들이 자습용 서적과 역사책을 농부들에게 가져다 주었다면, 방문 판매원들은 대량 생산된 가전제품과 소형 소비재들을 교외에 사는 주부들에게 제공했다. 판매원의 전략은 비슷했다. 판매원은 재빨리 일회성 판매에 성공하기 바라면서 미리 연습한 일련의 판매 논법으로 무장하고 나타났다. 방문 판매원들은 외판원들처럼 성별에 따른 판매법도 배웠다. 캘리포니아 퍼퓸 사와 소수의 다른 회사들이 여성 판매원들을 고용하긴 했지만 대부분의 방문 판매원들은 남성이었다. 판매원들은 남성과 여성 고객에 따라 다른 설득 방식을 고안해 냈고, 이성에게 추파를 던지는 듯한 행동의 장점과 단점을 정확하게 알고 있었다. 알프레드 풀러Alfred Fuller는 심지어 판매술을 구애의 한 형태라고 불렀다.

그러나 19세기 외판원과 방문 판매원들 사이에는 중요한 차이점들도 있었다. 방문 판매회사들은 외판조직들보다 훨씬 더 조직적으로 관리되고 있었다. 방문 판매회사들은 대규모 생산 설비를 갖추고 저렴한 제품들뿐만 아니라, 고가의 제품들도 판매하였다. 판매원들은 구체적인 구역을 배정 받았고 관리자들은 할당량을 정해 주고 판매원들로부터 받은 기록을 잘 보관해 두었다.

소비재의 판촉은 경제에 막대한 영향을 끼쳤다. 1919년부터 1929년까지 세탁기를 보유한 가정의 비율은 8%에서 29%로, 진공 청소기는 4%에서 20%로, 라디오는 1%에서 40%로, 자동차는 26%에서 60%로 증가했다. 광고는 이러한 제품들에 집중되었다. 어느 역사가가 말했던 것처럼, 1920년대의 광고대행업자들은 가장 새로운 상품을 소비자에게 소개해 주고, 대중의 변덕 중에서 가장 새로운 것을 제조업자에게 전하는 현대의 사도였다. 미국에서 전체 광고량은 1919년에 1조 4,090억 달러에서 1929년에 2조 9,870억 달러로 급증했다.

광고업자들은 다양한 경로를 이용했다. 연합광고 클럽The Associated Advertising Clubs은 1920년 광고가 신문(6억 달러), 다이렉트 메일(3억 달러), 잡지(1억 5,000만 달러)에, 그밖에 비중은 작지만 업계지, 선물용품, 전광판, 창문과 상점 전시품들에 나누어 지출되었다고 보고했다. 1920년에 피츠버그에서 KDKA(세계 최초의 방송국)가 설립된 이후 상업 라디오와 같은 새로운 광고 매

> 광고인은 가장 새로운 상품을 소비자에게 소개해주고, 대중의 변덕 중에서 가장 새로운 것을 제조업자에게 전하는 현대의 사도 역할을 해야 한다.

체가 등장하자 이후 10년 동안 광고에 지출하는 비용은 또 다시 급증했다. 광고량의 급속한 증가뿐만 아니라 그 모습 또한 변화하면서 심리학자들이 예측했던 대로 정보성은 약해지고 선정성만 활개치게 되었다.

그럼에도 불구하고 새로운 소비재에 대한 욕구를 증진시키는 데 있어서 판매원은 꼭 필요한 존재였고 이들은 또 광고와 다른 역할을 하였다. 이들은 심지어 자동차를 판매할 때에도 직접 방문하여 자동차를 보여주며 잠재 고객들과 이야기를 나누었다. 이런 대중 판매원들은 19세기 말에 코카콜라, 아이보리 비누와 같은 브랜드 상품들에 대한 시장을 형성하는 데 기여했던 것과 마찬가지로 자동차, 라디오, 진공 청소기와 같은 특제품들에 대한 시장을 형성하는 데에도 기여를 했다.

특히 판매원들은 소비자 문화의 두 가지 핵심 요소를 도입하는 데 큰 역할을 하였는데, '계획적인 진부화'와 '할부 판매'가 그것들이다. 자동차 판매원들은 고객들에게 기존의 소유 차량을 최신 모델로 바꾸면서 구입하도록 권유했다. 또한 자사의 브랜드와 경쟁사의 브랜드의 차이점(광고가 상세하게 설명할 수 없는 부분)을 지적해 주었다. 게다가 가전제품과 브러시 판매원들은 제품을 직접 보여주고 상점에서 하는 것보다 집에서 하는 쇼핑의 편리함을 강조했다.

할부 판매는 이 기간 동안 급성장했다. 이전에도 시계나 재봉틀을 파는데 할부 판매가 이용되었기 때문에 새로운 현상은 아니었지만 1920년대에 급격히 증가했다. 할부 판매는 특히 자동차 판매를 통해 더욱 일반화된 측면이 있었다. 1930년대 무렵 자동차의 60~70%, 가구의 80~90%, 세탁기의 75%, 진공청소기의 65%, 라디오의 75%, 축음기의 80%가 할부로 판매되었다.

판매원들은 1920년대의 내구 소비재 혁명을 촉진하고 가능하게 만들었다. 소비자들은 자동차, 전기 제품과 같은 주요 내구재들을 더욱 많이 구입한 반면 도자기, 가구, 서적, 보석과 같은 소형 내구재들은 상대적으로 적게 구매했다.

자동차 회사들과 방문 판매 상품 제조업체들의 경험은 소비자 판매의 양극단을 보여준다. 자동차 제조기업들은 막강한 경제력과 분석에 있어서 고도의 정교성을 갖고 운영되었다. 나머지 제조업체들은 경제 분야에서 상대적으로 규모가 작았고, 뚜렷하게 반관료적인 문화를 택했다.

자동차 회사들의 목표는 모든 사람을 고객으로 만드는 것이었다(그리고 매년 새로운 모델을 출시하는 시스템을 도입해 단골 고객을 만드는 것이었다). 나머지 제조업체들의 목표는 외판원 군단을 고용하여 모든 사람을 판매원으로 만드는 것이었다. 게다가 자동차 딜러들과 방문 판매원들은 선략부터가 달랐다. 자동차 회사의 판매원들은 차량에 장착할 수 있는 옵션들을 설명하면서 신용 판매와 사후 서비스까지 준비했다.

또한 소비자들이 여러 다른 브랜드를 선택하기보다 하나의 브랜드를 선택하도록 설득했다. 예를 들어 시보레 딜러들은 수

년 동안 포드 사의 자동차를 소유한 고객들을 타깃으로 삼았기 때문에 경쟁사를 무자비하게 비판해야 했다. 방문 판매회사에서, 판매원들은 제품의 사용에 대해 직접 시범을 보여주면서 주부나 가족 특유의 요구에 맞춰 설득을 했다. 그들은 다른 브랜드와 경쟁하기보다는 어떤 의미에서 하나의 유통 방식을 다른 것과 비교하면서 소매상들과 경쟁했다.

그녀를 위한 가전제품과 브러시를 팔아라

기업가들은 방문 판매회사를 설립하여 도시와 특히 팽창하는 교외지역을 맡도록 운영했다. 풀러 브러시Fuller Brush 사를 비롯한 몇몇 회사들은 해외에서 근무하는 판매원들도 보유하고 있었다. 그들은 주부들을 대상으로 한 많은 가전제품들을 비롯하여 수많은 제품들을 판매했다.

1930년에 필라델피아와 교외지역을 대상으로 한 템플 대학교의 조사 결과, 방문 판매원들로부터 물건을 구매한 사람들 가운데 45%가 적어도 한 번 브러시를 구매한 적이 있었다. 다른 이들은 진공 청소기(23%), 양말 또는 속옷류(10%), 전기 제품(8%), 알루미늄 제품(6%), 의류(3%), 잡지 및 책(1%), 세탁기(1%)를 구매한 적이 있었다.

많은 방문 판매회사들은 매일 가정을 방문하는 수 천명의 판매원들로 구성된 조직을 만들었다. 자동차 회사들과 달리 방문 판매회사로서 제품을 판매하는 유통업자들의 수는 사실상 무한대로 늘어날 수 있었다. 사실 가장 뛰어난 판매원이란 실제로 제품을 판매하는 사람이 아닌, 유능한 새로운 판매원을 모집하는 사람들이었다. 새로운 판매원을 찾아내는 능력은 경기에 따라 달라졌다.

소규모 회사들은 처음에는 판매원과 거의 커뮤니케이션을 하지 않았다. 몇몇 회사들은 잡지 뒷면에 판매원을 모집하는 광고를 내고 우편으로 연락을 취했다. 〈기회Opportunity〉라는 잡지는 중소기업을 위한 광고를 실었다.

1923년 6월 창간호에서 세일즈의 대가인 포글먼H. L. Foglman은 "모든 보통 사람이 다 세일즈맨이다. 종교, 의학, 법률에 관한 자신의 지식을 파는 목사, 의사, 법률가도 세일즈맨이다. 미국의 대통령 역시 세일즈맨이다. 이 나라 국민들이 자신이 생각하는 대로 생각하도록 설득하고 원하는 대로 행동하도록 하기 위해 노력하면서 자신의 시간, 재능, 능력을 팔기 때문이다."라고 말했다.

매달 〈기회〉는 외판원과 판매원 구인 광고를 냈다.

: 날개 돋친 듯이 팔리고 있는 캘리포니아 퍼품 목걸이. 돈을 긁어모으는 판매원들. 고수익 보장, 무료 카탈로그 제공. 공장 주소는 N, 2328 W, Pico, 로스앤젤레스, 캘리포니아.

가정용품 사업 역사상 가장 번창한 회사. N.R.G. 비누는 문지르지 않고도 10분만에 옷을 세탁한다. 무료 샘플 제공. N.R.G. 사. F232 W. 수피어리어, 시카고.

수퍼킨! 놀라운 신형 전매특허 연마기. 초강력 자력으로 온갖 종류의 면도날을 즉시 갈아준다. 최신형! 기존의 제품과 완전 차별화! 시범 작동이 보여주는 놀라운 결과! 엄청나게 팔리는 인기 상품! 소형 샘플을 신청하세요. 수퍼킨, B-35부서, 솔즈베리, N.C.

또한 〈기회〉 지는 매달 몇몇 신제품들을 강조했다. 그것들은 대개 작았고, 별로 인기를 끌 것 같지 않은 제품들이었다.

한편 더욱 고도로 조직된 방문 판매회사들은 판매원들을 모집하고 훈련하는 지점들을 열었다. 지점 관리자들은 때때로 급여를 받는 회사의 직원이었지만 어떤 경우에는 지점 구역 내에서의 모든 매출에 대해 수당을 받았다. 정확한 회계 정보는 이 회사들에게 매우 중요했다. 많은 비용을 판매원에게 전가시켰지만 새로운 판매원들을 고용하기 위한 광고비를 비롯하여 여전히 자신들이 많은 비용을 지출해야 했기 때문이다.

대부분의 방문 판매회사들은 수천 개의 소형 제품들을 수송하고 이를 위해 지역에 창고를 확보하고 있어야 했다. 뿐만 아니라 수 천명의 고객들이 내는 할부금을 관리해야 했는데, 이는 기업을 대상으로 판매하고 기껏해야 몇 백 명의 소매상이나

〈기회〉지의 표지 그림
'세일즈맨의 기회'라고도 불렸던 〈기회〉지는 동기 부여를 위한 글을 주로 쓰던 인기 작가 오리슨 스웨트 마든Orison Swett Marden이 창간했다. 대공황이 시작되기 이전 해인 1928년에 이 잡지는 판매술의 원리를 습득하면 원하는 만큼 돈을 벌 수 있다고 독자들에게 말했다.

도매상을 상대하는 조직들이 직면했던 것보다 훨씬 더 어려운 일이었다.

직접 판매는 새로운 유형의 제품이나 새로운 브랜드를 소개하는 데 유용했고, 제조업체들의 제품이 백화점 경쟁에서 지지 않도록 해 주었다. 1920년대에 방문 판매의 증가는 주부들에게 새로운 노동 절약 장치들을 제공해 주는 과학적 가사 운동을 활성화시켰다.

1893년에 처음 판매가 시작된 전기 다리미는 1920년대에 엄청나게 팔려나갔다. 오하이오 주의 한 마을에서 시행된 시장조사 연구 결과, 1926년에 전체 가구의 82%가 전기 다리미를 소유하고 있었다. 후버Hoover 사는 진공 청소기(1908년에 특허 받음)를 상점들을 통해 판매했지만 동네에 제품에 대한 소문을 내고 가가호호 직접 시범을 보여주었다. 또한 최초의 상자형 진공 청소기를 만들어낸 일렉트로럭스Electrolux 사 역시 1920년대에 자사의 제품을 방문 판매했다. 전기 세탁기는 1914년에 가정용으로 출시되어 1920년대 말에는 전기가 공급되는 도시 가구의 4분의 1 이상이 보유하고 있었다.

일부 회사들은 단지 자사 제품을 소개하기 위해서만 방문 판매를 이용하고 그 뒤에는 소매점을 통해 판매했다. 예를 들어 앨리스터 일렉트릭 사Allister Electric Company는 한 해 동안 (1923년) 자사의 진공 청소기를 방문 판매한 뒤, 외판원들을 통해 고객들이 자사 제품과 친숙해졌다고 판단한 후에 소매 판매와 신문 광고로 완전히 전환하였다.

소비자들에게 직접 판매하는 외판원들을 고용함으로써 방문 판매회사들은 불경기에도 판매량을 그대로 유지할 수 있었다. 소비자들이 지출할 돈이 적은데도 불구하고 더욱 많은 신입사원들이 기꺼이 판매에 나서고자 했고 그런 사원들을 더욱 많이 모집할 수 있었다. 캘리포니아 퍼품 사(1939년에 에이본으로 명칭 변경), 쥬얼 티, 풀러 브러시를 비롯하여 세기의 전환기에 생겨난 회사들 중의 몇몇 회사는 규모가 확장되었다.

흑인인 워커는 헤어 스트레이트 기계와 그 밖의 제품들을 비롯하여 여성들의 탈모 방지를 위한 치료제를 고안해 냈다. 그녀는 이 제품들을 1906년에 덴버에서 직접 돌아다니며 팔기 시작했다. 그녀는 전국을 돌아다니면서 외판원들을 모집하고 교육했다. 그녀는 1910년, 인디애나폴리스에 제품 생산 공장을 세웠다. 이 때 수천 명의 외판원들은 긴 검정 스커트와 빳빳한 흰색 셔츠의 제복을 입었다. 19세기 후반의 일반 외판원들과 달리 이 여성들은 존경과 근면의 모범이 되었다.

여성을 고용하면서, 가장 오래 유지되었고 유명했던 방문 판매회사는 캘리포니아 퍼품 사였다. 전직 서적 외판원이었던 데이비드 홀 맥코넬David Hall McConnell은 1886년 뉴욕의 브룩클린에 있는 단칸방에 회사를 설립했다. 회사 이름에 '캘리포니아'를 사용한 것은 꽃이 가득한 풍경의 이미지를 연상시키기 위해서였다. 뉴욕에 생산 공장을 설립한 후 맥코넬은 여러 지점을 세우는 데 총력을 기울였다.

1898년 맥코넬은 샌프란시스코에 태평양 연안 지점을, 미주리 주의 캔자스시티에 중서부 지점을 냈다. 1914년에 그는 캐나다로 회사를 확장하여 몬트리올에 지점을 열었다. 1917년에 캘리포니아 퍼퓸 사는 제품의 품질과 포장의 우수성을 인정받아 샌프란시스코에서 열린 파나마 태평양 국제 박람회에서 금메달을 땄다.

이것은 회사 마케팅에 큰 성공을 가져다 주었다. 제품의 병에 금메달에 관한 설명을 게재한 것이다. 이 회사 최초의 외판원이자 인사 담당 책임자였던 페르시스 포스터 임스 알비Persis Foster Eames Albee 부인의 도움으로 맥코넬의 회사는 1920년에 연간 매출이 백만 달러(현재의 금액으로 약 9백만 달러)에 달했고, 1929년에는 이 수치가 2백 50만 달러(현재 금액으로 약 2600만 달러)로 증가했다. 같은 기간 동안 외판원들의 수는 16,000명에서 25,000명으로 증가했다.

그러나 주로 여성들로 구성된 방문 판매 인력은 여전히 흔치 않았다. 풀러 브러시 사와 같이 주부들을 타깃으로 하는 회사들조차 여성 판매원들을 거의 고용하지 않았다. 1922년에 알프레드 풀러는 단지 필요에 의해서만 여성들이 고용되었다고 설명했다. 지방 출장 판매원조합도 열성적인 남성들로 이루어져 있었다. 세계 세일즈맨십 대회에서의 판매원처럼 제조업의 판매원들도 최고의 판매원인 시어도어 루스벨트 등의 사례를 들어 남자다움을 과시했다.

당시에 가장 매출이 높았던 방문 판매회사 중의 하나는 풀러 브러시 사였다. 풀러 브러시는 간단한 제품을 팔긴 했지만 브러시 판매에서 성공적이었을 뿐만 아니라 판매 기법을 보급하는 데에도 성공했다. 1920년대에 풀러 브러시 사는 캘리포니아 퍼퓸 사보다 훨씬 더 규모가 컸고 조직화되어 있었다.

캐나다 노바스코샤Nova Scotia 주의 원주민 출신인 알프레드 풀러는 1906년 코네티컷 주의 하트퍼드에 회사를 설립했다. 매사추세츠 주 소머빌에 있는 브러시 방문 판매회사에서 일을 하다가 자기 사업을 시작한 것이다. 그는 하트퍼드로 옮겨 브러시 제조를 도와줄 사람을 고용하고, 자신은 아침마다 브러시를 팔러 다녔다. 풀러는 1~2년 동안 하트퍼드에서만 판매했다. 그 뒤 그는 그를 도와줄 외판원들을 모집하기 위해 신문에 광고를 냈고 뉴욕과 펜실베이니아로 판매를 확대했다. 1910년에 그는 브러쉬 판매원 25명과 생산자 6명을 보유하였다. 그해 초 전국판 〈에브리바디즈Everybody's Magazine〉 지에 판매원 구인 광고를 냈으며 이것은 커다란 성공의 시작이었다.

한 달만에 약 100여명의 지원자들로부터 연락을 받았고 거의 모든 지원지들에게 판매의 기회를 제공했나. '닐러'라고 불리는 판매원들은 샘플 상자, 브러시, 제품 설명 목록을 6달러에 샀다. 대신 그들은 독점 판매 구역을 할당받았다. 1910년 3월에 풀러는 260명의 딜러들과 계약을 했다. 또 1913년에는 여름방학 동안에만 일할 대학생들을 모집하였다. 그리고 이것은 수년 동안 이 회사의 관행으로 정착되었다.

풀러 브러시 사는 걸레, 비, 헤어 브러시, 칫솔, 욕실 브러시, 빗을 포함한 다양한 제품들을 생산했다. 이 회사는 베니션 블라인드나 방열기와 같이 특수 용도로 쓰이는 브러시도 제조했다. 진공 청소기 내부에 있는 것과 같은 일부 브러시들은 기업을 상대로 판매했다.

1925년이 되자 풀러 브러시 사의 판매원은 4,200명에 달했다. 그들은 단지 방문하기만 하는 것이 아니라 하루에 15차례 이상 고객들에게 직접 제품 사용 시범을 보였다. 회사의 통계에 따르면 시범을 보여주었을 때 비교적 많은 경우 거의 절반 정도의 판매가 이루어졌다.

1920년대 중반, 풀러 브러시 사는 판매 인력을 지원하고, 관리하고, 동기 부여를 할 수 있는 상당히 정교한 판매 조직을 개발했다. 미국을 5개의 구역으로 나눈 것이다. 이 구역들을 자체적으로 5개의 지역으로 다시 나누고, 각 지역은 다시 7개에서 10개의 지점들로 나누었다.

지점장은 중요한 인물이었다. 그는 판매원들을 고용하고 교육하고 감독했다. 지점장은 구역을 할당하고 매주 지점 게시물을 발행했다. 또한 판매회의를 열고 판매원들의 의욕을 고양하기 위해 직접 만나거나 판촉에도 나섰다. 알프레드 풀러는 자신을 '아버지 풀러'라고 부르며 소박한 이미지를 만들어냈는데 이 명칭은 회사에서 큰 인기를 끌었다. 주로 월급을 받던 자동차 회사의 감독직 직원들과 달리 풀러 사의 지점 간부들은 지점의 총매출액에 대한 수당을 받았다.

더 큰 시장을 개발하기 위해 회사는 백화점이나 체인점이 잘 관리하지 못하는 소규모 시장에 외판원들을 파견했다. 예를 들어, 1922년에 풀러 사는 소위 '유색 인종' 시장을 잡기 위해 흑인 외판원들을 고용했다. 외판원들을 확보하기 위해 풀러 브러시 사의 오클라호마 툴사 지점장은 지역의 인종 분리 고등학교의 교장을 만나 여름 판매를 위한 교사들을 모집했다. 지점장이 보고하기를 "그것은 흑인 하인들이 사는 지역에서 특히 성공적이었는데 그 이유는 흑인들이 여주인과 똑같은 상품을 사는 것에 자부심을 느꼈기 때문이었다." 이렇게 하여 네 명의 판매원들은 6월과 7월 사이에 2,083달러의 매출을 올렸다.

판매에서 가장 어려운 부분은 집 안에 들어가는 것이었다. 다른 방문 판매회사와 마찬가지로 풀러 사도 공짜 상품을 주었는데, 그것은 작은 핸디 브러시였다. 만약 대개 주부인 잠재 고객들이 공짜 상품은 갖고 싶지만 제품 사용에 대한 시범 설명은 듣고 싶지 않다고 할 경우, 판매원은 공짜 브러시가 샘플 상자의 바닥에 있어서 꺼내려면 집에 들어가야 한다고 말한다. 일단 집안에 들어가기만 하면 상품 설명을 시작할 수 있었다.

풀러 사의 판매원들은 판매 각본을 빈았다. 그들은 세품을 설명하는 내내 '긍정적인 답변'을 유도하는 질문을 했다.

또한 "제가 풀러 사의 브러시에 대해 마음에 안 드는 단 한 가지는 브러시들의 수명이 너무 길다는 겁니다. 그러나 그 브러시를 사용하는 부인이나 누구에게든 이건 단점이 아니라 장점이죠!"라고 말했다.

풀러 사의 브러시가 가진 우수성을 극적으로 표현하기 위해 판매원들은 제품의 장점에 관하여 설명하면서 바디 브러시를 직접 사용했다. 연출가의 지시와 마찬가지로 대본 옆에는 예를 들어 다음과 같은 지시 사항이 있었다

: "브러시를 힘차게 손에 문질러라! 감격시켜라."

그리고 나서 판매원들은 목욕을 하는 듯한 동작을 취해야 했다.

특허 의약품 판매원, 피뢰침 판매원 그리고 보험 설계사가 그렇듯이 풀러 브러시 사의 판매원들도 두려움, 즉 더러운 브러시에 대한 두려움을 과장시켰다. 대본에는 다음과 같은 지시 사항들이 적혀 있었다.
"오래된 나무 손잡이가 달린 목욕용 브러시를 쓸 수 있다면 그냥 쓰세요. 메스꺼울 지경이네요."
그리고 나서 판매원들은 너무나도 진짜와 똑같은 세균 그림을 그려서 오래된 브러시를 내다 버리게 만들어야 한다. 심지어 욕조조차도 위험한 것으로 묘사된다. 그러나 판매는 어려웠고, 풀러 사는 높은 이직률과 다른 외판 조직들과의 치열해진 경쟁에 대처해야 했다. 풀러 사는 밝은 전망을 하면서 1920년대를 시작했다. 그리하여 판매량은 1910년에 고작 3만 달러에

서 1923년에는 1,500만 달러로(현재 돈으로 약 1억 6,000만 달러) 증가했다.

풀러 브러시 사에 있어서 판매원들에 대한 동기 부여는 매우 중요했다. 사원들과 의견을 교환할 때 알프레드 풀러는 판매원들에게 사명감을 주려고 노력했다. 자신이 판매를 시작한 초창기 시절에 대해 풀러는 다음과 같이 적고 있다.

"나의 모험에 대해 너무나도 기분이 좋았고 나 자신을 개혁가라고 생각했다. 나는 도시의 더러움을 소멸시키고 가사노동을 덜어줄 것이다."

이런 전망은 판매에 대하여 풀러에게 용기를 주었다. "주부가 아이에게 밥을 먹이거나, 청소하거나, 외출하려고 옷을 입거나, 낮잠을 자거나, 남편의 저녁을 차리고 있지나 않을까 해서, 너무나도 많은 판매원들이 문을 두드리길 두려워했죠!"라고 풀러는 적고 있다.

풀러 사의 역사는 판매 관리자들이 신규 고객을 유치하기 위한 최고의 전략을 세워야 하는 어려운 도전에 직면했을 뿐만 아니라 판매원들을 시장에 맞게 준비시키는 힘든 일에도 직면했음을 보여준다.

긍정저인 사고에 기초를 둔 동기 부여 기법은 풀러 사의 일상에 활용되었다. 동기 부여 기술의 성공 신화가 된 알버트 티트셀Albert Teetsel은 뉴욕 지역 관리자로 승진하기 전에 뉴욕 주의 포킵 시에서 브러시를 팔았다. 그는 1923년부터 1945년까지 이 회사에서 일했다. 풀러에 따르면 그는 당시에 가장 유명한 풀러 브러시 맨이었다. 티트셀의 사진을 보면, 그는 화려한 넥타이에 다이아몬드 반지를 끼고 두꺼운 시가를 물고 있다. 티트셀은 심지어 메이시 백화점의 추수감사절 퍼레이드에서조차 브러시를 팔 정도로 거침없는 판매원이었다.

그는 풀러 사에서 '파인 앤 댄디Find and Dandy'클럽을 운영하였다. 판매원들은 "오늘 어때요?"라는 질문에 "너무 좋아요 Find and Dandy."라고 대답하도록 교육받았다. 이 클럽은 뉴욕 지구 전체에 퍼져나갔다.

티트셀은 "호텔, 레스토랑, 클럽, 전차, 은행, YMCA에까지 파인 앤 댄디 표지가 있고, 우리는 이 훌륭한 정신을 장려하고 널리 알리기 위해 가능한 모든 수단을 이용하고 있습니다."라며 자랑했다. 파인 앤 댄디가 새겨진 것으로는 완장, 모자, 핀, 뱃지, 5단계의 핀(일반 보석, 붉은 보석, 녹색 보석, 파란 보석, 다이아몬드)이 있었다.

"상대방이 기분좋은 말을 할 때까지 그 사람과 절대로 말하지 않는 어떤 지점장이 우리 회사에 있었습니다. 어느 날 한 직원이 나갔다가 차가 고장나서 배달하는데 애를 먹었고, 그래서 사무실로 돌아왔을 때 기분이 그다지 좋지 않았던 것 같았습니다. 그가 들어와 퉁명스럽게 지점장에게 이야기하자 그는 대답을 하지 않았죠. 그 직원이 약간 화가 났는데도 여전히 지점장은 대답을 하지 않았습니다. 마침내 지점장이 그에게 기분이 어떤지 묻고 그 남자가 '아주 좋아요'라고 대답을 한 후에야 자연스럽게 그는 기분이 나아졌습니다. 그리고 그가 갖고 있던 언짢음이 공중으로 사라졌습니다."

티트셀은 '파인 앤 댄디 클럽'에 대해 그에게 영감을 준 것이 스탠리 르피버 크레브스Stanley LeFevre Krebs 목사의 연설이라고 주장했다. 크레브스는 〈제안의 법칙The law of Suggestion〉과 〈십자가로부터의 외침Cries from the Cross〉을 저술하였다. 이 책의 주제를 예로 삼으면 판매원들의 일은 문 앞에서 제품 설명서나 리스트를 읽는 것이 아니었다. 대신 그들의 일은 열광을 불러일으키고, 잠재 고객이 구매를 하도록 영향을 미치는 것이었다.

그렇다고 기업들이 판매원들은 무엇이든 팔 수 있다고 생각했다는 것은 아니다. 어디까지나 판매라는 것은 어려웠고 판매원들은 자주 실패했다. 게다가 풀러 사와 많은 다른 회사들은 자사 제품의 품질을 향상시키기 위해 노력하면서 시간과 돈을

'파인 앤 댄디 클럽'의 창설자인 알프레드 풀러에 따르면, 알버트 티트셀이 가장 혈기 왕성하던 시절로 당시에 가장 유명한 풀러 브러쉬 맨이었다.

투자했고 그 결과 판매원들의 업무가 수월해졌다.

판매원들은 자사 제품의 강점(예를 들면 기능)을 강조함으로써 제품의 상대적 약점(예를 들면 외관)을 상쇄하여 차이를 만들어낼 수 있었다. 만약 한 회사의 판매 인력이 다른 회사의 판매 인력보다 막강하다면 제품의 유사성이나 심지어 다소간의 열등에도 불구하고 경쟁사를 시장에서 내모는 데 성공할 수 있을 것이다. 일단 고객들이 한 회사의 제품을 선택하도록 설득 당했다면, 또는 풀러 사처럼 고객들이 브러시를 상점에서 사는 대신 집에서 사는 것에 익숙해졌다면 그들은 제품을 바꾸기 보다 그것을 계속 사용하는 경우가 더 많았다.

자동차 판매의 시대가 시작되다

자동차 회사들은 방문 판매 기업들보다 훨씬 규모가 컸으며 수요를 창출하고, 정보를 다시 관리자들에게 넘겨주고, 경쟁을 이겨내고, 고객들에게 내구재를 사도록 신뢰를 주기 위해 판매원들을 이용했다. 그러나 방문 판매회사들이 판매원들을 모집하고 그들에게 동기를 유발하는 데 시간을 할애한 반면에 자동차 회사들은 연도별 모델 변경 방식을 도입함과 더불어 매년 새로운 구매자들(그리고 단골 구매자들) 사이에서 열정을 불러 일으키기 위한 전략을 짰다.

헨리 포드Henry Ford가 1908년에 T형 자동차를 내놓았을 때,

자동차 시장은 윌리엄 듀란, 랜슘 올즈, 앨런슨 브러시를 비롯한 많은 경쟁 기업가들로 구성되어 세분화되어 있었다. 그러나 포드는 재빨리 대량 생산과 저가 전략으로 시장을 장악했다. 효율적인 대량 생산 방식 덕분에 T형 자동차의 가격은 1909년에 950달러(현재 가격으로 약 18,700달러)에서 1916년에 360달러(현재 가격으로 약 6,000달러)로 떨어졌다. 그는 1921년에 자동차 시장의 56%를 장악하면서 20세기 초 자동차 업계를 이끌었다.

짧은 수명으로 1916년에 문을 닫은 디트로이트의 소매 판매소를 제외하면 포드 사는 차량을 소비자들에게 거의 직접 판매하지 않았다. 다른 자동차 제조업체들과 같이 포드 사는 반독자적인 딜러들에게 의존하고 있었다. 그런 방식으로 1903년부터 1907년까지 포드 사의 유통망은 19세기 말의 맥코르믹 하비스팅 사McCormik Harvesting Company의 유통망과 유사하게 구축되었다.

포드 사의 유통망은 큰 대량 제조업체와 수 천명의 작은 반독자적인 딜러들 사이의 관계로 특징지을 수 있다. 그리고 이런 형태의 구조는 미국 자동차 판매술에서 핵심 요소가 되었다. GM 사의 사장인 알프레드 슬론Alfred Sloan이 말했듯이 아이디어는 딜러들의 판매 방식에 큰 융통성을 부여했다. 업계의 지배적인 자세는 초기에 제조업체가 제품, 가격, 광고와 판촉에 전념하고 나머지 유통과 관련된 요소들은 딜러들이 해결하도록 맡기자는 것이었다. 그러나 시간이 흐름에 따라 제조업체

들은 딜러들의 업무, 특히 광고와 판매 전략에 대한 통제권을
확대해 나갔다.

헨리 포드는 마케팅과 판매술에 특별한 관심이 없었기 때문
에(대신 저가와 시장 확대에 집중하기로 하고) 회사를 위해 효
과적인 판매와 유통 조직을 개발하는 일은 다른 사람들에게 맡
겼다. 1907년부터 1918년까지 포드 사에서 판매 관리자로 일했
던 노발 호킨스는 자동차를 판매하고, 딜러들을 관리하고, 회
보와 회의를 통하여 일반적인 기업문화를 만들어 가는 절차를
포함하여 유통 시스템의 상당 부분을 만들어냈다.

호킨스는 미시건 주에서 태어나 근처의 경영대학을 나왔다.
회계사로 몇 년 동안 일한 후 동업자와 함께 31세에 호킨스-기
스Hawkins-Gies라는 회계회사를 설립했다. 그는 초창기에 포드
사의 회계 업무를 했고, 꼼꼼한 업무 방식과 강고한 성격 덕분
에 판매 업무를 감독하는 자리에 고용되었다.

호킨스는 재능이 많은 사람이었다. 전문 회계사로서 그는
표준화된 비용 보고 방법을 도입했고 자동차와 부품 가격을 주
의깊게 살펴보았다. 또한 그는 자동차 유통 절차를 공식화하여
비용도 절감했다. 예를 들어, 호킨스는 운송료를 절감하기 위
해 자동차를 조립하지 않은 채로 선적하는 아이디어를 내놓았
다. 이 자동차들은 지역 사무소에서 재조립되었다. 그는 뛰어
난 판매원이기도 했는데 포드 사의 대리점망을 조직했다. 호킨
스의 지휘 아래 포드 사의 딜러 숫자는 1908년에 215명에서
1917년에 6,167명으로 급증했다.

호킨스의 사무실은 딜러들과 관련된 모든 계약서를 작성했다. 딜러들은 자동차의 기술적인 측면에 익숙해지고 자동차의 사용 및 유지에 관해 완벽하게 시범을 보여줄 수 있어야 했다. 그들은 또한 여분의 부품 재고량을 유지하고, 수리공을 고용했다. 딜러들은 포드 사로부터 할인된 가격에 자동차를 구입했다. 1920년대에 그 가격은 자동차 가격의 약 1/4 정도였다. 그들은 새로운 자동차, 부품, 액세서리, 서비스의 판매를 통하여 수입을 얻었다. 호킨스는 포드 사의 딜러 조직 사이에서 공통 문화를 확립할 수 있는 방법을 모색했다.

1908년에 그는 동기 부여를 위한 기사, 성공적인 딜러들에 관한 사진, 이야깃거리, 판매원들이 해야할 것과 하지 말아야 할 것 등을 실은 〈포드 타임즈〉라는 간행물을 발행하기 시작했다. 1908년의 어느 호에서 호킨스는 딜러들에게 자동차를 처음 판매한 후 고객들과 계속 연락할 것을 상기시켰다. 항상 교체 부품과 서비스를 통하여 돈을 벌 수 있기 때문이었다.

"당신이 어떤 고객에게 자동차를 판매했을 때 그 고객과의 친분과 사업 관계는 단지 막 시작된 것에 불과하다는 사실은 아무리 강조해도 지나치지 않다."

호킨스는 딜러들을 관리하기 위해 포드 사의 유급 직원이 관리하는 위계적 판매조직을 만들었다. 이 조직

당신이 어떤 고객에게 자동차를 판매했을 때 그 고객과의 친분은 이제 막 시작된 것이다.

은 전국적으로 심지어 세계적으로 급속하게 뻗어나갔다. 1917년 포드의 판매조직은 6명의 지점 관리자들과 69명의 판매 지점장, 판매 부지점장(지점 당 한 명), 현장 직원(지점 당 한 명에서 8명)으로 구성되어 있었다. 현장 직원들은 전국을 돌며 판매 대리점들을 점검했으며 진열실과 정비소를 확인했다. 그리고 나서 개개 판매점들에 대한 세부 사항들을 다시 디트로이트에 보고했고 전반적인 지역 경기에 대한 정보도 제출했다.

호킨스는 딜러들을 모집하는 일도 직접 도왔다. 1909년에 펜실베이니아 주의 포츠다운에서 변호사를 하던 윌리엄 영은 포드 사에 딜러가 되게 해달라는 편지를 썼고, 판매 할당량에 동의할 뿐만 아니라 도매가격으로 자동차 세 대를 구입하고 전시실과 수리를 위한 공간을 빌리면 자신의 고향 그리고 인접한 지역 4곳을 대상으로 하는 대리점을 허용할 수 있다는 답변을 받았다. 그와 두 명의 친구들은 비용을 분담하여 대리점의 공동 경영자가 되었다.

윌리엄 영은 본사의 각 부서에서 보내온 편지, 지점의 비망록, 〈포드 타임즈〉 등 회사로부터 엄청난 자료들을 받았다. 포드 사의 현장 직원들도 자주 그의 지점을 방문했다. 윌리엄 영은 아들을 데리고 필라델피아에서 열린 회의에 참석했고 거기서 호킨스 사장의 연설을 들었다. 호킨스는 강력한 동기 유발자였다. 그는 판매에 관한 서적 두 권을 출간했다. 하나는 〈판매의 프로세스: 판매술 원리의 입문서The Selling Process: A Handbook of Salesmanship Principles〉였고, 다른 하나는 누구든 세일즈의 기술을 배울 수 있다는 자신감을 심어주는 〈확실한 성공Certain Success〉이었다.

훌륭한 판매는 자신감과 용기를 필요로 하면 보상을 선물로 준다. 그는 "세일즈맨의 정신이라는 숲에 둘러싸여 살기로 선택한 우리들 중의 어느 누가 다른 직업을 가진 사람들처럼 죽은 사람처럼 살고 싶어하겠는가?"라고 회고했다. 어려운 처지에서 태어난 사람들이 패배한 사람들보다 더 축복 받은 사람들이다. 왜냐하면 고난을 극복하는 과정에서 값진 교훈을 얻을 수 있기 때문이다. 심지어 호감을 주지 못하는 외모조차도 판매술에 대한 긍정적인 관점을 통해 치유할 수 있다.

호킨스는 딜러들에게 목표를 높게 잡으라고 자극하면서 그 과정 역시 주의 깊게 지켜보았다. 그는 할당량에 못 미친 한 딜러에게 다음과 같은 편지를 썼다.

"당신의 소매 인력 중에는 진짜 판매원들이 있습니까? 아니면 단지 외판원들에 불과합니까? 우리는 기록으로 수집한 정보를 통해 맥콜과 워커는 확실하게 후자에 속하는 걸로 확신하고 있습니다. 이 두 사람은 계약 건수가 아주 부족하기 때문에 나중에 배달하기로 하고 그들이 받은 10건의 주문을 이 달 안에 처리하도록 해 주시오."

제대로 업무를 수행하지 못한 딜러들은 최종적으로 판매권을 박탈당했다(헨리 포드는 이런 위협을 재빨리 이용했다. 호킨스와 달리 그는 딜러들의 사기나 복지 향상에는 거의 관심을 나타내지 않았다. 1920년에서 1921년까지 짧았지만 극심했던 불경기 동안 어려운 시기였음에도 불구하고 포드는 딜러들에게 재고 할당량을 다 팔도록 압박을 가했고 딜러들은 판매권을 잃을까봐 노심초사했다. 포드는 이 시기를 이겨낼 수 있었지만 특유의 리더십 때문에 일부 핵심 경영진들과 불화가 커지기 시작했다).

포드 사의 다른 많은 재능 있는 경영진들과 마찬가지로 호킨스 역시 헨리 포드와 의견 불일치를 겪은 후 1918년에 회사를 떠났다. 1920년대에 GM의 도전이 거세지자(1925년 이후에는 크라이슬러로부터), 포드 사는 〈포드 사의 자동차와 판매 Ford Products and Their Sale〉(1923)와 〈T형 자동차 전문가The Model T Specialist〉(1925)를 펴냈다. 이들 입문서는 포드 사의 자동차 판매에 관한 상세한 설명이 들어 있다. 〈포드 사의 자동차와 판매〉는 6부에 걸쳐 거의 750페이지에 달하는 대작이었다. 여기에는 자동차 업계에 대한 개괄, 포드 사의 역사, 판매원들의 책임, 판매술, 포드 자동차, 트럭, 트랙터에 대한 개략적인 설명이 담겨져 있다. 이 책의 '판매에서 지켜야할 40가지'에서는 해야할 여러 가지 일 가운데서도 전날 밤에 하루 일을 계획하고, 경쟁사에 대해 연구하고, 잠재 고객들을 조사하고, 개인적인 외모를 가꾸고, 판촉하는 데 있어서 의식적인 것은 배제하라고 강조했다.

자동차 판매원은 여러 상점들을 방문하여 그들과 이야기를 나눠 인지도를 높이고 지역의 유명인으로 자리잡아야 했다. 판매원들은 늘 방심하지 않고 주의를 기울이며 항상 판매를 위한 계기를 만들도록 교육을 받았다. 지역 기업체들의 경영상의 변화를 파악하기 위해 신문을 보아야 하고, 아파트에서 세입자들의 이동에 대해서 물어보는 것 등이 여기에 속했다. 중고차를 구입한 사람에게 계속 연락하는 것과 지역 신문에서 출산, 결혼, 사망 등에 대해서도 확인을 했다. 이 모든 것들은 기회였다. 판매원들은 집집마다 방문했고, 특히 여성들을 대상으로 판매를 할 때의 중요성에 대한 조언도 들었다.

헨리 포드는 자신의 자서전에서 자동차 시장의 성격이 산만하다는 것을 인정했다.

"딜러나 판매원은 자신의 구역에서 자동차 구입에 대해 전혀 생각해 보지도 않은 사람들을 포함하여, 모든 가능성 있는 구매자들의 이름을 확보하고 있어야 한다."라고 지적하고 있다. "그리고 나서 가능하다면 목록에 있는 모든 사람을 방문해서 직접, 아니면 최소한 서신을 통해서 구매를 권유해야 한다."

전시장, 주차장 또는 호별 방문에서 잠재 고객들을 만날 때 포드 사의 판매원들은 공통적으로 제기되는 거부 의사에 대처할 수 있도록 준비했다. 유행을 따르는 경쟁사의 모델에 비해 포드 사의 자동차가 지나치게 평범하다는 언급에 대해 판매원들 어떻게 대답해야 할까? 잠재 고객이 포드 자동차의 평범한 계기판을 보고 어두운 표정을 짓는다면, 또는 부정적인 생각을 한다면 판매원은 계기판 앞에서 손을 흔들며 다음과 같이 말함

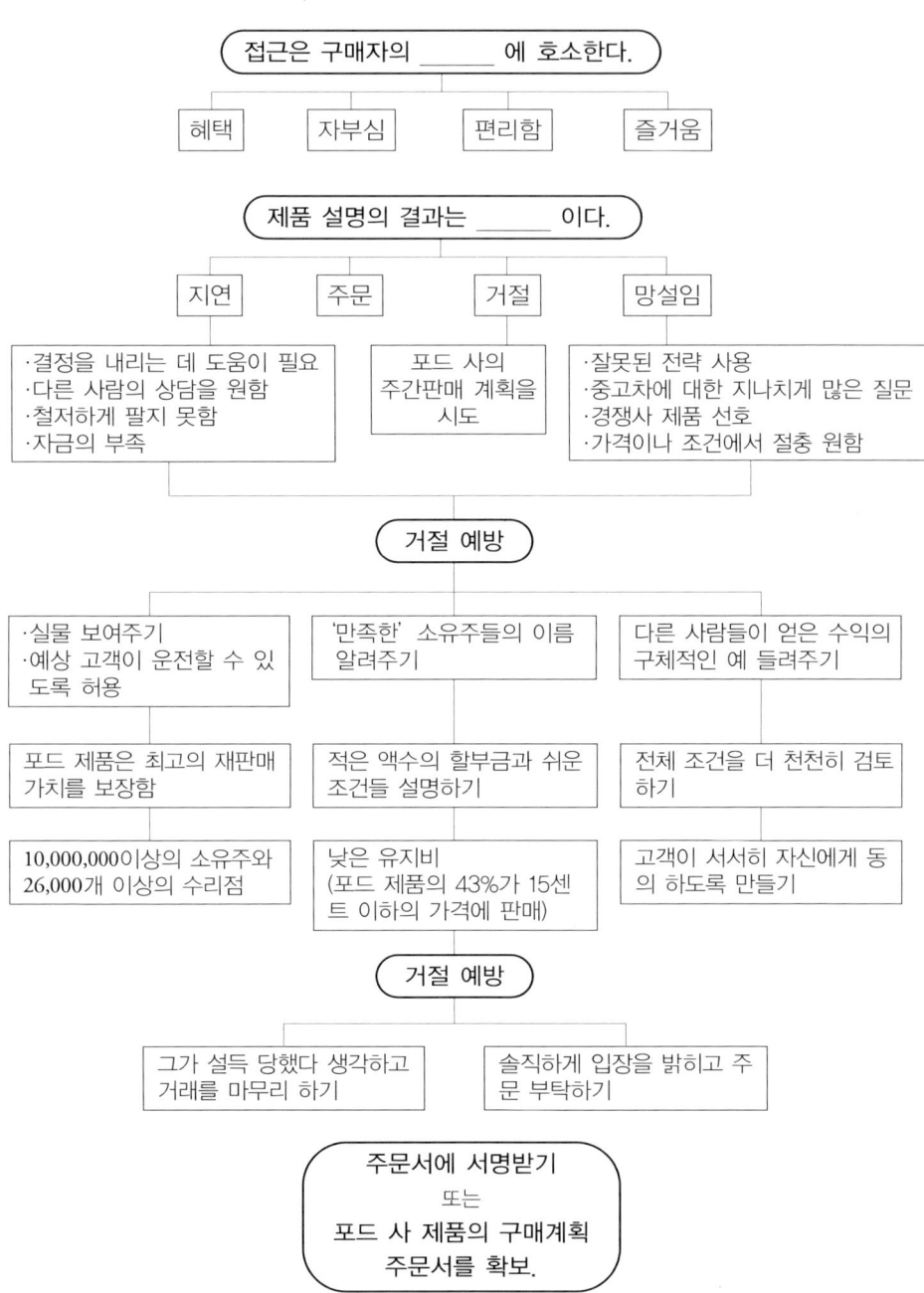

접근은 구매자의 _____ 에 호소한다.

| 혜택 | 자부심 | 편리함 | 즐거움 |

제품 설명의 결과는 _____ 이다.

| 지연 | 주문 | 거절 | 망설임 |

·결정을 내리는 데 도움이 필요
·다른 사람의 상담을 원함
·철저하게 팔지 못함
·자금의 부족

포드 사의
주간판매 계획을
시도

·잘못된 전략 사용
·중고차에 대한 지나치게 많은 질문
·경쟁사 제품 선호
·가격이나 조건에서 절충 원함

거절 예방

·실물 보여주기
·예상 고객이 운전할 수 있
도록 허용

'만족한' 소유주들의 이름
알려주기

다른 사람들이 얻은 수익의
구체적인 예 들려주기

포드 제품은 최고의 재판매
가치를 보장함

적은 액수의 할부금과 쉬운
조건들 설명하기

전체 조건을 더 천천히 검토
하기

10,000,000이상의 소유주와
26,000개 이상의 수리점

낮은 유지비
(포드 제품의 43%가 15센
트 이하의 가격에 판매)

고객이 서서히 자신에게 동
의 하도록 만들기

거절 예방

그가 설득 당했다 생각하고
거래를 마무리 하기

솔직하게 입장을 밝히고 주
문 부탁하기

주문서에 서명받기
또는
포드 사 제품의 구매계획
주문서를 확보.

포드 사는 딜러들을 위해 〈T형 자동차 전문가〉(1925)를 발간하여 1920년대에 판매 업무를 보다 표준화하였다. 이 입문서에는 포드 사 제품 판매와 관련된 단계들이 포함되어 있었다.

잠재 고객 방문 일일 보고서

No.	인터뷰	전화	외출중	인터뷰한 사람	내용: 판매된 모델명을 적거나 판매나 가입이 확보되지 못한 이유 제시하기	WPP에 대해 얘기해 보았는가?	확정된 약속 또는 사후 점검 날짜 날 짜	시 간
	체 크 표 시							
1	∨			잠재 고객	가입 확보	∨		
2		∨	∨					
3	∨			부인	시운전 약속 잡음		3. 7	오후 4시
4	∨			잠재 고객	차 견적 희망		3. 10	
5		∨		〃	약속 잡음		3. 8	저녁 8시
6	∨			〃	쿠페형 차량 판매			
7	∨			딸	매장 방문 예정			
8								
9								
10								
11								
12								
13								
14								

확보된 신규 잠재 고객

이 름	주 소	비소유자	소유자
R. 로널드 박사		∨	
M.B. 모트			∨
D.A. 분			∨

호별 방문	차량 비소유자 수	가입수	확보된 신규 잠재 고객	의 견
10	1	1	3	

〈T형 자동차 전문가〉의 한 페이지에서는 '예상 고객 카드'를 작성하는 적절한 방법을 보여주고 있다.

으로써 그 잠재 고객을 앞서야 한다.

"간단한 계기판에 주목하세요. 간단하고, 평이하고, 깔끔하죠. 보고 허둥댈 계기들로 이루어진 그런 복잡한 판이 아닙니다." 그러나 이런 거부 의사는 판매원이 대비해야하는 것으로 입문서에 올라 있는 많은 것들 중 하나에 불과하다. '저는 봄까지 기다릴 거예요'에서 '바로 배송되지 않으면 안 돼요'까지, 그리고 '저는 자동차를 살 여유가 없어요'에서 '제 아내는 제가 차를 사는 것을 원하지 않아요'까지 모두 53가지가 있었다.

모든 거부 의사들에 대한 대답들은 입문서에 자세히 기록되어 있었다. 응답들은 예측 가능한 형식을 갖는 경향이 있었다. 판매원은 잠재 고객의 거부 의사에 동의하여 긴장감을 낮추는 것으로 시작했고 그리고 나서 '잠재 고객'이 동의할 만한 '긍정적 대답을 이끄는' 질문을 함으로써 대화의 방향을 바꾸었다.

한 예로 고객이 "또 다시 가격 하락이 있을 거라고 생각해요. 저는 기다려 볼 거예요."라고 말하면 판매원은 먼저 동의를 한다. "우리도 가능할 때마다 가격을 낮추는 것이 포드 씨의 방침이었다는 것을 인정합니다. 그러나 언제 그런 변동이 있을지, 또는 그런 변동들이 정말로 있을지는 아무도 명확하게 예측할 수 없어요. 포드 사의 공장에서는 일이 너무나도 빠르게 진행되기 때문에(1년에 100만대 이상의 차가 생산된답니다), 언제 변동이 있을지에 대한 그런 앞선 생각을 할 수 있을 것 같지 않네요." 그리고 그는 다음과 같이 덧붙였다. "하지만 우리는 지금도 포드 자동차의 가격이 지나치게 낮기 때문에, 설사 변동이 있다 하더라도 그렇게 큰 변동이 있을 거라고는 예상하지 않습니다."

잠재 고객의 거부 의사에 대처하는 것은 매우 어려운 과정이었다. 하지만 입문서는 강요하거나 공격적인 인상을 주지 않고 잠재 고객의 불만에 답변을 해줄 수 있는 방법을 제시해 주었다.

포드 사는 전 세계에 걸친 대리점 망을 갖고 있었지만 주로 헨리 포드가 보급형 자동차인 T형 자동차를 끝까지 고수하는 바람에 1920년대에는 매출이 주춤하기 시작했다. 자동차 판매 수완에 있어서 훨씬 더 중요한 변화는 알프레드 슬론의 지휘 아래 있던 GM에서 일어났다. 판매 기법은 포드 사보다 GM에서 더 광범위한 방식으로 정의되었다. 그것은 단지 자동차가 생산된 다음에 이루어지는 것이 아니라 최초의 설계에서부터 최종 판매에 이르기까지 회사 업무의 모든 면에 스며들게 했다. 포드 사와 달리 GM은 아주 다양한 색상과 스타일, 가격대의 자동차들을 출시하기 시작했다.

슬론은 대리점 망의 확대에 대해서도 포드 사보다 훨씬 더 많은 관심을 갖고 있었다. 1920년대 초에 슬론은 패터슨이 1893년 불황기에 판매 사무소들을 돌아본 것과 같은 방식으로 자사의 딜러들을 방문했다. 슬론은 기차를 타고 이동하면서 하루에 5~10명의 딜러들을 방문했고 업무와 관련된 제안, 딜러들의 관심사, 소비자 유행에 대한 생각들, 미래에 대한 딜러들의 예상을 들었다.

또한 슬론은 딜러들을 지원하기 위해 특히 신용 분야에서 더 많은 일을 했다. 그는 1919년에 자회사로 GM 할부금융(GMAC)을 설립했으며 이 회사는 소비자들뿐만 아니라 딜러들의 구매에 대해서도 금융 지원을 해 주었다. 대조적으로 포드 사는 1929년까지도 할부로 자동차를 판매하는 금융회사를 설립하지 않았다. GMAC는 자동차를 구매하려는 고객들에게는 거대한 지원책이었다.

고객들의 유일한 다른 수단은 은행이나 대출 조합으로부터 받는 대출이었다. GM은 인구 분포, 수입, 개인 딜러들의 판매 실적에 대한 자료를 수집하여 포드 사보다 더 만족스러운 정보를 수집했다. 딜러들은 고객들에게 배송된 자동차 수, 새로 받은 주문들, 누적 주문수, 보유하고 있는 신차와 중고차 수를 보고했다.

GM은 1920년대가 되어서는 소비자들에 대해 조사하기 시작했다. GM의 고객 조사 전문가였던 헨리 위버Henry Weaver는 조사를 통해 고객들이 읽는 잡지, 차량 소유자들이 자가용을 소유하는 기간, 그들의 브랜드 충성도, GM의 딜러들에 대한 의견 등의 정보를 수집했다.

슬론은 변화하는 시장 상황을 포드보다 훨씬 더 잘 이해하고 있었다. 1924년에 신차 판매량은 전년도와 같은 수준에 머무르기 시작했고(연간 약 360만대) 1920년대 말까지 정체 상태에 있었다. 자동차를 갖고 싶어했던 대부분의 미국인들은 이미 구입한 상태였기 때문에 시장은 포화 상태에 도달한 듯했다. 특히 중고차 시장의 성장은 딜러들을 더욱 힘들게 만들었는데 그것 때문에 판매원들은 사용한 차의 가치, 수리 비용과 되팔 때의 가격에 대한 견적을 그 자리에서 내야했다. 이것은 20세기 초반에 아주 중요한 문제가 되었다. 실제로 1916년에 고든 H.Gordon이 쓴 〈자동차 업계의 중고차 문제The Problem of the Used Car in the Automobile Industry〉는 시기의 적절성 덕분에 하버드 경영대학원으로부터 최고 논문상을 받았다. 1927년에 중고차 매출액은 신차 매출액을 넘어섰다.

포드 사와 GM은 이 문제에 대처하는 데 있어서도 각각 다른 방침을 갖고 있었다. 1920년대 중반, 포드 사는 딜러들이 중고차 판매에서 20%의 수익을 올려야 한다고 강조했다. 반대로 GM은 중고차 때문에 딜러들의 이익이 줄어들거나 때로는 손실을 감수해야 할지도 모른다는 인식을 하면서 신차 판매에 집중하는 것이 바람직하다고 보았다. GM은 딜러들이 중고차 구매자들에게 미래에 무언가를 팔 수 있도록 그들과 계속 연락을 취하도록 권고했다.

더욱 중요한 것은 GM이 1920년대에 연도별 모델 교체에 대한 개념을 도입하여 신차 판매를 촉신시켰다는 점이다. 매년 새로운 모델을 출시하는 행사를 개최했다. 여기에서는 캐비아와 샴페인이 제공되었고 행사는 성대하게 열렸다. 그 해의 모델들을 소개하면서 슬론은 딜러들이 소비자들을 설득하여 더 비싼 모델로 교체하도록 노력하고, 사람들이 차를 한 대 더 사도록 자극하라고 지시했다. 또한 GM은 주부들에게 자동차를 팔고 주부들만을 위한 자동차를 팔기 위해 '그녀를 위한 차'라는 슬로건을 사용했다. 이런 마케팅 노력 덕분에 GM은 1920년대가 끝나기 전에 포드를 인수할 수 있었다. 1931년 GM의 매출은 41.3%, 포드는 24.9%였다.

사실 GM의 시보레 사업부는 포드 사에게 큰 도전이었다. 노벌 호킨스는 포드 사를 그만둔 후 자신의 재능을 GM에서 살리기로 했다. 〈프린터스 잉크〉지는 디트로이트의 사업가들이 호킨스가 예전의 동료였던 포드의 영역을 대규모로 침식해 들어

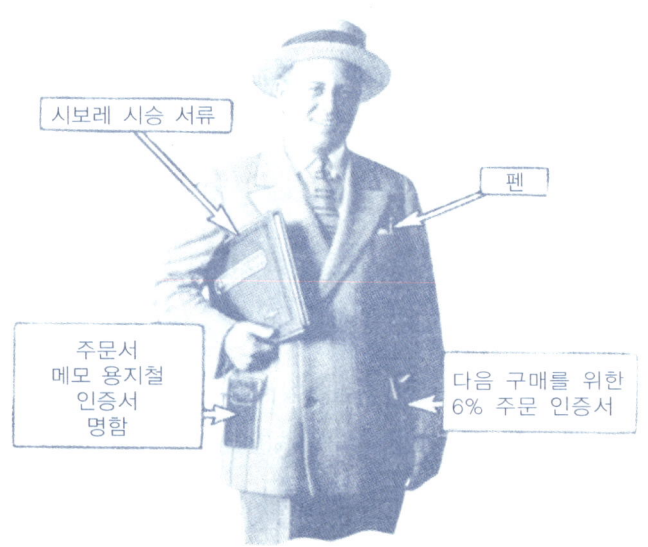

All this equipment has been designed
so as to be easy to carry

이 모든 **용품**들은 휴대하기 쉽게 고안되었다.
시보레의 판매 입문서인 〈시보레 판매〉(1926)는 딜러들에게 주문 양식, 펜, 메모 용지철, 고객들이 다음에 또 시보레를 사기 위한 돈을 모을 수 있도록 하는 6% 구매 인증뿐만 아니라 '시보레 시승 서류(시보레 모델과 옵션들을 보여주는 사진첩)'를 갖고 다니며 과학적으로 접근하도록 했다.

가는 것을 보고 싶어한다는 추측 기사를 실었다. 그러나 호킨스는 GM에서 판매와 광고 정책을 논의하는 이사회의 구성원으로 짧은 기간 일을 했을 뿐이며 시보레의 성장은 세계에서 가장 규모가 큰 딜러 조직을 만든 리차드 그랜트Richard H. Grant에 의해 이루어졌다. 그랜트는 포드 사보다 훨씬 더 큰 할인율을 제공하여 시보레 대리점들을 만들어 나갔다. 1925년에 시보레에 대한 할인율은 24%까지 증가했다. 포드 사는 대리점들에 대해 17.5%의 할인율만 제공하고 있었다. 1925년에 시보레 대리점은 6,700개였는데 1929년에는 10,600개로 늘어났다.

포드 사의 호킨스처럼 그랜트 역시 딜러들을 교육하고 관리하기 위한 판매 조직을 만들었다. 또한 그는 딜러들에게 판매 방법을 지도하기 위해 입문서를 개발했다. 〈시보레 판매: 시보레 판매원들을 위한 일반 정보서Selling Chevrolets: A book of General Information for Chevrolet Retail Salesmen〉는 판매의 프로세스를 간단하고 이해하기 쉽게 보여주기 위해 삽화, 차트, 만화로 채워졌다.

이 입문서는 이상적인 시보레 판매원(두 줄 단추가 달린 재킷에 모자를 쓰고, 재킷 윗 주머니에 펜을 꽂고 팔 아래에 시범 책인 '시보레 시승 서류'를 끼우고 있는 열성적인 모습)에 관해 묘사했다. 그랜트는 여성들을 판매원으로 고용하지는 않았으나 그랜트의 입문서는 여성 고객들을 상대로 한 판매에 특히 주목했다. 여성들이 차는 좋아하지만 남편과 상의하지 않아서 구매를 주저할 때, 입문서는 판매원들의 두려움을 덜어줄 수 있는 충고를 해 주었다.

시보레의 판매원들은 다른 내구성 소비재의 판매원들과 유사한 역할을 하였다. 그들은 제품을 묘사하고, 소비자의 거부 의사에 대처하고, 시범을 보여주고, 신용상의 조건들을 간단하게 설명하였다.

판매원은 고객들에게 브랜드를 강조했는데 일단 고객이 한 브랜드에 익숙해지면, 그 또는 그녀는 오랫동안 그것을 고수하는 경향이 있기 때문이다. 경제학자들은 '경로 의존성', 마케팅 담당자들은 '브랜드 충성도'라고 부르는 이런 경향은 20세기의 기업들이 소비재 판매를 위해 경쟁하는 방식을 밝히는 데 유용했다.

판매원

GM의 할부금융사로부터 고객님의 말소된 계약서를 전해드리러 왔습니다. 며칠 전에 마지막 할부금 내신 것을 기억하시죠? 그래서 말소된 계약서를 전해 드리려고 합니다(계약서를 잠재 고객에게 건네준다).

잠재 고객

할부금 지불이 끝났다니 정말 기쁩니다. 이제는 매달 지불하던 만큼 그 돈이 남을 테니까요.

판매원

고객님께서 그 차를 구입한 이후, 많은 새로운 기능들이 추가되었고 개선된 점들도 있답니다. 신형 시보레 하나 장만하시는 게 어떠세요. 고객님?

잠재 고객

아직은 신차가 필요하지 않습니다. 막 대금 지불을 끝냈는걸요.

판매원

업그레이드된 신형 시보레를 시승해 보신 적이 있나요?

이 각본에서 판매원은 잠재 고객이 6% 구매 인증서를 구입하여 미래에 GM 사의 자동차를 사는 데 사용하기를 권하고 있다. 이런 방식으로 고객은 할부금을 모두 지불했음에도 불구하고 예전과 같은 금액을 계속 지불하였고, 지불한 금액에 대하여 매년 6%를 환급 받았다. 결국 이것은 다음 GM 차를 사는 데 쓰이게 될 것이다.

1920년대에 GM 사에서 취한 전략들은 소비재 판매 관리에 있어서 새로운 정교함과 복잡성을 보여주었다. 각각 다른 취향과 수입 능력을 가진 소비자들을 위해 다양한 제품을 만들고, 소비자 선호도를 조사하고, 생산과 판매를 조정하기 위해 조심스럽게 예측하고, 할부 구매를 용이하게 하는 것들이 이에 속한다. 방문 판매기업들과 기타 기업들뿐 아니라 자동차 회사들도 판매술에 대한 기대가 높던 1920년대에 크게 발전했다. 그러나 주식시장이 붕괴되고 경제가 악화되니 어떻게 되겠는가? 거대 제조업체들은 판매 전략을 어떻게 바꾸어야 할지 본격적으로 고민하기 시작했다.

대공황을 극복하는 마케팅과 홍보

    찰스 미어스Charles W. Mears는 〈새로운 시대를 위한 세일즈맨십〉에서 미국 기업 전체를 묘사하면서 "오늘날 거대한 기계와 같은 기업들이 인간의 욕구를 만족시키기 위해 존재하고 있다."고 썼다. 그는 세기의 전환기 이후 제품들을 작업 현장에서 최종 소비자들에게 옮기는데 기여한 제조업체들, 포장 디자이너들, 백화점 소유자들, 광고 카피라이터들, 철도 기술자들, 트럭 운전수들, 그 밖의 다양한 직업에 종사하는 수 천명의 사람들을 한데 모으는 거대한 제도적 연결 구조가 만들어졌다고 주장한다. 현대의 판매원은 새로운 비즈니스 머신을 구성하는 중요한 요소였다. 판매원은 제조회사를 위한 중개자의 역할뿐 아니라 삶에서 기쁨을 누릴 수 있도록 방향을 제시해 주는 번영의 사절이라는 역할까지 수행했다.

    미어스와 그 밖의 저자들은 지난 수십 년에 걸쳐 상대적인 빈곤의 경제에서 물질적인 풍요의 경제로 바뀐 미국 경제의 특징에 관하여 언급하였다. 처음에 산업은 모든 사람들을 만족시킬 수 있을 만큼 충분한 부와 상품을 생산해 낼 수 있을 것 같았다. 경제학자 시몬 패턴Simon Pattern은 1922년에 사망하기 전까지, 여러 책을 통해 미국인들이 저축과 절제의 습관을 버리고 소비와 여가의 즐거움을 만끽하는 것을 배워야 한다고 주장했다.

통계 자료는 국가의 생산과 유통 능력이 향상되었다고 알려주었다. 1929년 주가가 폭락하기 바로 직전에 미국 경제는 소비자들을 만족시킬 만큼 매우 다양한 소매점들을 보유하고 있었다. 150만 개의 다양한 규모의 소매점들이 있었기 때문이다. 그 중에서 겨우 2,000개 이상만 100만 달러 이상의 연매출을 기록하였고, 대부분인 거의 3/4은 규모가 작았고, 연매출이 3만 달러를 밑돌았다. 미국인들은 다양한 방식으로 소비를 했다. 소매점 매출의 총액은 대략 490억 달러였다. 또한 159,638개의 상점이 있으며, 매출 총액이 110억 달러에 달하던 체인점 조직들이 7,061개가 있었다. 카탈로그를 통한 매출은 5억 1500만 달러에 달했고, 전국에 있는 1,661개의 방문 판매 회사들은 약 1억 달러의 연매출을 기록했다(이 수치는 거의 확실히 낮춰서 계산된 것이다).

유통에 종사하는 사람들의 수는 철재류 판매업자인 손더스 노벨과 그의 동료 외판원들이 거리의 제왕이었던 1870년대 이래로 크게 증가했다. 소매점 주인들, 경매인들, 신문 배달원들, 도매상들, 판매원들을 포함하여 전체적으로 약 600만 명의 사람들이 1930년에 상업에 종사하고 있었고 223,700명의 출장 판매원들이 있었다. 286,200명의 보험 설계사들과 관리자들, 63,800명의 외판원들, 1,988,300명의 판매원들과 세일즈우먼들이 있었고, 여성들 중의 상당수는 매장에서 일했다. 그 외 49,000명의 광고 종사자들은 제품 판촉을 위해 광고 문구를 쓰고 광고 디자인을 했다. 다 합쳐서 유통에 종사한 사람들의 숫자는 생산에 종사한 사람들보다 훨씬 더 빠르게 증가했다.

여성들이 다른 직업보다 판매 관련직에서 더 많이 일을 하기는 했지만 1930년에 유통업에 종사하는 사람들의 거의 대부분은 남성들이었다. 부동산업자, 보험 설계사를 비롯한 외판원 부문에서 여성들은 단지 10% 미만에 머물렀고, 출장 판매원과 판매사원과 같은 분류로는 5% 미만이었다. 여성들은 백화점과 그 밖의 다른 곳에서 일하는 소매 판매 종사자들 범주에서 27%를 차지하여 그 분야에서 가장 두드러졌다.

비즈니스 관련 저술가인 랄프 보르소디Ralph Borsodi는 1920년대 후반을 '유통의 시대'라고 부르며 많은 대기업에서 일어나고 있는 판매술의 방법상의 전환이 놀랍다고 지적했다. 판매원들은 반제품을 업계에, 사무용품과 기계류를 기업체들에게, 진공 청소기, 브러시, 화장품, 전기 제품을 소비자들에게 직접 팔았다. 그들은 판촉용 전시탑을 세우고, 무료 샘플을 나누어 주고, 자사 제품 라인과 경쟁사 제품 라인 사이의 차이점들을 설명하면서 전도사의 역할을 수행했다. 판매원들은 할당량을 채우기 위해 치열하게 경쟁했고 연수에 참여하고, 동기 유발에 관한 강연을 듣고, 회사의 노래를 불렀다.

"어제를 팔았고 / 그제를 팔았고 / 내가 전에 팔아본 적이 없는 오늘을 팔러가네 / 내가 물건을 팔고 있을 때 / 나는 더 없이 행복하다네 / 나는 풀러 가족의 일원이기 때문에!"
풀러 브러시 사의 노래였다.

본사나 지점에서 벗어나 일하는 판매 관리자들은 구역 지도를 만들고, 부유한 정도와 인구 통계를 확인하고 미래의 매출을 예측했다. 그들은 비용은 낮추면서 판매원들에게 적절한 동기를 부여하기 위해 보상 프로그램을 조정했고, 매출 통계와 기타 정보를 생산직에 있는 동료들에게 보냈다.

대공황이 전 세계를 강타하다

미국 비즈니스의 규모와 범위는 제자리를 찾았지만 1929년 10월의 주가 대폭락은 모든 것을 바꾸어놓았다. 그러나 주가 폭락 이후 경제에 대한 확신이 하룻밤 사이에 사라진 깃은 아니었다. 처음 몇 달 동안은 일시적으로 상승 분위기가 나타나 경기 회복을 약속하는 듯했다. 그러나 1933년 GNP가 1929년의 절정기보다 31%나 감소하고, 실업률이 25%까지 치솟았다.
전국적으로 기업들의 판매량이 감소했다. 임박한 위기를 보여주는 하나의 지표는 1929년 10월 초에 알프레드 슬론이 주목한 GM의 매출 감소였고 그는 발전의 한계에 도달했다고 발표했다. 모든 업계가 똑같은 정도로 영향을 받은 것은 아니었다. 산업재 제조업체들은 소비재 제조업체들보다 훨씬 더 상황이 어려웠다. 소비는 대공황 당시 처음 4년 동안 20%가 감소한 반면, 투자는 거의 90% 감소했다. 사람들은 집이나 차를 구입하는 일은 뒤로 미루었지만 '바운티호의 반란Mutiny on the Bounty'(1935), '모던 타임즈Modern Times'(1936)와 같은 영화를 보러 가며 여전히 음식이나 오락에는 지출을 하고 있었다.

GM과 같은 거대 제조업체들의 경영진들에게는 설상가상으로 판매량이 폭락하는 악몽과 함께 이들의 사업에 대한 비판과 감시가 다시 고개를 들었다. 유명 작가인 프레드릭 루이스 앨런Frederick Lewis Allen은 "대공황이 사업가들의 명성을 추락시켰다."고 말했다. 가장 고통 받은 사람들은 은행가와 주식 중개인들이었다. 하지만 최고의 판매 경영자들조차 회복하는 데 오랜 시간이 걸릴 것이라는 점에서는 마찬가지였다. 그리고 이런 추락하는 분위기 속에서 양심적인 사람들도 약탈자들처럼 고통을 받았다.

교양 없는 실업가라는 호칭과 함께 1920년대에 야유로 바뀐 판매원들에 대한 부정적인 이미지 또한 되돌아왔다. 대공황 당시 일반 대중들에게 판매원들은, 경제의 중심에서 작동하는 발전기가 아니라 비대해진 유통 체계의 일부로 인식되었다. 소설 속에서 그들은 나약한, 심지어는 비극적인 인물들로 묘사되었다. 손톤 와일더Thornton Wilder의 〈하늘에 있는 나의 종착역 Heaven's My Destination〉(1935)에서 서적 외판원인 조지 브러시는 끊임없는 자기 계획에 매료되는 방황하는 인물로 그려진다. 그는 함께 판매하러 다니던 동료가 지적했듯이 불확실하고 비현실적이며 최면에 걸린 듯한 꿈속에서 살고 있었다.

연극에서 차용한 유도라 웰티Eudora Welty의 〈출장 판매원의 죽음Death of a Traveling Salesman〉(1941)이라는 책은 우연히 낯선 시골의 산골짜기로 차를 몰고 간 늙은 신발 판매원의 이야기이다. 길을 잃고 방황하던 그는 농장부부에게 하룻밤을 보내게 해 달라고 간청하고, 아침에 집을 나서 차로 가던 도중 심장마비를 일으킨다. 그리고 마지막으로 신발의 특별 거래에 관한 생각들, 평범하지만 잊을 수 없어서 항상 혀끝에서 뱅뱅 돌던 도매상의 약속을 떠올린다.

이런 소설 속의 이야기보다 더 비즈니스의 이미지를 손상시켰던 것은 진보적인 재단인 '20세기 펀드'가 쓴 보고서였다. 〈유통에 지나치게 돈이 낭비되고 있는 것은 아닌가?Des Distribution cost too much?〉(1939)는 판매와 광고 비용을 조사하고, 제목을 통해 핵심적인 질문을 던졌다. 유통 분야의 낭비에 대한 불평들은 수십 년 전부터 시작되었다. 1920년대 이래로 보고서를 작성한 사람 중의 하나였던 스튜어트 체이스Stuart Chase는 소비자들이 판매와 광고 캠페인에 어떻게 사기를 당하거나 속는가에 관한 기사와 책들을 발표했다.

대공황이 되자 그런 우려들이 전면에 드러났다. 위 책에서 체이스와 다른 저자들은 경쟁적인 판매와 광고가 원래부터 소모적이라고 주장했다. 많은 통계표를 통해 그들은 판매, 광고, 포장, 선적 비용이 증가하고 있음을 보여주었다. 유통에 관한 그들의 분석은 근로자의 주머니를 터는 개인 외판원들을 비난하는 헤링톤 베이츠Harrington Bates의 〈그것이 완결되는 방법 How 'Tis Done〉과 같은 19세기의 판촉과 판매에 관한 글들과는 달랐다. 〈유통에 돈이 지나치게 낭비되고 있는 것은 아닌가?〉의 저자들은 소비자 권리의 주장자들이었지만 모든 형태의 판촉에 비판적인 것은 아니었다. 일부 광고와 판매술은 신제품을 알리고 설명하는 데 필요했다.

하지만 "소비자들에게 신제품에 관한 교육이 필요하다는 이유로 모든 값비싼 광고와 판촉이 옹호될 수는 없다."라고 책의 저자들은 주장했다. "소비자에게는 담배, 치약, 캔 제품, 휘발유, 기타 많은 일반 상품들의 품질에 관한 교육이 필요하지 않다." 소비자들이 정확한 정보를 제공받는다면 시장은 효과적으로 기능할 것이고 소비자들은 올바른 선택을 할 것이다.

이 책의 저자들이 판매와 광고의 설득, 호소, 복음주의가 경제의 효율성을 손상시키고 있다고 믿었던 반면, 경제사상에 있어 새로운 중요한 경향도 보여주었다. 높은 수준의 소비가 경제적 번영에 중요하고, 사실상 생산 증가보다 소비 증가가 번영에 이르는 가장 확실한 길이라는 생각이다.

경기 회복에 대한 열쇠는 구매력을 자극하는 것이었다. 사람들에게 쓸 돈이 많아지면, 상점들은 선반에서 재고품들을 처분할 수 있을 것이고, 그러면 공장은 생산량을 늘릴 수 있을 것이다. 이것이 경제 사상에 있어 주된 변화였다. 새로운 것은 생산을 자극하는 것보다 소비가 경기 회복을 위해 상대적으로 더 중요하다는 생각이었다.

　소비에 관한 관심의 증가는 어느 정도 국민 소득이 급증한 1920년대에 소비자 지출이 엄청나게 증가하는 것을 목격한 변화된 경제의 결과였다. 그것은 또한 존 메이나드 케인즈John Maynard Keynes의 영향력을 보여주었다. 케인즈의 연구는 대공황 마지막 몇 년 동안에 널리 주목을 받았다. 그는 경제가 지나친 소비 위축으로 어려움에 빠져있다고 주장했다. 자신의 저서 〈고용, 이자, 화폐의 일반이론General Theory of Employment, Interest and Money〉(1936)에서 제시된 케인즈의 핵심 사상은, 사람들이 경제적 번영을 보장할 만큼 소비하지 않는다는 것이었다. 케인즈는 불황 당시에 정부가 재정상의 조치를 취하여 소비를 늘릴 수 있다고 주장했다.

　케인즈는 소비가 진작될 필요가 있다고 보았지만 사기업이 어려움으로부터 경제를 일으킬 만큼 충분히 소비를 증대시킬 힘을 갖고 있지는 않다고 생각했다. 그의 사상과 맥을 같이 했던 미국 경제학자들의 사상은 결국 루스벨트 대통령과 그의 지지자들에 의해 환영을 받았다. 루스벨트 대통령의 지지자들 중의 다수는 1930년대 말과 1940년대 초에 기업가들에 의한 개개의 판촉보다는 정부 개입이 소비를 진작시키고, 경제 활동을 증대시키는 데 필요하다고 믿었다. 이것은 당시 지배적인 사상이 되었고 이후 수십 년 동안 지지를 받았다.

이렇게 1930년대의 대공황 시절에 판매술은 갈림길에 놓여 있었다. 판매 중심으로 운영되던 기업의 환경은 두드러지게 변화했다. 기업의 리더십에 대한 대중의 확신과 신뢰도 사라졌다. 경제학자들과 정책 입안자들은 소비가 경제 번영에 결정적인 요소라고 생각했지만 그들은 판매가 전체 수요를 회복시킬 수 있다는 것은 부인했다. 그들의 관점에서 판매술은 경제에 있어 주로 '찬바람' 또는 '소음'이었다. 이러한 경제적, 문화적, 지적 발전들을 통해 일부 비즈니스 관련 작가들과 경영자들은 새로운 방식으로 판매술에 관해 생각하게 되었다. 그들은 판매 방식에 관한 질문을 해결하려고 노력했을 뿐만 아니라 '왜'에 대한 답을 찾고자 했다. 즉, 그들은 경영과 전략에만 관심을 가진 것이 아니라 판매술의 사회적, 경제적 역할을 정당화하고 설명하는 데에도 관심을 가졌다. 대공황으로 경영자들은 판매술을 팔게 된 것이었다.

대공황을 극복한 세일즈맨들의 힘

주요 경영자들과 비즈니스 관련 저자들은 대공황에 대한 대처 방법에 있어 의견이 엇갈렸다. 많은, 아마도 대다수는 그 문제가 경기에 대한 불확실성에 따른 제조업체들의 투자 기피에서 야기되었다고 보았다. 다른 이들은 기업이 수요를 자극하는 데 있어 창의성과 자신감이 부족했다고 비난했다. 〈존 패터슨의 판매 전략The Sales Strategy of John H. Patterson〉(1932)에서 러셀 린치Russel W. Lynch와 로이 존슨Roy W. Johnson은 판매술이 침체에 대항할 수 있는 가능한 무기임을 주장하기 위해 NCR의 창립자의 인생 이야기를 활용했다. 힘든 시기를 견뎌내기 위해 전국을 돌며 대리점들을 방문하고 심혈을 기울여 판매 회의를 개최했던 패터슨의 교훈을 기업들이 따라야 한다고 주장한 것이다.

1923년에 GM을 떠나 판매술과 판매 효율성에 내한 지도자가 된 호킨스는 판매를 위한 노력이 다시 힘을 얻어야 한다는 의견을 제시했다. 1931년 5월, 그는 오하이오에서 열린 '판매 책임자 협회'라는 모임에서 강연을 했다. 호킨스는 국가의 경제 회복을 위해 12단계 프로그램을 제안했다. 단계의 핵심은 각 기업이 제조 비용을 낮추고, 유통 방법을 연구하고, 판매원의 선택과 보상 제도의 개선을 포함하여 판매술에 더욱 관심을 기울여야 한다는 것이었다. 경기 회복을 위한 열쇠는 적극적인 판매였다.

"제품을 흡수하는 능력, 사치스러운 삶, 낭비 습관에서 미국을 두드러지게 하는 모는 것, 미국을 역농적이고 강인하며 소비하는 나라로 특징짓는 모든 것은 창의력이다."

다른 많은 기업 경영자들과 마찬가지로 주가 폭락으로 손실을 입은 호킨스는 자신의 계획이 활용되는 것을 끝내 보지 못했다. 그는 1936년에 파산한 상태로 사망했다.

데일 카네기Dale Carnegie의 〈친구를 얻고 사람들에게 영향력을 미치는 방법How to Win Friends and Influence People〉(1937) 또한 판매술에 대한 보수적인 신념을 표현했다. 그 책은 대공황을 이겨내기 위한 판매 기술을 습득하고 싶어하는 사람들 사이에서 인기를 끌었다. 패커드 오토모티브Packard Automotive 사와 아모르Armour 사에서 판매원으로 일했던 카네기는 역대 최고의 베스트셀러를 출간했다. 1920년대에 출판된 판매술에 관한 대중적인 서적들의 전통을 이어 카네기는 가난을 딛고 일어선 벤자민 프랭클린, 어린 시절 병약했던 시어도어 루스벨트, 감정적인 우울 상태에서 자신을 일으킨 윌리엄 제임스와 같이 스스로를 변화시킨 유명한 미국인들을 인용했다.

카네기는 영향력을 얻을 수 있는 12단계를 고안했는데 그것들은 본질적으로 판매를 위한 단계들이었다. 이 단계들은 독자들에게 논쟁을 피하고 상대방이 '예'라고 말하도록 만들고, 생각들을 극화하는 방법을 가르쳐주었다.

카네기는 현장에서 일하는 외판원들에게 직접 그의 교훈을 강연했다.

"수천 명의 판매원들이 지금 일자리를 찾아다니고 있으며 지쳐 낙담해 있고, 박봉에 시달리고 있습니다. 왜 그럴까요? 그것은 그들이 항상 자신이 원하는 것만 생각하기 때문입니다. 먼저 상대방이 간절하게 원하는 것을 환기시켜보세요. 이것을 할 수 있는 사람은 전 세계를 갖게 됩니다. 하지만 이것을 할 수 없는 사람은 외로운 길을 걷게 되겠죠."

카네기의 책은 상품 가치만큼이나 자기 가치가 시장에 의해 결정되고 고객, 판매원, 관리자 등 개인들은 끊임없는 변화와 계산된 전략을 통해 서로 관계를 맺는다는 생각에 기여했다.

아마도 1930년대에 판매원에 대한 가장 철저한 방어는 찰스 베넷Charles Bennett이 쓴 〈과학적 판매술〉일 것이다. 1920년대에 쓰여지기 시작하여 1933년에 미국 능률협회가 출판한 베넷의 책은 판매의 역사에 관한 권위 있는 논문이었다. 베넷은 판매 이야기를 대헌장까지 거슬러 올라가 추적했는데, 그것이 상인들에게 '길드 시스템(주에서 주로 넘어가서 장사하면 세금 물리는 것)'의 부당한 벌금에서 벗어나 이곳 저곳을 돌아다니며 장사를 할 수 있게 해 주었다고 주장했다. 또 도로가 포장되어 이동이 용이해졌을 뿐 아니라 상점들이 성장할 수 있었고, 장인들이 제작한 샘플을 인접 도시까지 들고 다니는 출장 판매원들이 성장할 수 있었다. 거기에서부터 베넷은 핀, 바늘, 책, 빗, 잡화, 면제품 등을 들고 다니며 파는 행상인들, 소매 판매원들, 특제품 판매원들 그리고 마지막으로 관리자들의 관리 하에서 일하던 전문 판매원들이 등장한 이야기를 들려주었다.

베넷은 대중들이 판매를 인식하는 방식을 바꾸고 싶었다. 그는 판매원들의 역할이 인정받지 못하고 있다고 생각했다. 베넷은 대부분의 사람들이 판매를 어리석고 비생산적이라 여기지만 실제로 판매원들은 구매자의 마음에 제품에 대한 주관적 가치를 심어준다고 주장했다. 그들은 얼마간은 제품의 용도를 설명함으로써, 나아가 베넷이 가치를 만들어낼 수 있는 경제적 힘이라 정의한 열광을 만들어냄으로써 이것을 달성했다.

그는 판매술이 '합법적 상업 거래에서 대상들에 대한 효용성을 만들어내기 위해 대상들의 의미를 확장하는 과학'이라고 적고 있다. 훌륭한 판매술은 사람들이 소비를 경험하는 방식을 변화시키고, 제품에 대한 그들의 인식을 높이고, 그들이 덜 아끼고 더 많이 지출하도록 만드는 것이다.

베넷은 공격적인 판매술이 단지 저축률을 낮추는 것을 넘어 보다 대규모 생산을 가능케 하여 산업 능률을 높임으로써 심지어 전반적인 경제 실적을 향상시킬 수 있다고 생각했다. 그는 경제학자 로저 밥슨Roger Babson의 말을 인용하면서 그의 책을 시작했다. "우리나라가 개척자의 추진력을 잃긴 했지만 우리는 새로운 견인력(판매술의 견인력)으로 이전의 진취성을 대체할 수 있다." 판매술의 향상된 방식은 단지 다른 회사에 비해 한 회사에 더 큰 몫을 가져다 준 것이 아니라 전체 파이의 크기를 증가시켰다.

그러나 베넷의 '의미의 확대' 이론은 거의 주목을 받지 못했고 그의 장황한 저서인 〈과학적 판매술〉은 어떤 다른 책보다도 과학적 판매 활동에 대한 묘비 역할을 하였다. 판매 관리자들은 대공황기에 '판매의 과학'을 포기하지 않았다. 판매 관리의 체계적 방식들은 현대 비즈니스 기업에 늘 존재하는 것이었다. 관리자들은 적절한 접근법으로 소비자들의 마음을 움직일 수 있다는 끈질긴 믿음을 보이면서 구매 설득 방식을 그다지 변화시키지 못했다. 한 조사가 보여주듯 판매원들은 사진, 제품의 소형 모형, 제품 특징들을 잘 보여주는 도표에 의존하는 등 시각적 수단들을 더욱 많이 활용하기 시작했다.

더욱 중요한 것은 관리자들이 완전 커미션제 또는 더 일반적으로 봉급과 인센티브에 따른 급료의 혼합 방식을 적용하면서 완전 고정급제를 완화시켰다. 다트넬 코퍼레이션Dartnell Corporation이 실시한 조사에서 다양한 판매 라인을 가진 100개 기업 가운데 봉급을 지불하는 기업 중 86%가 봉급 수준을 낮췄다.

일부 관리자들은 광고에 더 많은 자원을 할당하고 그들의 판매 인력에 대한 지출은 줄여 매출 촉진을 위한 장치들의 방식을 바꾸었다. 다른 관리자들, 특히 사무기기 업계의 관리자들은 광고보다 판매에 비교적 지출을 늘려 완전히 반대되는 정책을 취했다. 자동차와 같은 일부 업계의 제조업체들은 기존 제품에 옵션을 추가했고, 통조림 제품이나 조리 식품 업체들은 판매를 촉진시키기 위해 완선한 신세품을 도입하였디.

몇몇 업계의 제조업체들은 전국 잡지나 라디오 광고를 통해 자사 브랜드명의 인지도를 높이고자 했기 때문에 광고에 대한 투자를 확대했다. 방송사 NBC는 1930년에 2,000만 달러, 이듬

해에는 2,600만 달러의 광고 수입을 올렸다. 또 다른 방송사인 CBS는 같은 기간 동안 수입이 800만 달러에서 1,200만 달러로 증가했다고 발표했다. 그리고 라디오 광고는 최초로 방송 중에 가격까지 언급하면서 판촉 노력에 적극성을 더해갔다. 이와 유사하게 많은 기업들이 전국 잡지에서 더 주목을 끌 수 있는 이미지를 선택하고, 더욱 자극적인 광고 문구를 실으며 그들의 광고 성격을 바꿔갔다.

기업들은 자신들의 고용 관행에 관해 계속 심리학자들의 조언을 구했고 소비자들을 제대로 이해하고자 했다. 예일대 출신이자 판매술 리서치국에서 월터 딜 스캇의 전 연구생이었던 헨리 링크Henry C. Link(1889~1952)는 윈체스터 리피팅 암스Winchester Repeating Arms, U.S러버U.S. Rubber, 킴블스Gimbel's와 로드앤테일러 백화점에서 고용 심리학자로 일했다.

링크는 공식적으로 '링크식 심사'라고 알려진 심리학적 평가 방법을 고안해 냈는데, 이는 대중들을 대상으로 반년마다 실시되는 제품, 브랜드 명, 제조업체들에 관한 의견 조사였다. 그는 전국의 가정에 인터뷰 요원을 파견하여 정보를 수집했다. 그리고 나서 그는 자료를 요약하여 GM, 듀퐁, 포드, GE, US 스틸, 알코아Alcoa, 이스트만 코닥Eastman Kodak, AT&T와 같은 고객사들에게 제공했다. 그는 '링크식 심사'가 효과적인 마케팅 전략을 확인하는 방법을 제공해 준다고 확신했다.

그는 〈판매와 광고에 관한 새로운 심리학New Psychology of Selling and Advertising〉(1932)에서 향상된 광고가 소비를 진작시키고 대공황을 끝내는 데 기여할 것이라고 설명했다.

대공황을 극복한 기업들

식품, 세제, 기타 유명 제품을 소매점에 판매하는 판매원들은 진열대에서 더 큰 공간을 차지하려고 애썼고, 소매업자들에게 브랜드명이 적힌 시계나 포스터와 같은 판촉물을 전시하도록 요구했다. 코카콜라는 1930년대에 판매와 마케팅을 확대해 나갔는데 1920년대 중반에 이미 전국 유통망을 확보하였고 개인 소비자들에 의한 대량 소비를 증가시킬 방법을 모색했다. 1930년대 초, 코카콜라는 16만개의 광고판과 500만개의 소다수 가게 잔에 그 이름을 넣었다.

그리고 매년 4억 개 이상의 개별 신문과 잡지에 광고를 실었다. 또한 매치북(종이 성냥), 압지, 달력, 연필, 쟁반, 팬, 금속 표지판과 같은 상품들도 만들어냈다. 광고비는 1930년과 1932년 사이에 500만 달러에 달했다가 1939년에 800만 달러로 증가하기 전인 1933년에는 440만 달러로 감소했다. 코카콜라의 매출은 1930년의 4,130만 달러에서 1933년에 3,230만 달러로 감소했지만 그 이듬해부터 나아지기 시작했다.

1930년대 후반, 230명의 코카콜라 서비스맨은 전국에 10만개의 소다수 가게를 방문하고 있었다. 이 서비스맨들은 주문을 받지는 않았다. 그들은 판촉물을 나누어주고 가게 운영자들에게 음료를 준비하는 방법을 지도했다. 약국이나 소다수 가게를 방문할 때 그들은 코카콜라 한 잔을 주문하고 그것이 40°F가 넘지 않는지 확인하기 위해 온도를 쟀다.

그 기간동안 싸고 영양가 있는 가공 식품, 특히 통조림 제품에 대한 수요가 증가했는데, 그 생산량은 1931년에서 1941년까지 약 두 배로 증가했다. 예를 들어 1930년대에 병에 든 피클, 포장 아이스크림, 상자에 담긴 아침식사용 시리얼, 마가린 생산이 증가했다. 소비자들은 비교적 낮은 가격에 다양한 제품을 제공할 수 있는 새로운 대규모 슈퍼마켓에서 이 제품들을 살 수 있었다. 이러한 가게들의 숫자는 1935년 300개에서 1939에 1,200개로 증가했다.

비싸지 않고 영양가 있는 식품에 대한 수요 덕분에 하인즈사H. J. Heinz Company는 대공황을 견뎌낼 수 있었다. 회사 창립자의 아들인 호워드 하인즈Howard Heinz는 포장 이유식, 인스턴트 수프와 같은 신제품을 내놓았다. 그는 또한 판매 인력을 확대했고, 생산 비용을 절감하여 제품 가격을 저렴하게 유지하고자 했다. 비록 매출은 두드러지게 감소했지만 하인즈는 여전히 흑자를 기록할 수 있었다.

NCR과 IBM은 어떻게 성공했나

사무용 기기와 같은 완제품을 기업체에 판매하는 판매원들은 점점 더 낱개의 독립 제품을 파는 일회성 판매에서 벗어나 완전한 사무실 체제로 고객들의 관심을 끌기 위해 노력했다. 두 명의 고위 경영진들인 에드워드 디즈와 스탠리 알린은 NCR 창립자의 아들인 사장 프레드릭 패터의 체제 하에 있던 1930년

대부터 이 회사를 이끌었다. 이 회사는 회계용 기계를 은행이나 금융 기관들에 판매했다. 이 기계에는 몇 개의 현금 서랍이 있었는데 예금을 받아 큰 내부 어음첩과 개인 통장에 이자수익과 인출을 기록하는 데 사용되었다. 또한 NCR은 1930년대 중반에 새로운 판매 교육 학교를 세웠다. 1937년 연간 보고서는 다음과 같이 교육의 필요성을 역설했다.

"판매는 더욱 더 제품의 장점을 잠재 고객들에게 이해하기 쉽게 제시하는 문제가 되었다. 이것은 신중하게 선택되고, 목적에 맞는 기계를 선택하고 사용하도록 고객을 도와주는데 필요한 전문적인 자질과 그 밖의 자질을 교육받은 판매원을 요구한다."

존 패터슨이 사망한지 3년 뒤인 1925년에 공기업이 된 NCR은 매출액이 1929년 5,660만 달러에서 1932년에 1,650만 달러로 급감했다. 다음 해에, 이 회사는 새로운 집중 교육 프로그램과 대학원 과정을 개설했다. 판매 인력은 1930년대가 지나기 전에 3,000명 이상으로 증가했고, 회사는 어느 정도 재기에 성공하여 1939년 3,700만 달러의 매출을 달성했다.

러셀 린치Russell W. Lynch와 로이 존슨Roy W. Johnson이 쓴 존 패터슨의 1932년 진기는 수년 간 그에 관해 쓰여진 글 중 마지막이었다.

토마스 왓슨은 뉴욕주 버팔로에 있는 NCR의 판매원으로 일했다. 15년 만에 그는 패터슨을 직접 보좌하며 세이톤에 있는 본사의 판매 관리자가 되었다. 이후 기각되긴 했지만 왓슨은 1912년에 패터슨과 다른 경영진들과 함께 셔먼 독점금지법 Sherman Antitrust Law에 따라 기소되었다. 왓슨은 이 회사에서 오래 근무했으나 패터슨의 눈 밖에 났고, 1914년에 컴퓨터 테뷸레이팅 리코딩Computer—Tabulating—Recording Company(CTR) 사의 총 관리자로 옮겨갔다.

이듬해 그는 사장이 되었고, 1924년에 그 회사는 인터내셔널 비즈니스 머신즈International Business Machins(IBM)로 회사명을 바

뉴욕 양키스의 베이브 루스는 1934년 NCR의 일본 사무소 판매원들에게 동기를 부여하기 위해 방문했다. 모든 판매원들은 야구 모자를 쓰고 있고, 벽에는 'NCR 야구공'이 판매 경쟁 결과를 보여준다.

꾸었다. IBM은 저울, 시간기록계를 비롯하여 광범위한 기계류를 판매했지만 자료 추가 및 분류를 위한 펀치 카드 시스템으로 유명해졌다. 이 시스템은 미국 인구 조사 자료를 수집하는 데 이용되어 왔다.

IBM에서 왓슨은 회사 역사상 가장 강력한 판매 노력을 기울여 대공황의 힘든 시기에 대처했다. 전기 작가 윌리엄 로저스 William Rodgers는 왓슨이 "더 훌륭한 판매술과 더 철저한 사고 방식으로 해결할 수 없는 문제는 많지 않았다."고 말했다고 주장했다. IBM의 기계들은 루스벨트 대통령이 1935년의 사회보장법과, 엄청난 양의 자료가 처리되어야 했던 다른 뉴딜 법안을 통과시킨 후에 연방 정부에 의해 수요가 급증했다. 제2차대전 동안 군대 역시 IBM의 기계를 사용하기 시작했다.

IBM의 기계들은 임대가 가능했다는 점에서 회사의 판매 계획에 특히 중요했다. 덕분에 판매원들이 매년 고객을 방문하여 임대 계약을 갱신하는 것이 쉬워졌다. IBM의 수익은 1939년에 4,000만 달러에서 1945년에 1억 3800만 달러로 증가했다. 왓슨의 아들인 토마스 왓슨 주니어Thomas J. Watson Jr.는 1940년에 판매 인력에 합류하여 판매 경험이 중요하다는 아버지의 판단을 증명해 보였다.

왓슨은 NCR과 유사한 기업 환경을 조성했다. 그는 사기 진작을 위한 슬로건을 제작하고, 직원들을 위한 실습 강좌, 강연, 즐길거리를 마련하는 패터슨의 방식뿐만 아니라 깔끔한 복장 방식까지 관찰했다. 뉴욕의 엔디콧에 자리잡은 IBM 공장에는 4,000명의 근로자들이 있었고 그들은 복장을 단정히 하고 흰색 셔츠를 입도록 지시 받았다. 직원들은 1년에 1달러만 내고 회사의 컨트리클럽의 회원이 될 수 있었다. 판매원들은 모두 '100% 클럽'에 가입했고, 회사 총회에서 토머스 왓슨에게 '당신은 훌륭한 우리의 지도자'라는 노래를 불러 주었다. 어느 연회에서 왓슨은 '우리가 우리의 몫을 완벽하게 하기 위해 가져야 할' 5가지 C가 적힌 카드를 나누어주었다.

5C

Conception   개념
Consistency   일관성
Cooperation   협력
Courage   용기
Confidence   확신

1930년에 월스트리트 저널의 보도에 따르면 IBM의 1,200명 판매원들 가운데 400명이 '100% 클럽' 모임을 위해 뉴요커 호텔에 모였다. 아버지 토머스 왓슨이 주요 연사였다.

토마스 울프Thomas Wolfe는 소설 〈그대 다시는 고향에 가지 못하리You Can't Go Home Again〉(1934)에 왓슨과 같은 정력적인 성향의 인물을 담았다. 페더럴 웨이트, 스케일, 컴퓨팅Federal Weight, Scales, and Computing의 폴 애플턴 3세Paul S. Appleton Ⅲ 는 거대한 미국 지도 앞에서 판매원들에게 팔을 흔들며 외쳤다. "저기 여러분의 시장이 있습니다. 나가서 그들에게 파십시오!” 울프는 다음과 같이 적고 있다.

"이것보다 더 간단하고 아름다운 말이 뭐가 있겠는가? '비전'이라
는 이름 아래 현대 비즈니스의 연대기에서 찬양을 받아온 엄청난 상
상력을 무엇이 더 확실하게 보여줄 수 있겠는가? 그 말들에는 인류
역사의 모든 시대에 살았던 위대한 리더들의 사상이 있다.
다음은 이집트에서 나폴레옹이 자신의 군대에게 한 말이다.
'군인들이여, 저 쪽의 피라미드 꼭대기로부터 40세기가 여러분을
내려다보고 있다.'
다음은 페리 제독의 말이다.
'우리는 적을 만났고, 그들은 우리의 것이다.'
다음은 마닐라 만에서 듀이가 한 말이다.
'그리들리! 준비되면 쏴도 좋다.'
다음은 스포실바니아 재판소 앞에서 그랜트가 한 말이다.
'여름 내내 걸릴지라도 나는 여기에서 끝까지 싸울 것을 제안한
다.'"

IBM의 청색 양복을 입고 전 세계를 돌아다니던 판매원들은
미국 판매술의 상징이 되었다. 하지만 이것을 넘어 왓슨은 판
매술의 신봉자였다. 그래서 그는 "모든 것은 판매와 함께 시작
된다."고 말하기 좋아했다. IBM의 판매원들은 고객들에게 큰
신뢰를 얻었다. 그들은 IBM의 임원이 되었고 회사는 계속 '고
객 제일주의'에 헌신적이었다.

계속되는 세일즈맨들의 고난

대공황은 방문 판매회사들에 대해 뒤섞인 결과를 가져다 주었다. 1930년대 초반의 상황은 방문 판매원들에게 많은 문제를 안겨주었는데, 그것은 잠재 고객들이 쓸 돈이 적었고 지역 상점 주인들이 점점 더 직판 대리점들의 침투에 분개했기 때문이었다. 1932년 와이오밍주의 지역 소매업자들은 '그린 리버 법 Green River Ordinance'으로 알려진 법안을 획득하는데 성공했다. 이 법안은 판매원들이 집주인의 사전 초대 없이 방문 판매하는 것을 금지했다. 이 법안과 다른 지역들의 유사한 법안들은 출장 판매원들과 상주 판매원들 간의 싸움으로 이어졌다. 브리태니커 백과사전과 같은 일부 회사들은 잡지 광고에 응답한 사람들의 가정에만 자사 판매원들을 파견하여 이러한 상황에 대처하였다.

판매원들에게 최소 임금을 지급하도록 한 뉴딜 법안 역시 직판 회사들에게 걱정거리였다. 높은 이직률, 시간제 근로자들, 판매원들의 업무상 큰 변화들과 더불어 최소 임금의 시행은 고용주들에게 엄청난 손실을 가져다 주었다. 1935년 직판 회사들은 최소 임금 법안을 피하기 위해 판매 대리점들을 독립 계약자들(그러므로 본인 사업체 소유자들)로 재규정했다.

하지만 전체적으로 방문 판매회사들의 매출은 증가하여 1930년대에는 그 규모가 약 두 배가 되었다. 한 가지 이유는 이 기간 동안 판매원들을 모집하는 것이 훨씬 용이해졌다는 것이었다. 외판은 할 일을 구할 수 없는 근로자들에게 만일을 대비한 직업이 되었다. 냉장고, 세탁기, 진공 청소기는 비교적 잘 팔렸고, 제조업체들과 전기 설비 회사들은 적극적으로 판촉에 나섰다. 1930년대 말, 미국 가정의 56%는 냉장고를 보유하고 있었다. 판매된 라디오의 수도 1930년대에 급격히 증가하여 1940년대에 거의 80%의 미국 가정에서 라디오를 발견할 수 있었다.

캘리포니아 퍼품 사(CPC)는 시간제 근로자들을 활용한 탄력적인 판매 조직을 갖고 있었기 때문에 비교적 실적이 좋았다. 대공황 당시 그 기업의 연간 이직률은 엄청나게 높았지만 (400%), 세일즈우먼을 모집할 수 있는 기회가 더 많았다. 1930년대 내내 매출액과 수익이 증가했다. CPC는 이 시기의 어려운 경제 상황에 여러 방식으로 대처했다. 이 회사는 상설 지역 판매 사무소를 개설했는데(1937년에는 11개, 다음 해에는 23개가 문을 열었다) 대부분의 사무소들이 미시시피강 서부의 비교적 소도시들에 위치했다.

새로운 판매 사무소들은 본사에서 유통업자들로 가는 정보의 흐름을 더욱 원활하게 만들었고, 세일즈우먼들에게 지시와 안내 사항을 전달했다. CPC의 매출은 1929년에 250만 달러에서 1936년에 360만 달러로 증가했다. 이 회사는 회사명을 1939년에 '에이본 프로덕츠'로 바꾸었다.

그러나 풀러 브러시 사는 이야기가 달랐다. 회사의 총 매출은 1927년의 1,380만 달러에서 1933년 480만 달러로 감소했다.

풀러 브러시 사는 더욱 극심해진 경쟁에 직면했고 자신들과 가족들을 부양할 정도로 충분한 돈을 벌고자 했던 상근 판매원들은 낙담하여 퇴사했다.

풀러 브러시 사는 강매 방식인 "훌륭하고 멋지군요!"에서 전환하여 판매 철학을 바꾸었다. 샌프란시스코 지역 관리자인 피터슨C. A. Peterson은 수익율이 낮은 대량 판매에 기초한 새로운 접근 방식을 주창했다. 판매원들은 각 가정에서 10분 이상 소요하지 않도록 지시 받았다. "잠깐 들러서 3달러 짜리 제품을 파는 것이 강매보다 더 수익이 높았습니다."라고 피터슨은 설명했다. 그는 "싫어요."라는 대답을 듣지 않으려 하는 "훌륭하고 멋지군요!"라는 방식 때문에 판매원들이 지나치게 시간을 낭비한다고 주장했다. 1930년대 중반에 판매원들은 판매 과정에서 하루에 20번씩 사용 시범을 보여주어 한 번 당 평균 1달러 25센트를 벌어야 했고, 다음과 같은 업무 일정을 따라야 했다.

am. 6~7시 : 면도하고 공부하기

am. 7~8시 : 아침 식사하고 이른 아침 약속 지키기

am. 8~12시 : 판매하기, 핸디 브러시 10개 나눠주기

pm. 12~1시 : 점심 식사

pm. 1~5시 : 판매하기, 핸디 브러시 10개 나눠주기

pm. 5~6시 : 내일을 위해 카드를 정리하고 약속 잡기

pm. 6~7시 : 저녁 식사

pm. 7~10시 : 전화 걸기, 오락, 샘플 청소하고 공부하기

풀러 브러시 사는 또한 신문과 잡지 광고를 늘리고 직원을 30분 짜리 주간 라디오 프로그램에 출연시키기 시작했다. 대공황 당시에는 새로운 직판 유형이 개발되었는데 풀러 브러시 사의 전직 부사장인 프랭크 비버리지Frank Beveridge가 창안한 것이었다. 그는 1932년 풀러 브러시 사에 필적하는 방문 판매회사인 스탠리 홈 프로덕츠Stanley Home Products를 설립했다. 비버리지는 자사의 주요 세일즈우먼 중 한 명이 친구들을 집에 초대해 파티를 열고 거기서 제품을 판매했다는 것을 안 뒤, 판매를 위한 '파티 플랜'을 만들었다. 이것은 결국 가장 일반적인 직판 유형이 되었다.

자동차 판매원들의 활약

대공황 당시 개별 자동차 회사들의 성공 유형은 아주 다양했지만 업계는 극도로 어려움을 겪었다. 전체 제조업체들이 판매한 승용차의 총 숫자는 1929년의 460만대에서 1933년에는 160만대로 급격하게 하락했다. 사람들은 자신들의 차를 일년이나 그 이상 더 탈 수 있을 거라 생각하고 쉽게 차량 매매에 나서지 않았다. 그리고 어느 정도 발전된 기술, 개선된 도로, 향상된 타이어 덕분에 차량 소유 기간이 길어졌다.

자동차 제조업체들은 가격 인하를 제외한 방법을 통해 판매를 촉진하려고 노력했다. 그들은 저가의 실속형 자동차를 생산하지 않는 대신 향상된 성능에 편리한 장치들을 갖춘 신형 차량을 선보였다. 대공황 시대의 차량들은 자동 변속기, 동력 조정장치, 라디오, 난방장치를 제공했다.

1929년부터 1933년까지 자동차 판매 대수는 GM의 경우 42%, 포드의 경우 66%나 감소했다. 다른 많은 업계와 마찬가지로 자동차 업계에서도 대공황은 강력한 마케팅과 판매망의 중요성을 보여주었다. 빅 3인 GM, 포드, 크라이슬러는 1933년에 미국에서 만들어지는 자동차의 90%를 생산하면서 자동차 부문에 대한 지배권을 확대했다. GM의 시장 점유율은 1929년의 34%에서 1932년의 38%로 증가했다. GM은 1927년부터 1937년까지 매년 흑자를 기록하며 이 기간동안의 순이익이 약 20조 원에 달했다.

같은 기간 포드는 거의 1억 달러의 손실을 기록했다. 1938년에 포드는 V-8 엔진을 도입했지만 GM과 같은 마케팅 조직이 없어서 성공하지 못했다. 앞장에서 언급했던 바와 같이 1910년에 포드 대리점을 연 윌리엄 영William P. Young은 1931년에 문을 닫았다. 그는 자신의 대리점과 지나치게 가까운 곳에 위치한 다른 포드 판매상들과의 경쟁을 그 원인으로 보았다.

대공황이 GM의 전체적인 특징을 바꿔놓지는 못했지만 대신 광범위한 부문에 걸쳐 기업 활동을 위축시켰다. "우리는 임금과 임금 삭감을 비롯해 모든 문제에서 차례차례 단계적으로 한 발짝 후퇴했다."라고 알프레드 슬론은 적고 있다. GM은 회사를 5개의 유명 자동차 사업부(시보레, 폰티악, 올즈모빌, 뷰익, 캐딜락)로 조직화했던 1921년의 다중사업부 정책을 수정했다.

1932년 3월, 뷰익, 올즈모빌, 폰티악이 운영하던 개별 대리점들은 하나의 새로운 판매 회사인 'BOP'로 통합되었다. 이 대리점들은 판매용으로 한 종류 이상의 차를 제공받았다.

포드나 크라이슬러와 마찬가지로 GM은 가장 중요한 판매 결정을 판매상들에게 맡기기보다는 생산 수준에서 계속해 나갔다. 본사가 자동차 외관, 대략적인 가격, 서비스 제도, 판매상들의 할당량, 판매상들의 위치, 전국 광고, 대리점 숫자에 관한 모든 것을 결정했다. 회사는 매년 자사의 신 모델을 알리기 위해 취주악대를 동원하여 심혈을 기울인 헐리우드 스타일의 쇼를 계속 주최했다.

GM의 시보레 사업부가 1920년대에 큰 성공을 거둔데 이어, 알프레드 슬론은 전직 시보레 사업부 사장이었던 리차드 그랜트Richard H. Grant를 대공황이 시작되기 직전 전사 판매 담당 부사장으로 승진시켰다. 시보레 판매원들은 입사와 동시에 디트로이트에서 온 팀이 지도하는 5일 교육 과정을 이수했다. 그 과정은 교육생들에게 시보레의 기본 판매 전략을 가르쳤지만 동기 유발을 위한 연설, 교육 영화, 기타 자신감과 의욕을 고취시키기 위한 장치들도 포함되었다.

휴머니즘을 강조한 광고와 홍보

에드먼드 윌슨Edmund Wilson이 '미국 대지진'이라 불렀던 그 기간동안 판매원들의 이미지, 더 일반적으로는 사업가들의 이미지가 추락하자 많은 대규모 제조업체들은 그들의 홍보 방식을 개선하기 시작했다. '판매적 과학'에 관해 기업들이 배운 마지막 교훈 중 하나는 지나치게 과학적이거나 조직적이라는 (즉, 지나치게 계산적이거나 기계적이라는) 인상을 주지 않아야 하고 대신 회사에 대한 인간적인 이미지를 강조하는 것이었다.

홍보는 대공황 기간동안 더욱 더 정교해졌다. 아이러니컬하게도 제품을 판매하는 방법을 이미 배운 대기업들이 이제 자신들을 판매하는 기술을 익혀야만 했다. 기업들은 판매 환경을 개선하기 위해 노력하면서 자사 이미지를 쇄신했는데 이를 통해 제품에 대한 명성을 높였을 뿐만 아니라(유명 광고와 기타 호소 방식들을 통해), 어느 역사가가 '기업의 영혼'이라고 불렀던 것도 만들어냈다.

홍보에 대한 생각은 새로운 것이 아니었다. 패터슨, 하인즈 그밖의 19세기 후반의 기업가들은 기업 복지 체계를 확립하고자 하는 자신들의 노력을 선전했다. 패터슨은 데이톤에 아름다운 공장을 지었는데, 어느 팸플릿이 '강철과 유리에서 이루어지는 설교'라고 부른 것을 대중에게 공개했다.

하인즈 사Heinz Company는 어린 시절 살던 집을 공장 부지로 이전하고 박물관과 공공 정원을 지어 설립자를 세상에 알렸다. 하지만 1930년대의 캠페인은 루스벨트 대통령과 다른 뉴딜 정책 입안자들의 비판에 대응하기 위해서 뿐만 아니라 직원들과 관리자들에게 똑같이 회사의 자선을 보여주어 자부심을 갖게 하기 위해 고안되었기 때문에 더욱 광범위했다. 1937년 400개의 기업들이 새로운 직원용 잡지를 창간했고, 그것들 중 상당수는 직원, 기업, 사회의 공통 관심사들을 강조했다.

포드는 그 밖의 다른 홍보의 일환으로 정규 편성된 라디오 음악 프로그램에서 미국의 개인주의와 같은 주제들에 관해 간단하게 이야기할 수 있는 신문기자 윌리엄 카메론William Cameron을 고용했다. 풀러 사는 서민적인 '풀러 브러시 맨'의 이미지를 밀고 나갔고 신문과 잡지 광고를 더 많이 이용하였으며 30분 짜리 주간 라디오 프로그램을 시작했다. P&G는 빵을 굽고 세탁을 한 뒤 피드백을 줄 수백 명의 여성들을 고용하였다. 이 회사는 또한 자사의 브랜드명에 대한 인지도를 높이기 위해 1933년 라디오 드라마를 후원했다.

예수 그리스도의 카리스마적 특성을 판매원들의 특성에 비유한 베스트셀러 〈아무도 모르는 그 사람The Man Nobody Knows〉(1925)의 저자인 브루스 바톤Bruce Barton은 GM이 홍보 전략을 세우도록 도왔다. 1930년대 초반, GM은 오케스트라 음악과 매주 다른 주에 증정물을 제공하는 라디오 프로그램인 '미국의 행진'을 후원하기 시작했다. 또한 소비자 설문 조사를 통해 대중들과의 직접적인 접촉도 늘렸다.

GM의 고객 조사부는 전국의 시민들에게 설문지를 보내 스타일, 가격 책정, 성능상의 특징과 같은 문제에 관한 의견을 물었다. 시간이 흐르면서 이 설문지들은 소비자 취향에 관한 정보를 수집하기 위한 방법이 아니라 홍보 도구로서 더 많은 가치를 갖게 되었다.

홍보 캠페인은 제2차대전 후 몇 년 간 대기업들에게 고정적인 도구가 되었다. 기업들은 어느 역사가가 말한 것처럼 자신을 한 단면으로 책임감 있는 '좋은 이웃'으로 보이게 하려고 노력했다.

제2차 대전 이후의 세일즈맨

광고와 판매에 관한 지식인들의 비난은 대공황기의 후반과 제2차대전 이후 10년 동안 절정에 달했다. 사회학자인 라이트 밀C. Wright Mills은 저서 〈화이트 칼라White Collar〉(1951)에서, 미국 경제 전체가 자극을 위한 정교한 기술을 연구하는 시장 조사가들, 인사과 직원들, 판매 관리자들이 운영하는 매장으로 타락했다고 한탄했다.

경제학자 존 케네스 갈브레이스John Kenneth Galbraith가 쓴 〈풍요 사회Affluent Society〉(1958)는 기업들이 자사 제품에 대한 욕구를 만들어내기 위해 매년 1,100억 달러씩 광고에 쏟아 붓는 불합리한 전략에 따라 미국 경제가 건설되었다고 주장했다. 저널리스트이자 사회 비판가인 밴스 패커드Vance Packard가 쓴 〈숨은 설득자들The Hidden Persuaders〉은 광고가 점점 더 심리학적으로 정교화되는 점을 공격했고, 이것이 광고를 기만적이고 교활한 것으로 만든다고 보았다.

이러한 연구들은 판매를 더욱 조직화하기 위한 많은 특징을 강조했다. 이러한 특징들로는 시장 조사의 증가, 생산과 유통 스케줄의 연계, 판매 캠페인을 널리 알리기 위해 심리학자들에게 의존하는 경향, 소비자에게 제품 판매를 촉진시키기 위한 다양한 유인책(판매원, 광고, 브랜딩, 상품 공세)의 사용이 있다.

이런 특성에 대한 비난은 특히 아서 밀러Arthur Miller의 〈어느 세일즈맨의 죽음Death of a Salesman〉(1949)과 맥락을 같이 한다. 밀러의 희곡은 30년 이상 같은 회사에서 불특정 제품의 판매원으로 일해오다 당시 노년기에 접어든 로만Willy Loman의 이야기를 들려준다.

그는 젊은 시절에 나이 많은 인기 지방 출장 판매원을 만난 후 판매원이 되기로 결심했다. "84세의 나이에 20개나 30개의 도시를 돌아다니면서 전화를 받고 수없이 많은 다양한 사람들에게 기억되고, 사랑 받고, 도움을 받을 수 있는 것보다 뭐가 더 만족스러운 것이 있을까요?" 젊은 로만은 생각했다.

이제 노인이 된 로만은 출장지에서 도로에 차도 세울 수도 없는 무력한 판매원이었다. 로만은 스스로의 무가치함과 가족이 당면한 문제들로 혼란에 사로잡혀서 아내와 아들들을 위해 생명 보험금을 타기 위해 자살한다. 이 희곡은 판매술의 원리에 기초한 자본주의의 잔혹함을 보여주었는데 인간은 효용성이 없어지자마자 대체되는 상품처럼 취급받는다는 것을 강조했다. 희곡에서 로만은 어린시절 자신의 무릎에 앉은 적이 있던 젊은 관리자에 의해 해고당한다.

로만은 다음과 같이 말한다.

"오렌지만 먹고 껍질을 버릴 수는 없어. 사람은 과일이 아냐!"

이런 비난은 판매 관련 연구를 하거나 전국지에 판매 관련 글을 쓰는데 평생을 바쳐온 비즈니스 관련 작가들과 경영대학원 교수들을 자극했다. 사회학자이자 〈포춘Fortune〉 편집자인 윌리엄 화이트William H. White는 "윌리 로만에 대한 이상할 정도로 자기 비난적인 반응은 판매원이 아마도 지금까지 낮은 위치에 놓여있고, 그것이 단지 숫자나 급여에서만이 아니라 사회적 지위에서 역시 그러함을 암시한다."라고 말하였다.

20세기 중반 30년이 넘게 하버드 경영대학원에서 판매 관리를 가르쳐온 해리 토스달Harry R. Tosdal은 밀러의 묘사에 마음이 어지러웠다. "많은 사람들이 윌리 로만을 판매 일을 우연히 얻어서는 변화하는 세상에 적응하는데 실패한 나약한 인물이라기보다 판매원의 전형으로 보았음이 드러났다."라고 적었다.

하지만 그는 그 이야기의 또 다른 면은 결코 다루어지지 않았다고 생각했다. 훌륭한 판매원들이 정당한 대우를 받은 적이 없다는 것이었다. 사람들은 효율적인 생산이라는 미국의 기적을 칭송했지만 넘쳐나는 판매술에 대해서는 비판했다. 토스달에 따르면 사람들은 그 두 가지가 밀접하게 연관되어 있다는 사실을 알지 못했다는 것이다. 그는 '부끄럽지 않고 명예롭게' 판매 업무를 수행하는 모든 사람들은 대중의 높은 존경을 받아야 한다고 생각했다.

1957년 토스달은 〈우리 경제 속에서의 판매: 판매와 광고에 관한 경제적, 사회적 분석Selling in Our Economy: An Economic and Social Analysis of Selling and Advertising〉을 출간하여 판매원들의 이미지를 회복하고자 했다. 여러 면에서 토스달은 비판가들, 특히 갈브레이스와 생각을 공유하고자 했다. 그는 경제에서 판매와 광고의 역할을 무시하는 경제학의 전통적인 지혜를 반박하고 싶어했다.

경제학자들은 심리학자들이 제공한 인간 행동에 대한 통찰은 완전히 무시한 채 소비자들이 이성적으로 행동한다는 환상을 갖고 연구했다. 심지어 케인즈조차 경제에서 개인적인 판매가 갖는 중요성을 간과했다. 그는 판매술이 전체 수요에 영향을 미칠 수 있다는 가능성을 고려하지 않았다. 개인적인 판매, 즉 광고가 아닌 판매원의 업무를 무시하는 점이 토스달에게는 특히 주목할 만했다. 왜냐하면 그의 계산에 따르면 이러한 활동에 드는 총비용이 미국 국민총생산의 10%, 확실히 5% 이상을 차지하기 때문이었다.

하지만 토스달은 많은 비판가들과 다른 방식으로 판매술을 이해할 수 있었다. 그는 일부 업계들만 공격적인 판매와 광고 기술을 이용하고, 이러한 노력에 소요되는 많은 비용이 업계간 판매 영역에 할당되었다는 점을 발견하였다. 대부분의 판매원들은 첫 구매자를 만나기보다는 동일한 고객들을 반복해서 방문하였다.

토스달은 판매술이 설득적이라는, 즉 그들의 판촉 노력이 단순히 정보를 제공하는 것 이상의 결과를 가져온다는 점에는 다른 비판가들과 의견을 같이 했다. 적극적인 판매는 사람들에게 신제품을 소개하고, 소비자 조사를 실시하고, 유통 과정을 개선하고, 새로운 지점을 열거나 새로운 회사를 설립하도록 자극했다. "판매는 이런 모든 일들이 가능하도록 만드는 강력하고 역동적인 힘이다."

토스달은 1910년대의 심리학자 월터 딜 스캇과 완전히 다르지 않은, 판매원들은 운동 코치와 비슷하다는 견해를 제시하면서 판매술은 바로 리더십의 한 형태로 간주된다고 결론지었다.

판매원들은 사람들(소비자들과 비즈니스맨들 모두)이 제품을 구매하도록 자극했다. 그들은 생산 방식을 개선하거나 비용을 절감하도록 제조업체들에게 새로운 기계를 설치할 것을 부추겼다. 유사한 방식으로 그들은 자택 소유자들에게 세탁기와 진공 청소기와 같은 새로운 발명품들에 투자하도록 설득했다. 토스달에 따르면 그 결과는 향상된 산업 효율성과 높아진 생활 수준으로 나타났다.

이 모든 것이 토스달에게는 명확하게 보였다. 하지만 문제는 그것을 믿는 사람이 거의 없었다는 것이다. 게다가 일부 비즈니스맨들마저도 경제에서 판매의 역할을 이해하지 못했다. 아마도 토스달은 판매를 과학으로 보려고 노력하면서 뭔가를 잃어버렸다고 생각했을 것이다.

관료 조직이 성장하면서 사람들은 판매의 역동성을 잊었다. 토스달이 그런 견해를 나타내는 유일한 사람은 아니었다. 윌리엄 화이트는 〈사람들은 왜 구매를 하는가?Why Do People Buy?〉(1956)라는 제목으로 〈포춘〉에서 출판한 에세이 시리즈 서문에서 토스달과 생각을 같이 했다. 그는 관리와 절차를 끊임없이 강조하면서 판매와는 정반대되는 어떤 것으로 이해했다.

화이트의 판매 경험은 그의 견해를 구체화하는 데 도움이 되었다. 프린스턴 대학을 졸업한 후 그는 빅Vick 화학회사에서 일했고 이곳에서 1930년대 말에 판매 교육 프로그램을 이수했다. 화이트는 회사의 주력 제품인 베이포럽VapoRub이 만들어지는 과정을 관찰했고 판매에 관한 교육을 받았다. 그는 판매 용어들을 암기했고 거부 의사에 대처하는 법도 배웠다.

그리고 나서 그는 테네시주에서 방문해야 할 목록과 배달 트럭, 샘플, 사다리, 주문표를 받았다. 화이트는 6시나 6시 반에 일어나 헛간이나 전신주에 게시물을 붙이는 것으로 하루를 시작했다. 오전 8시, 그는 상인들을 방문하여 빅 제품을 일년 동안 공급받도록 설득했다. 저녁에 그는 두 시간동안 보고서 양식을 작성했다.

교육 프로그램은 '검투사' 학교였다. 실전에서의 전투가 목표였다. 화이트는 하버드 경영대학원의 심리학자 엘튼 메이요 Elton Mayo가 만든 '인간 관계' 학교가 기반을 다짐에 따라 이런 유형의 교육과 정신은 후퇴하고 있다는 점을 지적했다.

심리학자들은 경쟁보다는 협력을 선호했고 비즈니스가 단지 돈만 벌어다 주는 것이 아니라 만족을 가져다준다는 것을 이론화했다. 화이트는 순전히 열심히 하는 판매술이 20세기 중반 비즈니스 활동을 이끄는 관료적 과학과 여러 면에서 상충한다고 생각했다.

그는 답답한 관료 구조의 문제점들에 대한 견해들을 대표작인 〈조직 인간Organization Man〉을 통하여 설명했다. 그는 대기업이 지나치게 체계와 관료제에 매료되었다고 썼다. 그것은 집단 의사 결정과 순응을 이상화했다. 화이트는 기업들이, 판매원들을 비롯한 직원들이 예리함과 독창성을 유지할 수 있도록 관료제 내에서 경쟁을 조장해야 한다고 주장했다.

토스달, 화이트 그 외 소수의 교수들과 비즈니스 관련 저자들의 연구는 경제에서 설득과 열의의 건설적인 역할을 강조하는 방식으로 판매와 광고를 설명하고자 했다. 그들은 판매에 대한 지나친 과학적 정의가 창의적이고 인간적인 특성들을 앗아간다고 생각했다. 그들은 또한 판매술을, 가장 초기 단계인 제품 조사에서 시작되어 마지막 판매까지 이어지는 모든 포괄적인 노력으로 간주하는 경향이 있었다. 토스달의 연구와 마찬가지로 화이트의 연구는 전통 경제학자들이 고려했던 것보다 더욱 다양한 경제 활동의 측면들을 강조했다.

그들은 모두 평형, 현상 유지, 가격 수준의 안정보다는 대결, 혁신, 변화에 초점을 두었다. 그들은 개개인의 심리, 구매 동기를 포함한 인간의 동기들이 제품에 따라 그리고 시간이 흐름에 따라 변화하는 방식을 강조했다. 그들의 견해에 따르면 정치에서의 열광 또는 종교에서의 복음주의와 마찬가지로 비즈니스에서의 설득은 미국 경제에 급격한 발전과 부를 안겨주면서 미국 경제를 특징지었다.

대중 시장과 자료 수집의 합리화는 판매원들에게 새로운 방향으로 수요를 확대시킬 수 있는 능력을 부여했다. 결국 판매는 그 자체가 '과학'은 아니지만, 과학(판매 자료, 경영상의 정책, 소비자 행위에 대한 통찰, 기타 여러 방법의 형태로)이 전에 없이 판매원들을 무장시켰다고 화이트는 적고 있다.

> **기업은 판매원을** 비롯한 직원들이 예리함과 독창성을 유지할 수 있도록 관료제 내에서 경쟁 분위기를 조성해야 한다.

10장

〈어느 세일즈맨의 죽음〉의 주인공 윌리 로만을 넘어서

현대의 세일즈맨십

사람들은 20세기가 되면서 판매원이 사라질 것이라고 예견했다. 〈뉴욕 타임즈〉의 어떤 기자는 1916년 6월 18일자 신문에 '판매원이 필요한가?'라는 화두를 던지고 "철도가 농장을 도시로 변화시켰듯이" 광고가 세일즈에 효과적인 수단이 되었다는 내용의 기사를 썼다. 와이스E. B. Weiss도 〈사라지는 판매원The Vanishing Salesman〉(1962)을 통해 이와 유사한 주장을 했다. 막대한 비용을 쏟아부어 상품을 선전하고 브랜드의 인지도를 높이는 광고를 내보냄으로써 판매원들의 필요성이 크게 줄어들었다고 했다. 또한 고객과 얼굴을 맞대고 하는 판매는 너무 많은 비용이 들고 비효율적이라서 사라질 운명이라는 것이었다.

이런 일련의 주장들은 눈여겨봐야 할 점이 있다. 광고산업이 20세기 말에 들어서면서 무서운 기세로 성장하였고 모든 상품의 판매 방식을 바꿔놓았기 때문이다. 광고주들의 영향력은 20세기를 거치면서 괄목할만한 성장을 이루었는데 1910년대의 전국 잡지, 1920년대의 라디오, 제2차대전 후의 텔레비전의 성장과 함께 가능해졌다. 그 결과 20세기 말에는 187,000명이 광고업계에 종사하였다.

광고는 1960년대에 들어 이전보다 훨씬 더 세련되어졌다. 이는 광고주들이 라이프 스타일이나 개성의 유형에 따른 광고, 심리학적 특성이 유사한 사람들의 집단을 향한 광고, 히피 문화에 맞춘 상품(엄밀하게 유치한 것과 상반되는)을 판매했기 때문이다.

또한 광고주의 메시지에 기초하여 젊은 대중들을 겨냥한 세분화된 광고를 내보냈다. 광고주들은 자신을 변화시키라는 새롭지만 낡은 메시지를 통해 설교하듯이, 자동차에서 콜라에 이르기까지 모든 상품 판매에 젊음을 호소하는 방법을 이용했다. 그리고 이런 호소는 문화적, 상업적으로 큰 영향을 미쳤다. 역사학자 리처드 테들로우Richard Tedlow는 "펩시가 젊음에 호소하기 전까지 '펩시 세대'와 같은 개념은 존재하지 않았다."고 말한다.

기술의 진보로 케이블 텔레비전과 같은 새로운 광고 전달 수단도 생겨났다. 그 결과 판매원이 텔레비전에 직접 출연하는 경우가 많아지면서 판매와 광고의 경계선이 모호해졌다. 랑코 인벤션Ronco Inventions 사의 사장 론 포페일Ron Popeil은 베고매

틱Veg-O-Matic을 생산하고 심야방송을 통하여 주방용품을 판매한다. 그런데 그의 조상 중에는 19세기 말, 애틀란타 해변의 길거리에서 소형 도구들을 판매하는 행상이 있었다. 포페일도 20세기 말에서 21세기 초에 인포머셜(information과 commercial의 합성어로 정보상인)을 통하여, 수백만 명에게 정보를 판매하는 일종의 행상이 되었다. 그는 다른 사람들과도 함께 물건을 팔았는데, 전 헤비급 복싱 챔피언인 조지 포먼은 석쇠를 팔았고, 토니 로빈스는 행상을 하면서 '개인의 힘'이라는 제목의 비디오와 책을 팔았다. 다른 사업가들도 스팀 청소기나 근육 마사지기, 복근 강화기 등을 팔았고, 심지어는 건성피부 및 주름 치료제, 무기력증 치료제까지 팔았다.

비록 광고가 20세기에 걸쳐 양적으로 증가하고 더욱 세련되었다 할지라도 판매원을 대체하지는 못했다. 이 책에서 강조하는 것처럼 판매와 광고는 다르다. 세일즈에 종사하는 사람들은 국가 경제에서 고유의 기능을 담당했다. 이러한 상황은 19세기 말에 더욱 뚜렷해졌고 21세기 초까지 이어진다. 구매자와 판매자 사이에 이루어지는 대면과 방문, 설득 등의 정보 교환은, 애덤 스미스가 1776년에 '거래와 물물교환'에 대해 인간이 강한 선호 경향을 갖고 있기 때문이라고 주장했던 그때와 마찬가지로 오늘날 자본주의 사회에도 생생히 이어져오고 있다.

판매원들은 광범위하고도 다양한 과제를 수행한다. 이들은 상품에 관하여 설명하고 공급을 한다. 정보를 수집하고, 반감을 극복하여 구매로 연결시키는 일들을 수행한다. 또한 세일즈의 형식적 요인과 비형식적 요인에 능숙해지도록 훈련을 받는다. 이를테면 전자는 법률적 제약, 발송 방법 등이며 후자는 인간의 행동 규범과 같은 것들이다. 이들은 상품에 관하여, 혹은 상품의 이용에 관한 특별한 질문에 대답해야 하며, 구매자들에게 신뢰감을 심어주고, 배달을 위하여 여러 가지 조치들을 취해야 한다. 모든 산업에서 판매원들은 고객과 장기적인 관계를 확립해야 하며 고객의 요구를 간파하는 뛰어난 통찰력을 발휘해야 한다. 이 때문에 어떤 판매원들은 경쟁을 극복하지 못하고 장벽에 막히기도 한다.

오늘날 기업들은 그들이 과거에 했던 것과 같은 이유에서 판매 인력에 많은 투자를 한다. 전통적으로 판매원에게 의존하는 산업(보험, 자동차 판매, 사무기기, 브랜드 식품, 제약)에서는 수요를 창출하고 유지하는 데 있어서 판매원들이 효과적이라고 믿기 때문이다. 그래서 기업들은 판매 인력에 많은 비용과 시간을 쏟아 붓는다. 기업들은 판매원들이 상품에 관하여 설명하고 '건 수를 올리기 위한' 최선의 방법들을 연구한다. 그리하여 판매원들은 어떤 형태의 거부 의사에도 대응할 수 있게 되있다.

이렇듯 판매원과 세일즈 관리자들은 소비자나 비즈니스맨들 중에서 잠재 고객을 파악하여 이들의 선택에 영향을 미칠 수 있게 되었다. 그리고 이들은 고객이 정보의 객관적인 평가

만을 근거로 선택하지 않는다고 생각했다. 판매원들은 상품의 장점만을 늘어놓지 않고 의문의 여지가 남는 질문을 던지면서 거절 의사에 적절하게 대응할 수 있게 된 것이다.

판매원이 구매자에게 영향을 미치는 능력은 과장되어서는 안 된다. 누군가에게 구매를 설득하는 판매라는 행위는 체계화하거나 이론적으로 설명하기가 어렵기 때문이다. 어떤 저자들은 기업이 소비자의 욕구를 만들어낸다는 식으로 기업의 능력을 과장한다. 또 기업이 일종의 속임수적 장치로서 구매 패턴, 즉 사회가 부자연스럽게 구매 패턴을 만들어내는 능력을 갖고 있는 것처럼 묘사한다.

그러나 실제로는 뛰어난 판매기법과 축적된 광고라는 자원을 이용하는 기업들조차도 일부의 역사가들이 말하는 것처럼, 소비자들의 구매 결정을 기업의 통제 하에 두고 지배하지는 못했다. 세일즈가 매우 어렵다는 이유만으로 세일즈 기법에 속임수나 음모가 포함되어서는 안될 일이다. 그렇지 않았기 때문에 많은 세월 동안 판매원들은 그들이 팔려고 하는 것들을 팔 수가 없었다.

세일즈가 매우 어렵다는 이유로 세일즈 기법에 속임수나 음모가 포함되어서는 안 된다.

버로우즈Burroughs 사의 판매원들은 잠재 고객과 거래를 마무리짓기 위해 평균 6번의 전화를 건 다음 겨우 기계 하나를 팔 수 있다는 사실을 알았다. 버로우즈 사의 세일즈 노력은 대부분이 결실을 맺지 못했다. 무료 시험용 기계의 사용에 이은 최종 판매 비율이 14%에 불과했던 것이다. 그러나 판매원과 세일즈 관리자들은 경제 활동이 상당 부분 예측 가능한 패턴에 따라 이루어지며 이런 패턴들을 인식하고 있으면 소비자들의 구매욕을 불러일으키는데 도움이 될 거라고 믿었다.

> **사람들이 상품을** 구매하는 이유는 이득을 얻는다는 긍정적인 전망보다는 손실에 대한 두려움을 없애기 위해서다.

1870년대에 라이팅로드Lightingrod 사의 판매원들과 1880년대의 금전등록기 대리점들도 사람들이 상품을 구매하는 이유가 이득을 얻는다는 긍정적인 전망보다는 손실에 대한 두려움이 없어야 한다는 것을 알게 되었다. 그래서 NCR 사의 판매원들은 금전등록기를 '도둑 잡는 도구'로 선전하는 것이 가장 효과적이라고 생각했다.

이렇듯 마침내 판매원들은 기대를 파는 법을 배우게 되었다. 서적 외판원들은 농사꾼에게는 책 전체보다는 일부만을 보여줌으로써, 잠재 고객의 호기심을 부추길 수 있을 때 판매에 성공할 수 있다는 사실을 깨달은 것이다. 게다가 사람들은 판매원이 팔려고 하는 상품을 이웃이나 유명인들이 샀을 것이라고 믿을 경우에 더 쉽게 구매를 결정했다. 사람들은 이웃에게 지지 않으려는 허세를 부리고 싶어하기 때문이다. 심리학자들의 많은 연구도 판매원들이 최초로 생각해 낸 많은 방법들이 효과적이라는 사실을 입증해 주었다.

판매원들은 잠재 고객들 앞에서 상품을 선전하는 방법도 깨달았다. 상품을 선전하면서 단순하고도 자연스러운 제스처가 수반될 때 잠재 고객들이 판매원의 말을 방해하지 않는다는 사실을 깨달은 것이다. 예를 들어 무료 샘플을 찾기 위해 가방 안을 마구 뒤지는 풀러 브러쉬 사의 판매원들이 1920년대와 1930년대에 실제로 실행했던 방법들이다.

기업은 판매 인력에 많은 투자를 한다. 왜냐하면 판매원들이 수요를 창출하는 데 필요하다는 자신들의 영감을 강하게 믿기 때문이다. 비록 판매원들이 많은 노력을 했음에도 종종 실패를 하지만 그들은 두 가지 측면에서 수요를 창출해 낼 수 있었다.

첫 번째는, 자신들이 권유하지 않았으면 몰랐을 소비자들에게 구매하지 않아도 될 상품을 구매하도록 설득을 한다.
이것은 1950년대에 해리 토스달Harry Tosdal이 〈세일즈 리더십〉에서 주장했으며, 1910년대에 스캇이 판매원들을 운동 경기의 코치로 비유하면서 언급한 내용이다. 이 두 학자의 주장에 따르면, 판매원은 고객을 교묘하게 다루는 게 아니라 고객들의 관성을 극복하려고 했던 것이다. 그래서 자동차나 주방용품처럼 내구성이 뛰어난 상품을 판매하려는 판매원들의 노력은 의미심장하다. 이로 인해 미국 소비자들의 수요 구성에 변화가 일어났기 때문이다. 1920년대에 가정에서 구매한 그런 종류의 제품들은 대부분 판매원들이 외상으로 파는 품목들(혹은 보통 신용으로 구입하는 물품들)로 바뀌었고 미국 경제의 산업화는 크게 촉진되었다.

두 번째는, 판매원들은 경쟁사의 상품이 아니라 자사의 상품을 구매하도록 잠재 고객을 유도할 수 있다는 것이다.

예를 들면 주택 소유자들이 판매원의 제안에 따라 후버Hoover 사의 제품이 아닌, 일렉트롤럭스Electrolux 사의 스팀 청소기를 사게 한 것처럼 말이다. 그리고 판매원들은 상품과 상품 사이의 사소한 차이점을 지적해 준다는 측면에서도 효과적인 존재가 될 수 있다. 만약 두 대의 자동차 또는 두 대의 냉장고의 성능과 디자인이 비슷하다면 판매원들은 특정 브랜드를 구매하도록 조종할 수도 있다.

이것들이 결코 하찮은 성과라고 말할 수는 없다. 소비자에게 영향을 미치는 이런 유형의 작은 능력이 가져오는 결과는 엄청날 수 있기 때문이다. 일단 잠재 고객이 특정 회사의 상품을 구매하고 나면 그들은 그 회사의 고객이 된다. 그러면 판매원들의 추가적인 요구를 들어주거나 홍보 자료를 받아 줄 대상이 된다. 고객들은 상품에 익숙해지고 상품에 실망하지 않는 이상 계속해서 그 회사로부터 물건을 구매할 것이다. 소비자들은 새로운 것을 시도하느니 위험 부담을 줄이려는 성향이 있기 때문이다. 경제학자들의 말처럼 소비자들은 '경로 의존성'을 띠거나, 마케팅 종사자들이 말하는 '브랜드 충성도'가 되는 것이다.

만약 구매한 상품이 진정으로 뛰어나다면 고객은 만족스러운 대접을 받은 것이다. 그러나 그렇지 않다 하더라도 홍보 효과 덕분에 최소한 더 열등한 제품을 업계의 표준에는 맞출 수 있게 된다. 기업은 한 번에 한 가지 상품만의 명성을 얻을 수 있으며 항상 최고의 상품들을 팔 수는 없다. 현재의 거대한 세일즈의 힘은 신생 기업들이 시장에서 생존하기 위해 반드시 극복해야 할 높은 장벽이다.

20세기 중반 이후부터는 IBM의 제품들도 항상 기술적으로 최고로 간주되지는 않았다. 토마스 왓슨Thomas J. Watson조차도 "우리는 고객 앞에서 어떻게 이야기를 풀어나가야 할지를 알고 있었기 때문에 더 뛰어난 기술을 보유한 기업들보다 더 많은 제품을 팔 수 있었다."고 말한다. 마찬가지로 20세기 말의 마이크로 소프트 사의 제품들도 경쟁사들의 제품에 비해 월등히 뛰어나다고 간주된 것은 아니었다. 그러나 마이크로 소프트 사의 판매력에는 대적할만한 상대가 없었다.

우리 곁에 있는 현대의 세일즈맨들

오늘날 판매원들의 숫자는 이전 어느 시대보다도 많다. 2000년에 판매직에 종사한 사람들의 수는 1,600백만 명, 혹은 전체 고용 인력의 약 12%였다. 이 수치는 제약회사의 판매원에서 백화점의 카운터 담당자에 이르기까지 모든 종류의 판매 인력을 포함한 수치다.

그런데 1920년대에 약 5%에 머물던 수치가 1960년대에는 7%로 상승했다. 2000년에 1,600백만 명의 판매직 종사자들 중에서 약 10%가 이 책에서 초점을 맞춘 판매원인 것이다. 즉 제조업체의 판매원과 기업간(B to B) 판매원, 방문 판매원들이다. 그리고 오늘날 판매직의 41%는 소매점에서 일을 한다.

현대 미국 경제는 다양한 형태의 판매 인력을 고용하고 있다. 이 중에는 길거리에서 상사하는 호객꾼과 손수레를 끄는 행상인도 있고, 도매회사를 위해 일하는 출장 판매원들도 있다. 이들 판매원들의 명칭은 계속 변했고, 공급 채널 내에서 이들의 상대적 입지도 좁아졌다. 그러나 경제는 유연하고 변화무쌍하기 때문에 서로 다른 공급 채널의 중요성도 시간이 흐름에 따라 변하기 마련이다. 이 책에서 말하듯이 대기업들의 흐름은 20세기 초부터 판매 관리, 브랜딩, 소비자 조사 및 개인의 선호도 중시로 바뀌었다.

미국의 판매 인력에 관한 통계도 크게 변화되었다. 2000년에 전체 판매원 인력의 거의 반(49.6%)이 여성들이었나. 이런 상황은 판매에 관련된 용어 자체를 변화시켰다. 19세기 말에 '세일즈우먼'이라는 단어는 일반적으로 소매상인을 지칭했었다. 판매직에 종사하는 여성의 인구수가 증가한 1970년대에는 세일즈우먼십saleswomanship과 같은 그럴싸한 표현들이 난립했지만 각광을 받지는 못했다. 20세기 마지막 10년 동안에는 성별의 구별이 없는 세일즈퍼슨salesperson이라는 단어가 유행했다. 이는 당시의 체어퍼슨chairperson과 앵커퍼슨anchorperson과 같은 신조어의 출현과 유사한 형태의 언어 조정이 이루어진 것이다.

19세기 말에 시작된 대기업들의 판매 인력 개발은, 세일즈 인력으로서 남성의 고용을 선호했을 뿐 아니라 훌륭한 세일즈맨의 정신을 남성다움과 동일시하기까지 했다. 그러나 소매 판매에서는 오랫동안 여성이 우위를 선점해 왔다. 여성들은 19세기에는 서적 외판원으로 그리고 20세기에는 보험설계사로 큰 활약을 했다.

20세기 말 역시, 여성들은 다른 형태의 세일즈에 진출하기 시작했다. 특히 서비스와 관련된 산업인 투자은행이나 신용카드 및 기타 금융 서비스 조직에서 활약했다. 여성들은 방문 판매를 대신한 '파티 플랜'과 같은 공급 방식의 직접 판매 분야에서도 두각을 나타냈다. 사실상 여성들은 직접 판매 방식을 취하는 대기업들 중의 일부에서 거의 세일즈를 장악하고 있다. 그런 기업들로는 전 세계에 약 3백만 명의 판매 인력을 보유한 에이본Avon 사를 포함하여 각각 약 1백만 명의 판매 인력을 보유한 터퍼웨어Tupperware 사와 메리 케이Mary Kay 사가 있다.

이후 판매 인력의 구성에는 또 다른 변화가 일어난다. 미국 내의 외국기업들이 20세기 중반보다 더 많은 판매 인력들을 고용하기 시작한 것이다. 이 인력들 중의 일부는 본국 출신으로 대부분이 미국에서 태어나 외국인 회사에서 일을 한 사람들이다. 일본의 도요타Toyota는 1950년대 초에 일본 내에 판매소 네트워크를 확대하여 판매원들을 통해 방문 판매를 시작했는데 이는 미국 기업들이 미국에서 했던 것과 같은 방식이었다.

도요타는 강력한 경쟁자였던 닛산Nissan과 국내 경쟁에서 성공한 후 1957년부터 북미에 판매소를 개설하기 시작했다. 2002년에는 1,740명의 도요타 자동차 딜러들이 미국에서 도요타를 판매했다. 게다가 도요타 판매원은 존 우프다이크John Updike의 〈래빗 앙스트롬Rabbit Angstrom(래빗은 배빗과 음운이 유사하며, 래빗은 고객 앞에서 능숙하게 이야기를 풀어가는 전형적인 판매원의 모습이다)〉이라는 소설에 등장하기까지 한다. 래빗은 1970년대의 석유 파동 당시 자동차 판매상들이 '연비 탁월'이라는 깃발을 내걸었을 때 연비의 효율이 매우 뛰어난 도요타 자동차를 판매했다.

래빗은 고객들이 셀리카 GT라는 스포츠 쿠페에 관심을 보이면 "여러분들은 방근 최고급 수퍼 머신을 손에 댄 겁니다!"라고 운을 뗀다. 그런 다음 "이 자동차에는 여러 가지 기능이 부가되었는데, 이를테면 강철선을 보강한 광폭 타이어, 수정 결정판으로 만든 속도계, AM/FM 스테레오 라디오가 달려 있습니다."고 선전을 했다. 노동력의 싱비 구성이 번히고 외국 기업의 유입으로 경쟁자가 증가함에도 불구하고 미국의 세일즈 기법에는 변화가 없다. 미국은 인구와 문화, 기술의 변화에도 아랑곳하지 않고 근대적인 세일즈 기법을 끈질기게 고수한 것이다.

19세기의 대면 판매에 의존하던 업계는 오늘날도 여전히 같은 방식으로 판매원들에게 의존하고 있다. 제조 회사들 중에서 가장 큰 판매 인력을 보유한 기업으로는 펩시콜라와 코카콜라와 같은 음료회사들, 존슨앤존슨Johnson and Johnson, 화이자Pfizer, 노바티스Novartis, P&GProcter and Gamble를 포함한 제약회사들이 포진되어 있다. 그리고 컴퓨터 산업도 대규모 판매 인력을 보유한 또 다른 분야인데 여기에는 마이크로 소프트, IBM, 오라클, HP, 제록스 등이 있다. 이 기업들은 5,000개 이상의 대리점을 보유하고 있으며 이 중에서 펩시콜라와 마이크로 소프트는 30,000개가 넘는다. 하이테크 산업의 성장에 있어서 판매원은 절대적으로 필요하다. 마치 금전등록기와 IBM의 펀치 카드기를 밀어붙였던 것처럼 판매원은 컴퓨터 하드웨어와 소프트웨어의 발전을 이끌어가는 존재인 것이다.

디지털 이퀴프먼트Digital Equipment Corporation 사와 HP도 오라클과 컴퓨터 어소시에이트Computer Associates 사가 소프트웨어를 팔기 위해 했던 것처럼 평범한 수준의 시스템을 팔기 위해 판매원들을 동원했다. 시스코 시스템즈Cisco Systems 사 또한 네트워킹 하드웨어를 밀고 나갈 강력한 세일즈팀을 보유하고 있다. 어떤 비즈니스 저자가 말하듯이, 20세기 말의 하이테크 기업들은 카리스마적인 하이테크 개척자와 개척 판매자를 결합하는 경향을 보여주고 있다.

그런 한편으로 금융 서비스 업계에 종사하는 세일즈 인력도 급속도로 증가했다. 이들 판매원들은 대부분 전화를 통해 판매를 하지만 고객을 직접 방문하여 복잡한 거래를 처리한다. 서비스 업종에서 가장 큰 규모를 자랑하는 아메리칸 제너럴 American General 사와 시티그룹은 각각 100,000명 이상의 판매원들을 보유하고 있다.

판매 관리법 또한 이전에 이용하던 많은 방식들과 유사하다. 판매 관리에 있어서 대부분의 혁신은 20세기 초에 제자리를 잡았다. 경영자들은 여전히 기업의 목적을 달성하기 위해 판매원들에게 장려금을 지급한다. 또한 경영자들은 보상 계획을 만들어 보너스와 임금을 조정한다. 때때로 온라인 프로그램을 통하여 판매원들을 훈련시키고, 동기를 부여하기 위한 대화를 하거나 만남의 장을 마련한다. 제록스는 생산라인에 따라 구역을 정하고 판매원들에게 영역을 할당했다.

한편 판매원들과 관리자들은 항상 고객에 관한 정보에 배고파한다. 19세기 말에 판매원들이 빠르게 변하는 기술의 진보에 민감했듯이 기업들도 20세기 전반에 걸쳐 판매원과 관리자들에게 고객에 관한 정보를 수집하도록 했다. 이렇게 기업들이 판매시점 정보관리point of sales를 활용하여 수집한 정보의 양은 소매 부문에서 비약적으로 승가했다. 즉, 세산내에서 개인이 구매하는 품목에 관해 판매 데이터를 즉시 입수하여 소매상들에게 제공한 것이다.

인터넷 쇼핑몰을 운영하는 기업들도 소매상들과 제조업자들에게 개인의 신용카드 상황, 쇼핑 취향, 크기 및 색상 선호도에 대한 정보를 수집하도록 허용했다. 어떤 기업들은 점포와 상점에 비디오를 설치해 두고 소비자들을 촬영하여 그들의 행동을 분석했다. 그런 다음 상품을 전시하는 방법을 파악하고 상점 내를 돌아다니는 소비자들의 흐름을 조정했다. 그러나 데이터를 수집하고 분석하는 이 모든 방법들도 새로운 것을 제시했다기보다는 전반적으로 20세기 초에 활용된 전략들을 개선한 것뿐이었다.

현대적 세일즈의 발전

판매 기법의 연구도 20세기 초에 확립된 흐름을 따랐다. 최근의 경영대학원에서는 판매 관리를 큰 마케팅 수업의 하부에 포함시키는 경향이 있다. 1980년에 초판이 발행되고 후에 몇 번 더 재판이 발행된 필립 코틀러의 〈마케팅 관리Marketing Management〉는 다음의 주제들을 다룬다. 판매 인력 전략, 판매 인력 규모, 보상, 최고 판매 책임자의 채용 및 선발, 교육 및 동기 유발 등이다.

고객과의 관계는 점점 더 복잡해졌고 판매 기술을 연구하는 용어도 변화되었다. 1990년대에 하버드 경영대학원에서 벤슨 샤피로Benson Shapiro와 같은 교수들은 트랜젝셔널 세일링 (transactional selling: 외판원처럼 한번에 신속하게 판매하는 방식)과 시스템 판매(system sales: NCR이 개발한 것처럼 고객과 판매원 간에 장기적인 관계를 쌓는 방법)에 관해 언급한다. 뿐만 아니라 상품이나 서비스를 결합하여 제공함으로써 구매자와 판매자 간에 더욱 끈끈한 관계를 만들어주는 전략적 판매에 관해서도 언급하고 있다.

그러나 경제학자들은 여전히 경제에서 차지하는 판매 기법의 역할을 무시하는 경향을 보여준다. 반면 최근의 많은 경제학자들은 소비자의 구매 결정 방식을 분석하고, 시장에 대한 신고전주의적 사고를 비판한다. 소비자들이 상품을 구매할 때 논리적이고 이성적으로 선택을 한다는 사고에 이의를 제기한 것이다.

예를 들면 2001년도의 노벨 경제학상은 마이클 스펜스 Michael Spence와 조셉 스티글리츠Joseph E. Stiglitz, 조지 애커로프 George A. Ackerlof가 수상했는데 이들은 균형을 잃은 정보가 구매자와 판매자 간의 결정에 어떤 영향을 미치는가를 연구했다. 이들은 구매자와 판매자가 대면하는 유일한 이유는 가격을 협상하기 위해서라고 주장하는 전통적인 사고를 비판했다. 즉 가격 협상(더 많은 상품을 생산하기 위해 판매자들이 높은 가격을 붙인)은 기업들이 미래에 얼마나 생산할지를 판단하는 신호라는 견해를 비판한 것이다.

애커로프Ackerlof는 1970년에 발표한 논문인 〈불량품을 파는 시장〉을 경제 계간지에 실었다. 그는 판매자가 구매자에게 자동차의 상태에 대하여 모든 정보를 밝히지 않을 때 중고차 시장에서 어떤 일이 일어나는가를 연구했다. 구매자는 자동차의 상태를 걱정했고 가격이 너무 비싼 것이 아닌가 하고 걱정을 한다. 판매자는 자동차의 상태를 알고 있었지만 구매자는 몰랐기 때문이다. 이 때문에 효과적으로 가격 협상이 이루어지지 않았다. 중고차에 대한 정보 부족은 좋은 자동차를 소유한 사람들에게도 매매를 꺼리게 만들었다.

중고차 판매원의 사례는 단순히 더 큰 주제를 말하기 위한 시작일 뿐이다. 정보가 균형을 잃으면 시장은 신고전주의적 법칙을 따르지 않는다(정보가 균형을 잃으면 '소비자보호법'과 같은 정부의 규제를 불러온다).

2002년의 노벨 경제학상 역시 시장의 불완전함을 연구한 교수들에게 주어졌다. 이들은 소비자가 개인의 선호도와 유용한 정보를 기초로 체계적으로 구매를 결정한다는 정통파 경제학자들의 사상을 비판한 것이다. 이 행동파 경제학자들은 소비자들이 논리적이고 이성적으로 결정한다는 지금까지의 경제 사상을 비판했다. 즉 소비자들은 위험을 부담(지금 사야 한다는 부담)하기 싫어서 어떤 때는 다른 사람에게 지지 않으려는 동기로 구매한다는 것을 알게 된 것이다.

프린스턴 대학의 심리학 교수인 다니엘 카네만Daniel Kahneman(버논 L. 스미스와 노벨상 공동 수상)은 소비자들이 구매를 결정할 때 종종 비이성적으로 혹은 비논리적으로 행동한다고 주장했다. UCLA 대학의 매튜 라빈Matthew Rabin을 포함한 다른 경제학자들도 다니엘 카네만과 같은 분야를 개척했다.

라빈은 논문 〈경제학과 심리학〉에서 경제학자들과 심리학자들의 협력의 중요성을 주장했다. 라빈이 쓴 표준경제이론은 "개인은 안정적이고 일관된 선호도를 갖고 있으며 여성은 선호도를 이성으로 극대화한다."는 가정을 했다.

판매, 마케팅 그리고 문화

오늘날의 '판매기술'은 일, 자본, 자기 발전에 많은 영향을 미친다. 사람들은 판매술이 경제에 절대적으로 필요한 부분이지만 그것의 역사는 행상의 진보에 대한 이야기일 뿐이라고 단정짓는다. 단순히 대규모로 빠르게 전달되는 전설과 같은 이야기로 치부하는 것이다. 그러나 판매술은 현대적 판매기법을 낳기까지 길고 복잡한 역사를 거쳤으며 현대의 판매술은 판매를 체계화하려는 기업들에 의해 제도적으로, 조직적으로, 문화적으로 성장했다.

판매와 광고가 발전하면서 풍요의 결과가 나타났지만 조셉 슘페터Joseph Schumpeter는 자본주의의 '창조적'이고 '파괴적'인 면을 강조했다. 1950년대에 해리 토스달Harry R. Tosdal과 〈부〉의 편집자 윌리엄 와이트William H. Whyte 역시 현대 판매기술의 발전은 '창조적'이었다고 말했다. 대규모 판매 인력의 증가는 대량 생산과 미국 총생산의 상승과 밀접하게 연관되었으며 판매원들은 새로운 발명품들을 소개했고, 기업들과 소비자들에게 돈으로 사회적 지위를 높이도록 장려했다. 그들은 미국 경제를 규정짓는 제품들, 즉 새로운 사무기기, 자동차, 진공 청소기, 탄산음료수, 시리얼, 컴퓨터 등을 밀어붙였다. 1931년 헨리 포드Henry Ford는 제품 표준이 많은 선택의 기회들을 가져다준다고 말했다. "우리와 똑같이 되는 것이 아니라 표준화되는 것이다. 표준화는 우리가 들어본 적이 없는 다양한 것들을 들여왔다." 나아가 대량 생산과 대량 판매 기술의 출현으로 대부분의 상품들은 가격이 점차 낮아졌다.

반면 현대의 판매술은 제품, 아이디어, 기업을 없애는 파괴적인 과정이기도 했다. 아주 관리가 잘 된 판매 인력들은 일할 때 냉혹했다. 유나이티드 프루잇United Fruit, 스탠다드 오일, NCR, 버로우즈 계산기 등에서 근무하는 일부 판매원들은 때때로 경쟁자들을 누르기 위해 비윤리적인 행동을 했다. 판매술은 원래 불쾌함을 동반한다. 약속을 요구하는 판매원의 전화, 자동차 매장에 직접 가는 것, 사무실 문을 두드리는 것에는 기분을 언짢게 하는 무언가가 있다. 사람들은 결정하도록 강요받는 것이나 설득당하는 것을 싫어하며 특히 속아 넘어갈까봐 두려워한다. 1940년의 조사를 보면 어린 자녀를 둔 중산층 어머니들은 호감 가는 직업으로 교사, 치과의사, 중개인과 보험설계사, 은행원을 선택했다. 이와 비슷하게 정직하고 윤리적인 직업이 무엇인지 묻는 2001년의 여론조사에서는 자동차 판매원들이 가장 낮은 평가를 받았다.

윌리 로만(〈어느 세일즈맨의 죽음〉에 나오는 주인공)은 실적이 없어서 해고당하는 인물인데 그의 이미지는 "예전처럼 오늘날에도 꼭 들어맞는다."고 1999년에 한 〈뉴욕 타임즈〉 비평가가 적었다. 미국에서 근로자들을 고용하고 해고하는 것은 특이할 정도로 쉽다. 고용과 해고는 공장과 대리점, 서비스센터의 빠른 성장과 소멸을 가져왔다. 〈이코노미스트〉는 밀러의 극에 대해 다음과 같이 논평했다.

> "유럽의 많은 나라들은 미국이 무자비하게 했던 것처럼 사람들을 죽여 자본주의를 갖게 될 것이다. 윌리 같은 비효율적인 사람들에게 침을 뱉는 자본주의를 말이다. 경쟁하려는 윌리의 광적인 욕망, 매일 상투적인 구호를 즐겁게 낭송하는 일(무엇을 파느냐가 아니라 어떻게 파느냐) 등 이러한 모든 것들은 미국이 동등한 국가들 중에서 우위를 지키는 것을 의미한다."

미국의 세일즈맨십에 대한 이야기는 광범위한 역사의 일부분으로 미국이 경쟁자 없이 경제적으로 성장했다는 것을 말해준다. 현대 판매술은 미국의 경제에서 중요한 부분이지만 부정적인 결과도 가져왔다. 오래된 경영과 기술의 퇴보, 실직으로 생기는 문제와 주식시장의 가격 변동으로 야기되는 문제, 제품과 식량 부문에 눈에 띄는 소비, 낡아빠진 기계더미들이 쌓여서 생기는 환경적 재난 등을 들 수 있다. 매년 생산되는 수백만 개의 신제품들 중 대부분이 시장에 출시되지도 않는다. 미국은 과거 수십 년에 걸쳐 글로벌시장의 절대적인 부분이 되었다. 마케팅 연구, 브랜드화, 광고 및 전 세계에 분포된 판매 인력

세일즈맨들은 산
업화, 혁신, 변화의
한 가운데에 놓여
있다. 그들은 전 세
계 곳곳에 자본주
의 이념을 펼치는
사람들이다.

으로 강자의 모습을 갖추어 나갔다.

대부분의 사람들은 판매원들이 무엇을 하는지 잘 몰
랐다. 사람들은 상점에서, 회사에서, 자동차 영업소에
서 판매원들을 본다. 그러나 판매원들의 역할을 정의한
제도적이고 관리적인 체제를 인식하지 못했으며 대중
문화 역시 '과학적인' 판매자를 인식하지 못했다. 자료
를 이용하는 판매원, 매년 거액의 계약금을 받고 일하
는 판매원 그리고 대기업이 떠받드는 판매원은 드라마
적인 호소를 하지 않았다.

현대 세일즈맨십을 아는 것은 미국의 경제와 사회
변화의 역사를 이해하는 데 필수불가결한 요소이다. 모
든 시대에 걸쳐 모든 나라에는 사람을 이끌고 설득하는
능력을 소유한 카리스마적인 인물들이 있었다. 판매원
이 그런 인물은 아니라 할지라도 대기업이 증가하면서
그에 버금가는 인력들을 보유하게 되었고 그 결과 경제
적 두각을 나타내기 시작했다. 예나 지금이나 판매원들
은 산업화, 혁신, 변화의 한 가운데에 놓여 있다. 그들
이 하는 약속, 질문, 고객의 거절을 다루는 기법, 방문,
판매는 악덕이면서 미덕이었고, 전 세계 곳곳에 자본주
의의 이념을 펼쳤다.

세일즈맨의
탄생

초판 1쇄 인쇄 2005년 11월 4일
초판 3쇄 발행 2006년 1월 5일

지은이 | 월터 A. 프리드만
옮긴이 | 조혜진
펴낸이 | 박승규
펴낸곳 | 도서출판 말글빛냄
인 쇄 | 삼화인쇄(주)

마케팅 | 박상준
관 리 | 김은선
편 집 | 진미나

주 소 | 서울시 마포구 동교동 203-4 함께 일하는 사회 빌딩 301호
전 화 | 325-5051
팩 스 | 325-5771
등 록 | 2004년 3월 12일 제313-2004-000062호
가 격 | 15,000원
ISBN | 89-955988-6-7   03320